中國学術思想 研究輯刊

九 編

林 慶 彰 主編

第 11 冊

董鼎《書傳輯錄纂註》研究

許 華 峰 著

花木蘭文化出版社

國家圖書館出版品預行編目資料

董鼎《書傳輯錄纂註》研究／許華峰 著 — 初版 — 台北縣永
和市：花木蘭文化出版社，2010〔民99〕

目 2+234 面；19×26 公分

（中國學術思想研究輯刊 九編；第11冊）

ISBN：978-986-254-277-4（精裝）

1. 書經　2. 宋元哲學　3. 研究考訂

621.117　　　　　　　　　　　　　　　　　99014362

ISBN - 978-986-254-277-4

9 789862 542774

中國學術思想研究輯刊

九 編　第十一冊　　　　ISBN：978-986-254-277-4

董鼎《書傳輯錄纂註》研究

作　　　者　許華峰

主　　　編　林慶彰

總 編 輯　杜潔祥

出　　　版　花木蘭文化出版社

發 行 所　花木蘭文化出版社

發 行 人　高小娟

聯絡地址　台北縣永和市中正路五九五號七樓之三

　　　　　電話：02-2923-1455／傳眞：02-2923-1452

網　　　址　http://www.huamulan.tw 信箱 sut81518@ms59.hinet.net

印　　　刷　普羅文化出版廣告事業

封面設計　劉開工作室

初　　　版　2010年9月

定　　　價　九編20冊（精裝）新台幣33,000元

董鼎《書傳輯錄纂註》研究

許華峰　著

作者簡介

許華峰，1968 年生，中央大學中國中文學博士，現為國立臺灣師範大學國文學系助理教授。碩士論文為《閻若璩〈尚書古文疏證〉的辨偽方法》，博士論文為《董鼎〈書傳輯錄纂註〉研究》。

提　　要

　　本論文以檢討《總目》對宋、元之際《書集傳》相關說法為起點，以董鼎《輯錄纂註》為基本材料，對蔡沈受朱子之命作《書集傳》，乃至成書、刊行流通的經過，以及元延祐開科之前，鄱陽、新安地區學者對《書集傳》的態度，作了較詳盡的說明。

　　研究發現，蔡沈受命作《書集傳》後，正式面見朱子的時間，當為 1200 年，而不是一般認定的 1199 年。《書集傳》初稿的完成時間雖在 1209 年，但初次刊行的時間則遲至 1230 年左右，並非一般認定的 1209 年。《書集傳》刊行之後，在宋、元之際，由於朱子後學的相繼努力，在延祐開科之前，當時人對《書集傳》的評價已取得相當一致的共識。延祐開科雖然對《書集傳》後來長期立於不墜之地位有絕對的影響；但當時定《書集傳》為標準本，實是緣於《書集傳》早已取得相當重要的地位所致。《總目》之說，應當修正。

　　另外，在《輯錄纂註》的研究上，除了發現胡一桂、董鼎、熊禾、董真卿和陳櫟在學術上的關係，也考證出「輯錄」所根據《語類》的底本為「蜀類」。經由諸種語錄版本的異文和佚文，發現目前最通行的「黎本」，無論在所收資料的質、量方面，皆非最完善的傳本。重新整理現存語錄相關材料，將有助於對朱子學作更細微的研究。在「纂註」的研究上，除了對「纂註」的引書情況作了較詳細的說明，也澄清了過去對「纂註」中的陳大猷、董琮的某些誤解。

　　本書為 2000 年之舊作。此次印行，為不失當時面貌與觀點，僅略作文句之潤色及引文之校對。

引書凡例

一、凡引用董鼎《書傳輯錄纂註》，皆以《四部叢刊三編》所收的元至正 14 年翠巖精舍刊本爲據。此書有《書傳輯錄纂註》、《書集傳輯錄纂註》、《書蔡氏傳輯錄纂註》、《尚書輯錄纂註》、《書傳》等異名（參見第三章第一節）；且「纂註」之「註」或作「注」。本論文統一採《書傳輯錄纂註》之名，行文中則一律簡稱《輯錄纂註》。

二、凡引用陳櫟《書蔡氏傳纂疏》，皆以《四庫全書薈要》本爲據。此書有《書蔡氏傳纂疏》、《尚書集傳纂疏》、《書集傳纂疏》等異名（參見第三章第一節）。本論文統一採《書蔡氏傳纂疏》之名，行文中一律簡稱《纂疏》。

三、凡引用蔡沈《書集傳》，爲配合董鼎《輯錄纂註》，除非必要，皆以董鼎《輯錄纂註》本爲據。此本所無的材料，則以呂遇龍所刊《朱文公訂正門人蔡九峰書集傳》爲據，並注明爲「呂本」。

四、頁碼的標示方式如下：

（一）一般排印的書籍，如《宋元學案》「頁二五九三」，標作「頁 2593」。

（二）若書籍分爲數冊，且每冊頁數皆不連貫，如錢穆《朱子新學案》「第四冊，頁八六」，標作「第 4 冊頁 86」。

（三）若所引爲古籍之影印本，書中又未標明總頁碼，則以「a」、「b」區分每頁之前後面。如《輯錄纂註》「卷一，頁六之前面」，標爲「卷 1 頁 6a」；同頁之後面，標爲「卷 1 頁 6b」。

（四）若所引爲古籍之影印本，書中又標有總頁碼，一般只注明出處之總頁數。如《四庫全書》本《新安文獻志》「卷七十，頁十七，總頁 1376-187」，只標作「頁 1376-187」。有些著作，因論文引用次數較

多，爲方便檢尋，將古籍原標頁碼和總頁碼一併注出，並於總頁碼前注明「總」字，以資區別。如文淵閣《四庫全書總目》「卷十一，頁十九之前面，總頁1-262」，標作「卷11頁19a，總頁1-262」。

五、所引用書籍或論文之版本、出處、出版時間等，統一於「引用書目」中注明。注釋中，除非必要，亦不特別注明。

第一章 緒 論

第一節 《總目》對宋元之際《尚書》學的評述

一、《總目》對宋元之際《尚書》學的說法

　　《書集傳》是朱子學派《尚書》學的代表作。朱子在南宋寧宗慶元 5 年（1199）冬，始命蔡沈作《書集傳》；但慶元六年（1200）三月，朱子便去世了。蔡沈經過十年的努力，於寧宗嘉定二年（1209），完成此書的初稿。而後，又經過大約二十年的修訂，直到南宋理宗紹定初年（約 1230 左右），才正式刊行。〔註1〕

　　蔡沈自信，《書集傳》能夠代表朱子對《尚書》的看法。一方面，蔡沈既然得到朱子的授權，他在《尚書》方面的造詣，自然極受朱子肯定。另一方面，此書吸收了朱子的相關見解。《朱文公訂正門人蔡九峰書集傳·九峰蔡先生書集傳序》說：

　　　　（沈）自受讀以來，沈潛其義，參考眾說，融會貫通，迺敢折衷。

〔註1〕清王懋竑《朱子年譜》謂朱子於慶元 4 年（1198）「集《書傳》」（頁263），但此時蔡沈尚未受命作傳，故蔡沈《朱文公訂正門人蔡九峰書集傳·九峰蔡先生書集傳序》載慶元 5 年（1199）方正式受命著《書集傳》（「呂本」〈集傳序〉頁 1a）。又《書集傳》的成書時間，一般都根據〈九峰蔡先生書集傳序〉的寫作時間，認爲成於嘉定 2 年（1209）；但據論文第五章第三節的討論，1209 年所完成的，應該是《書集傳》的初稿，正式刊行流通，當遲至理宗紹定初年（約 1230）。

微辭奧旨，多述舊聞，二〈典〉、〈禹謨〉，先生蓋嘗正是，手澤尚新，嗚呼！惜哉！〔註2〕

除了「參考眾說，融會貫通」，更加上了朱子的微辭奧旨。他特別強調，二〈典〉、〈禹謨〉，曾經朱子的改定，所以〈九峰蔡先生書集傳序〉說：

先生「改本」已附文集中，〔註3〕其間亦有經承先生口授指畫而未及盡改者，今悉更定，見本篇。〔註4〕

除了指出「改本」尚存，足以證明《書集傳》與朱子的密切關係；同時，強調《書集傳》中，尚有朱子生前的最後《書》說，為「改本」所未及盡改者。〔註5〕然而，儘管蔡沈說得如此確切，由於《書集傳》初稿完成的時間，已在朱子卒後十年，終究無緣全部得到朱子的審定；蔡沈的著書體例又未註明那些說法是朱子的，那些是蔡沈自己的，以致後世對於《書集傳》能否代表朱子，一直有所討論。

經學史上，對這個問題的評述，影響力最大的，是《四庫全書總目》〔註6〕（以下簡稱《總目》）之說。《總目》於《書集傳》提要指出：

沈〈序〉稱二〈典〉、三〈謨〉經朱子點定，然董鼎《纂註》於「正月朔旦」條下注曰：「朱子親集《書》傳，自孔〈序〉止此，其他大義悉口授蔡氏，併親稿百餘段，俾足成之。」則〈大禹謨〉猶未全竣，〈序〉所云二〈典〉三〈謨〉，特約舉之辭。〔註7〕鼎又引陳櫟之言

〔註2〕「呂本」〈集傳序〉頁1a。

〔註3〕這些材料收於《朱熹集》卷65（頁3402），包括〈尚書〉、〈堯典〉、〈舜典〉和〈大禹謨〉（至「率百官若帝之初」止）。

〔註4〕「呂本」〈集傳序〉頁2a。

〔註5〕這一段話，可以有兩種理解方式：一是《書集傳》對「二〈典〉、〈禹謨〉」諸篇的解釋，比「改本」更能代表朱子最後的見解。二是較廣泛地指出，《書集傳》各篇之中，收錄了朱子最後的見解，而不限於「二〈典〉、〈禹謨〉」。無論何種解釋，皆表示《書集傳》中，錄有朱子口授給蔡沈，而不曾筆之於書的「最後定論」。蔡沈顯然有《書集傳》比「改本」更能夠代表朱子對《尚書》的最後見解的意思。

〔註6〕《總目》最早的刊本，為武英殿本（簡稱殿本）。這個刊本，與後來流通最廣的浙本或據浙本翻刻的廣本系統，文字頗有異同（詳昌彼得〈跋武英殿本《四庫全書總目提要》〉）。本文所引用的《總目》，凡未特別說明版本的，皆指臺灣商務印書館影印的殿本《欽定四庫全書總目》，若其他版本有重要的異文，則在引文中加以說明。

〔註7〕按，宋呂遇龍上饒郡庠刻本《朱文公訂正門人蔡九峰書集傳·九峰蔡先生書集傳序》（引文見前），「三〈謨〉」作〈禹謨〉。《總目》之說，蓋因所據為

曰：（〔原注〕案：櫟此條不載所作《書傳纂疏》中，蓋其《書傳折
衷》之文也。）「朱子訂《傳》原本有曰：『正月，次年正月也。神宗，
說者以爲舜祖顓頊而宗堯，因以神宗爲堯廟，未知是否？「如帝之初」』
等，蓋未嘗質言爲堯廟，今本云云，其朱子後自改乎？抑蔡氏所改
乎？」則〈序〉所謂朱子點定者，亦不免有所竄易。故宋末黃景昌等，
各有「正〔誤〕」、「辨疑」之作；陳櫟、董鼎、金履祥皆篤信朱子之
學者，而櫟作《書傳折衷》，鼎作《書傳纂註》，履祥作《尚書表註》，
皆斷斷有詞。明洪武中，修《書傳會選》，改定至六十六條，國朝《欽
定書經傳說彙纂》，亦多所考訂釐正。蓋在朱子之說《尚書》，主於通
所可通，而闕其所不可通，見於《語錄》者，不啻再三，而沈於殷〈盤〉、
周〈誥〉，一一必求其解，其不能無憾也固宜。〔註8〕

特別強調朱、蔡異同的問題，質疑蔡沈對朱子「改本」的竄易，並認爲蔡沈
未能完全按照朱子「通於所可通，而闕其所不可通」的指示注經，因而自成
書以來，歷來學者對《書集傳》每每有駁正的情況。

《總目》對宋、元之際學者群起駁蔡的說法，相當值得注意。除了《書
集傳》的提要，相關的評述尚有兩處。《書傳會選》的提要說：

案，蔡沈《書傳》雖源出朱子，而自用己意者多。當其初行，已多
異論：宋末元初，張葆舒作《尚書蔡傳訂誤》，黃景昌作《尚書蔡氏
傳正誤》，程直方作《蔡傳辨疑》，余苞舒作《讀蔡傳疑》，遞相詰
難。及元仁宗延祐二年議復貢舉，〔註9〕定《尚書》義用蔡氏，於
是葆舒等之書盡佚不傳。陳櫟初作《書傳折衷》，頗論蔡氏之失，迨
法制既定，乃改作《纂疏》，發明蔡義，而《折衷》亦佚不傳。其〈序〉
稱科舉以朱子爲宗，《書》宗蔡《傳》者，固亦宜然者，〔註10〕蓋有
爲也。〔註11〕

這段文字，除了對宋、元之際駁蔡的著作敘述較爲詳盡；且指出蔡沈「雖源

清代之通行本。
〔註8〕 卷11頁20，總頁1-262。
〔註9〕 據《元史‧選舉志》，皇慶二年議復貢舉（頁2018），延祐元年便正式開科。《總
目》之說有誤。
〔註10〕「〈序〉稱科舉以朱子爲宗，《書》宗蔡《傳》者，固亦宜然者」，浙本作：「〈自
序〉『所謂聖朝科舉興行，《書》宗蔡《傳》，固亦宜然』者」（頁98）。
〔註11〕 卷12頁11，總頁1-274，《書傳會選》提要。

出朱子，而自用己意者多」，並不能嚴守師說——對蔡氏不守師說之描述，較《書集傳》提要強烈。於《欽定書經傳說彙纂》的提要說：

> 宋以來說五經者，《易》、《詩》、《春秋》各有門户，惟三《禮》則名物度數，不可辨論以空言，故無大異同。《書》則帝王之大經大法，共聞共見，故自古文今文互有疑信外，義理亦無大異同。蔡沈《集傳》始睥睨先儒，多所排擊。然書出未久，而張葆舒、黃景昌、程直方、余芑舒等，紛紛然交攻其誤，是必有未愜者在矣。自元延祐中，始以蔡《傳》試士。明洪武中，雖作《書傳會選》以正其訛，而永樂中修《書經大全》，仍懸爲功令，莫敢岐趨。〔註12〕

更進一步認爲蔡沈「睥睨先儒，多所排擊」，故宋、元之際的學者，交攻其誤。不論是改易師說或排擊先儒，《總目》都將之和宋、元之際學者對《書集傳》的「交攻其誤」、「遞相詰難」關聯在一起，意味著蔡沈注經，存在種種缺失，而且曾爲當時學者所廣泛討論。

《總目》共列舉七種宋、元之際的駁蔡著作（順序依《總目》所列）：

> 張葆舒（？～？）《尚書蔡傳訂誤》（按，張葆舒應爲程葆舒之誤，詳第五章。）
>
> 黃景昌（1261～1336）《尚書蔡氏傳正誤》
>
> 程直方（1251～1325）《蔡傳辨疑》
>
> 余芑舒（？～？）《讀蔡傳疑》
>
> 金履祥（1232～1303）《尚書表注》
>
> 陳櫟（1252～1334）《書傳折衷》
>
> 董鼎（1244～1311）《書傳輯錄纂註》

這些學者，據《總目》的敘述，可以分成兩組：程葆舒、黃景昌、程直方、余芑舒四人爲一組，他們在《書集傳》成書後不久，便「交攻其誤」。金履祥、董鼎、陳櫟這些「篤信朱子」的學者爲一組，他們雖然都是朱子學派的學者，竟然也有許多駁蔡的意見。《總目》之說，很容易讓人產生：「自《書集傳》初出不久，在延祐開科定爲功令之前，不論是否爲朱子學派的學者，都對其內容有所不滿」的印象。

上述著作，除了金履祥《尚書表注》和董鼎《輯錄纂註》兩種，其餘皆已經亡佚。《總目》的解釋是，自從元仁宗延祐元年（1314），將《書集傳》

〔註12〕卷12頁22，總頁1-280，《欽定書經傳說彙纂》提要。

定為科舉考試的標準本，學者不敢再輕加議論，這些駁蔡的著作自然就散佚了。為了證成此一論點，《總目》多次強調元代陳櫟在延祐開科之前，曾有批評《書集傳》的專著《書傳折衷》；後因科舉考試定《書集傳》為一尊而改變立場，重新寫了《纂疏》來尊《書集傳》，原來的《書傳折衷》亦因而失傳。如《纂疏》的提要說：

> 考櫟別有《書說折衷》，成於此書之前，今已散佚，惟其〈序〉尚載《定宇集》中，稱：「朱子說《書》，通其可通，不強通其所難通，而蔡氏於難通罕闕焉。宗師說者固多，異之者亦不少，予因訓子，遂撮朱子大旨及諸家之得經本義者，句釋於下，異同之說，低一字折衷之。」則櫟之說《書》，亦未嘗株守蔡《傳》。而是書之作，乃於蔡《傳》有所增補，無所駁正，與其舊說迥殊。〈自序〉稱「聖朝科舉興行，諸經、《四書》，一是以朱子為宗，《書》宗蔡《傳》，固亦宜然」云云，蓋延祐設科以後，功令如此，故不敢有所出入也。〔註13〕

其它像《書傳大全》提要說：「《纂疏》皆墨守蔡《傳》」，〔註14〕強調《纂疏》之「墨守」。前文所引的《書傳會選》提要，亦強調陳櫟「蓋有為也」。在《欽定書經傳說彙纂》的提要甚至說：

> 國家經術昌明，競研古義。聖祖仁皇帝，……指授儒臣纂輯是編。雖仍以蔡《傳》居前，眾說列後，而參稽得失，辨別瑕瑜，於其可從者，發明證佐，不似袁仁等之有意抨彈；於其不可從者，辨訂舛訛，亦不似陳櫟等之違心回護。〔註15〕

直指陳櫟對《書集傳》是「違心回護」。《總目》如此強調科舉與《書集傳》定為一尊的重要關聯，顯然寓有《書集傳》的地位和實際的成就無法相符的評價意味。而一再指出陳櫟在開科前後對《書集傳》立場的轉變，更令人質疑元代開科之後的學者之所以推崇《書集傳》，恐怕不全是出於對《書集傳》的真正認同。根據上文的分析，可以將《總目》之說，歸納為三個重點：

（一）《書集傳》不僅排擊先儒，且有不從朱子之說的缺失。

（二）宋、元之際，不論朱子學派與否，學者們群起對《書集傳》從事

〔註13〕卷12頁4，總頁1-271。
〔註14〕卷12頁14，總頁1-276。
〔註15〕卷12頁23，總頁1-280。

正「誤」的工作。這意味著，《書集傳》有許多缺點，爲當時人所廣泛討論，當時人並未視《書集傳》爲權威。

（三）直到延祐開科，因國家之力，使《書集傳》定爲一尊，結果造成宋、元之際駁正《書集傳》的著作大多亡佚。最重要的例證是：陳櫟因科舉而改變對《書集傳》的態度。

二、《總目》之說的影響

《總目》爲清代官修目錄，在當時具有相當大的權威，故清人對《總目》之說，大多沒有異議。如梁章鉅《退菴隨筆》卷 14 說：

> 《尚書·蔡傳》自序稱朱子屬作《書傳》，又稱經朱子點定，是其淵源本正。惟書出未久，而張葆舒、黃景昌、程直方、余苞舒等，已紛紛交攻其誤。陳櫟、董鼎、金履祥，皆篤信朱子之學者，而陳氏之《書傳折衷》，董氏之《書傳纂註》，金氏之《尚書表注》，又斷斷有辭。明洪武中，至特修《書傳會選》以刊正之，則其書實不無可議。〔註16〕

又如周中孚《鄭堂讀書記》卷 9 說：

> 其說雖源出於朱子，而自用己意者多，故與朱子頗有異同。當其初行，已多異論，張（苞舒）有《書蔡傳訂誤》，黃（景昌）有《尚書蔡氏傳正誤》，程（直方）有《蔡傳辨疑》，余（苞舒）有《讀蔡傳疑》，遞相詰難。及元仁宗延祐二年，議復貢舉，定《尚書》義用蔡氏，於是張氏等之書，盡佚不傳。〔註17〕

顯然都根據《總目》而來。周中孚甚至連議復貢舉的時間，都沿用《總目》「延祐二年」之誤！

民國以來的經學史專著，對宋、元之際的經學，敍述率多簡略。少數涉及宋、元之際《尚書》學的著作，往往沿用《總目》的見解。像錢基博《經學通志》、劉起釪《尚書學史》和《尚書源流及傳本考》等，都可以看出《總目》之說的影響。以較具代表性的劉起釪《尚書學史》爲例，〔註18〕此書將這一時期的《尚書》學著作，主要區分爲「擁蔡」和「反蔡」兩類。在敍述

〔註16〕 頁 356。
〔註17〕 頁 106。
〔註18〕 頁 244～頁 246，又頁 285～頁 291。

蔡沈《書集傳》時，指出宋代提出「擁蔡」意見的有黃震《讀書日鈔》。至於
「反蔡」的例子，宋代則有：張葆舒《書蔡傳訂誤》、黃景昌《書蔡氏傳正誤》。
元初則有：程直方《蔡傳辨疑》、余芑舒《讀蔡傳疑》、金履祥《尚書表注》、
陳櫟《書傳折衷》。在敘述元代《尚書》學時，則分為「（一）蔡《傳》定於
功令後擁蔡的『時義』之作」、「（二）反蔡或異於蔡的『古義』之作」及「（三）
擁蔡反蔡以外的重要《尚書》著作以及一般的與傾向不明的《尚書》著作」
三大類。其中，第（一）類所列的元人著作有：陳櫟《尚書集傳纂疏》（即《纂
疏》）、董鼎《書傳輯錄纂註》（即《輯錄纂註》）、陳大猷《書傳會通》、陳師
凱《書蔡傳旁通》、朱祖義《尚書句解》、鄒季友《尚書傳音釋》、王道《書傳
音釋》、牟應龍《九經音考》、程龍《書傳釋疑》、方傳《書蔡氏傳考》、呂宗
杰《書經補遺》、朱右《書集傳發揮》，以及為科舉考試而編的王充耘《書義
矜式》、陳悅道《書義斷法》、倪士毅《尚書作義要訣》。第（二）類所列元人
著作有：陳櫟《書傳折衷》、王充耘《讀書管見》、《書義主意》。由《尚書學
史》將疏解《書集傳》之作與專為科舉考試而編的《書義矜式》、《書義斷法》、
《尚書作義要訣》歸為同一類，並將標題冠以「時義」之名，可見其承襲《總
目》的觀點，而更加強調科舉的影響。

　　《總目》對與《書集傳》相關的學術論文或專書的影響，亦極明顯。根
據林慶彰先生《經學研究論著目錄（1912～1987）》、《經學研究論著目錄（1988
～1992）》及《朱子學研究書目》（1900～1991）所載的論著，關於朱子和蔡
沈《尚書》學的研究，約有十二種；〔註19〕另外，在 1992 年之後，上述目錄

〔註19〕這十二種著作為：
　　01 錢穆〈朱子之書學〉：《朱子新學案》第四冊，頁 81～94，臺北：三民書局，
　　　　1971 年 9；1982 年 4 月再版。
　　02 吳哲夫〈書集傳（善本書志）〉：《故宮季刊》第 9 卷 3 期，1975 年春。
　　03 宋鼎宗〈尚書蔡傳匡謬篇〉：《成功大學學報（人文篇）》，第 14 卷，1979
　　　　年 5 月。
　　04 古國順〈蔡沈書集傳之研究論著述評〉：《臺北師專學報》第 12 期，1980
　　　　年 6 月。
　　05 高令印、陳其芳〈蔡沈的哲學思想〉：《福建論壇（文史哲版）》，1984 年 6
　　　　期，1984 年。又《複印報刊資料(中國哲學史)》，1985 年第 1 期，1985 年
　　　　1 月。
　　06 高令印、陳其芳〈蔡元定、蔡沈〉：《福建朱子學》，頁 87～1908，福州：
　　　　福建人民出版社，1986 年 10 月。（與 05 之內容相近）
　　07 劉人鵬〈論朱子未嘗疑古文尚書偽作〉：《陳第之學術》附錄，頁 168～197，

未及收錄的著作，較重要的有三種。﹝註 20﹞這些論著，述及宋、元之際《書集傳》相關問題的部分，仍以《總目》的意見爲基礎。如游均晶《蔡沈〈書集傳〉研究》第五章〈《書集傳》在《尚書》學發展史中的地位〉即說：

> 宋、元之際，學者對《書集傳》的評價有許多爭議，有學者如黃震，對《書集傳》贊許有加，也有張葆舒、黃景昌、程直方、余芑舒等儒者，群起對蔡《傳》作訂正、辨誤的工作。也許是元代官學采用《書集傳》作爲考試書的緣故，張葆舒等人的著作，因乏人問津而失傳了。﹝註 21﹞

論文中並引用《總目》來說明相關的問題。

　　劉起釪和游均晶之著作，都是較新的研究成果，他們都繼承了《總目》的觀點。可見，《總目》之說對後世的影響力，既深且遠。

第二節　《總目》之說與其學術傾向的關係

　　學術史上的評價，往往與評論者的學術觀點密不可分。當觀點不同時，不僅對相同的學術現象會有不同的解釋，甚至可能影響學者選擇那些「重點」

　　　　台大中文所碩士論文，1988 年 5 月。又《清華學報》，22 卷 4 期，1992 年12 月。

08 丁瑜〈宋刻蔡九峰書集傳與春秋公羊經傳解詁〉：《文獻》1988 年第 4 期（總第 38 期），1988 年 10 月。

09 李學勤〈朱子的尚書學〉：《朱子學刊》，1989 年 1 期（總 1 輯），1989 年 4月。

10 劉起釪〈朱子的尚書學〉：《尚書學史》，頁 241～285，北京：中華書局，1989 年 6 月。

11 束景南〈經學大師與經學弟子們〉：《朱子大傳》，頁 1015～1020，福州：福建教育出版社，1992 年 10 月。

12 李致忠〈朱文公訂正門人蔡九峰書集傳六卷（蔡沈撰）〉〈善本書敍錄〉：《文獻》，1992 年第 4 期（總第 54 期），1992 年 10 月。

﹝註 20﹞ 這三種著作爲：

01 蔡根祥〈晦翁尚書學案〉：《宋代尚書學案》，頁 807～863，師大國研所博士論文，1994 年 6 月。

02 游均晶〈《書集傳》與朱子《尚書》學的關係〉：《蔡沈〈書集傳〉研究》，頁 89～102，私立東吳大學中文研究所碩士論文，1996 年 6 月。

03 程元敏〈朱熹、蔡沈師弟子《書序辨說》版本徵孚〉、〈朱子及其後學者難《書序》〉：《書序通考》，頁 207～370，臺灣學生書局，1999 年 4 月。

﹝註 21﹞ 頁 123。

事件來作爲論述的依據。《總目》作爲經學史經常引用的專著，了解它的觀點及其對《書集傳》所作的相關評論之間的關係，將有助於我們的研究。

《總目》所公開標榜的經學觀點，是「消融漢、宋門戶」；但學者大多認爲《總目》眞正的立場，實爲漢學。如梁啓超《中國近三百年學術史》曾指出：

> 四庫館就是漢學家大本營，《四庫提要》就是漢學思想的結晶體。〔註22〕

郭伯恭《四庫全書纂修考》也說：

> 《總目》外表上對於「宋學」似有極尊之意者，然其內容實「標榜漢學，排除宋學」也。〔註23〕

黃愛平《四庫全書纂修研究》也說：

> 面對宗旨迴別，學風各異的兩大學術流派，《總目》竭力擺出一副不偏不倚的姿態，……強調「消融門戶之見而各取所長，則私心祛而公理出，公理出而經義明。」但事實上，由於當時學風的影響，《總目》在敘述評論之中，仍隱喩軒輊之意，對宋明理學空疏措大，好發議論，乃至舍傳以求經的種種流弊，多次予以嚴屬指責。〔註24〕

換言之，《總目》所標榜的觀點，和實際用以評論著作的觀點，並不完全一致。爲了清楚認識《總目》此一差異在評論《書集傳》相關著作時的表現，這一節試著針對這個問題提出具體的說明。

一、《總目》所標舉的「消融漢、宋門戶」之說

〈經部總敘〉總結經學發展的歷史說：

> 經稟聖裁，垂型萬世，刪定之旨，如日中天，無所容其贊述，所論次者，詁經之說而已。自漢京以後，垂兩千年，儒學沿波，學凡六變：其初專門授受，遞稟師承，非惟詁訓相傳，莫敢同異，即篇章字句，亦恪守所聞，其學篤實謹嚴，及其弊也拘。王弼、王肅稍持異議，流風所扇，或信或疑，越孔、賈、啖、趙，以及北宋孫復、劉敞等，各自論說，不相統攝，及其弊也雜。洛、閩繼起，道學大

〔註22〕頁115。
〔註23〕頁223。
〔註24〕頁393。

昌，擺落漢、唐，獨研義理，凡經師舊說，俱排斥以爲不足信，其
學務別是非，及其弊也悍。（〔原注〕如王柏、吳澄攻駁經文，動輒
刪改之類。）學脈旁分，攀緣日眾，驅除異己，務定一尊，自宋末
以逮明初，其學見異不遷，及其弊也黨。（〔原注〕如《論語集註》
誤引包咸「夏瑚商璉」之說，張存中《四書通證》即闕此一條以譏
其誤。又如王柏刪〈國風〉三十二篇，許謙疑之，吳師道反以爲非
之類。）主持太過，勢有所偏，才辨聰明，激而橫決，自明正德、
嘉靖以後，其學各抒心得，及其弊也肆。（〔原注〕如王守仁之末派，
皆以狂禪解經之類。）空談臆斷，考證必疏，於是博雅之儒，引古
義以抵其隙，國初諸家，其學徵實不誣，及其弊也瑣。（〔原注〕如
一字音訓，動辨數百言之類。）〔註25〕

將經學發展的歷史劃分爲六個階段，然後進一步將這六個階段歸爲「漢學」、
「宋學」勢力的消長：

要其歸宿，則不過漢學、宋學兩家互爲勝負。夫漢學具有根柢，講
學者以淺陋輕之，不足服漢儒也。宋學具有精微，讀書者以空疏薄
之，亦不足服宋儒也。消融門戶之見而各取所長，則私心祛而公理
出，公理出而經義明矣。蓋經者非他，即天下之公理而已。今參稽
眾說，務取持平，各明去取之故，分爲十類。〔註26〕

認爲研究經學應取漢、宋兩家之長，消融門戶之見。這種劃分方式，使得原
本字面意義是用來指稱「漢人之學」和「宋人之學」的「漢學」、「宋學」二
詞，在《總目》中增加了一種涵義：分別指「考據學」和「義理學」。在《總
目》看來，這兩種學問分別於漢代和宋代表現得最明顯，故以之爲名。〈經部
總序〉強調，經學的研究應該「消融門戶之見而各取所長」，因而給人《總目》
對經學的評述頗爲持平，沒有所謂「漢、宋門戶」的印象。

《總目》對於消融漢、宋學門戶的問題，在〈凡例〉中曾提出以考據作
爲理解經義的基礎的主張。〈凡例〉說：

劉勰有言：「意翻空而易奇，詞徵實而難巧。」儒者說經論史，其理
亦然。故說經主於明義理，然不得其文字之訓詁，則義理何自而
推？……如成風爲魯僖公之母，明載《左傳》，而趙鵬飛《春秋經筌》

〔註25〕卷1頁1a，總頁1-53。
〔註26〕卷1頁2a，總頁1-53。

謂不知爲莊公之妾？爲僖公之妾？是不知其人之名分，可定其禮之得失乎？……今所錄者，率以考證精核、論辨明確爲主，庶幾可謝彼虛談，敦茲實學。〔註27〕

從「說經主於明義理」之言，可知《總目》認爲經書註解的目標是在義理。這是因爲經書中所承載的道理，在過去被視爲經國濟世的大法，故經義的探求自然成爲經學研究的重心。只是，《總目》認爲未以訓詁考據爲基礎，所了解的經義並不可靠。以《總目》所舉《春秋經筌》之例而言，《總目》於《春秋經筌》提要有較詳細的說明：

宋趙鵬飛撰。鵬飛字企明，號木訥，綿州人。其意以說經者拘泥三《傳》，各護師說，多失聖人本旨，故爲此書，主於據經解經。其〈自序〉曰：「學者當以無《傳》明《春秋》，不可以有《傳》求《春秋》。無《傳》以前，其旨安在？當默與心會矣。」又曰：「三《傳》固不足據，然公吾心而評之，亦有時得聖意者。」夫三《傳》去古未遠，學有所受，其間經師衍說，漸失本意者固亦有之，然必一舉而刊除，則《春秋》所書之人，無以核其事，所書之事，無以核其人。即以開卷一兩事論之：「元年春王正月」，不書即位，其失在夫婦嫡庶之間。苟無《傳》文，雖有窮理格物之儒，殫畢生之力，據經文而沈思之，不能知聲子、仲子事也。「鄭伯克段於鄢」，不言段爲何人，其失在母子兄弟之際。苟無《傳》文，雖有窮理格物之儒，殫畢生之力，據經文而沈思之，亦不能知爲武姜子、莊公弟也。然則舍《傳》言經，談何容易！啖助、趙匡攻駁三《傳》，已開異說之萌，至孫復而全棄舊文，遂貽《春秋》家無窮之弊。蔡絛《鐵圍山叢談》載鹿谿生黃沈之說曰：「今時爲《春秋》者，不探聖人之志，逐《傳》則論魯三桓、鄭七穆，窮經則會計書甲子者若干，書侵、書伐凡幾」云云。沈從學於陳瓘、黃庭堅，其授受尚有淵源，而持論業已如此，蓋皆沿復之說也。鵬飛此書，亦復之流派，其最陋者，至謂經書「成風」，不知爲莊公之妾？僖公之妾？付之闕疑。張尚瑗《三傳折諸》譏其臆解談經，不知《左氏》有成風事季友而屬僖公之事，不值一噱，頗爲切中其病。然復好持奇論，鵬飛則頗欲原情，其平允之處，

〔註27〕卷首 3 頁 8a，總頁 1-37。

　　　　亦不可廢。寸有所長，存備一說可矣。〔註28〕

強調若捨三《傳》而言《春秋》，「則《春秋》所書之人，無以核其事，所書之事，無以核其人」。提要舉出三個例子：《春秋》經「元年春王正月」，必須透過《左傳》：「惠公元妃孟子。孟子卒，繼室以聲子，生隱公。宋武公生仲子。仲子生而有文在其手曰：『爲魯夫人』，故仲子歸我，生桓公而惠公薨，是以隱公立而奉之。」〔註29〕對惠公、聲子、仲子、隱公、桓公關係的補充，方能理解。對《春秋》經「鄭伯克段於鄢」，亦必須透過《左傳》的敘述，方能了解武姜、鄭莊公和共叔段之間的關係。〔註30〕同樣地，成風的身份，據《左傳》閔公 2 年載：「成風聞成季之繇，乃事之，而屬僖公焉，故成季立之。」〔註31〕可知爲僖公之母。這些例子，無非是要說明《傳》文對於了解《春秋》中人物關係的重要性。《總目》認爲，這是了解《春秋》義理的基礎，即〈凡例〉「不知其人之名分，可定其禮之得失乎」的意思。根據《總目》之說，成風的身份之所以應當考證，除了解史實的要求外，關鍵正在於成風身份的改變，將影響經學家對經典記載背後所隱含的「禮之得失」經義的理解。換言之，如果成風身分的認定與經義無涉，在以「明義理」爲目標的「說經」活動中，對成風的考證就不算太重要。由此可見，《總目》所強調的，以「明義理」爲重點的傳統經學研究中，考據訓詁的價值，是依附在求經義的目標上的。這種主從關係表明了，考據訓詁雖是理解經義的環節之一，卻不能以此涵括闡發經義的所有活動。對經書相關著作的評論，除了考據訓詁的標準外，應當還有其它（如義理）的標準。〈凡例〉「今所錄者，率以考證精核，論辨明確爲主，庶幾可謝彼虛談，敦茲實學」的標準，顯然僅強調了訓詁考據，卻無法觸及訓詁考據之外的問題。

二、《總目》重「漢學」的傾向在評論《書集傳》相關著作時的　　表現

　　《總目》重漢學的傾向亦表現在「《尚書》類」提要對《書集傳》及其相關著作的評論中。《書集傳》提要在列舉了自宋末到清初對《書集傳》正誤辨

〔註28〕卷 27 頁 32a，總頁 1-557。
〔註29〕頁 28。
〔註30〕頁 35。
〔註31〕頁 194。

疑的情況後，總評說：

> 然其疏通證明，較爲簡易，且淵源有自，大體終醇。元與古注疏並
> 立學官，（見《元史・選舉志》）而人置注疏肆此書；明與夏僎《解》
> 並立學官，（見楊愼《丹鉛錄》）而人亦置僎《解》肆此書，固有由
> 矣。〔註32〕

若僅就這段文字看來，整體的評價算是相當正面的；可是，若以之與《總目》的相關材料比較，卻可以發現，其中有頗堪玩味之處。

「《尙書》類」正式著錄的五十五種著作，〔註33〕大多數是《總目》認爲價值較高的書；收入「《尙書》類存目」的七十八種著作，〔註34〕則是《總目》認爲價值較低的書。〔註35〕正式著錄的五十五種著作的提要，列於《書集傳》之後（不含《書集傳》、附錄）的有四十一部。四十一篇提要中，提及《書集傳》的有二十二部。〔註36〕這二十二篇提要的內容，除了朱鶴齡《禹貢長箋》僅提及「三江」既主鄭康成之說，又兼取蔡《傳》，殊無定見，未明顯涉及《書集傳》的評價問題〔註37〕外；往往強調這些著作有「不株守《書集傳》一家之說」的「優點」。《書集傳或問》、《輯錄纂註》和《欽定書經傳說彙纂》之提要，已見論文相關部分，此處不具引。其餘如宋陳經《尙書詳解》，提要：

> 寧宗之世，正蔡氏《傳》初出之時，而此書多取古註疏，或間參以
> 新意，與蔡氏頗有異同。……其句櫛字比，疏證詳明，往往發先儒
> 所未發，實可與林之奇、夏僎諸家相爲羽翼，固無庸拘蔡氏之學，

〔註32〕卷11頁21a，總頁1-263。

〔註33〕此據殿本《總目》，浙本則多出《鄭敷文書說》而爲五十六種。又，附錄兩種，一併計算，則爲五十七或五十八種。

〔註34〕附錄一種，合併計算則爲七十九種。

〔註35〕〈凡例〉說：「其上者悉登編錄，罔致遺珠。其次者亦長短兼臚，見瑕瑜不掩。其有言非立訓，義或違經，則附載其名，兼匡厥謬。至於尋常著述，未越群流，雖咎譽之咸無，要流傳之已久，準諸家著述例，亦併存其目，以備考核。」（卷首3頁2b，總頁1-34）

〔註36〕這22部著作爲：《尙書詳解》、《尙書集傳或問》、《尙書表注》、《讀書叢說》、《尙書集傳纂疏》、《尙書輯錄纂註》、《書蔡傳旁通》、《讀書管見》、《尙書纂傳》、《尙書句解》、《書傳會選》、《書傳大全》、《尙書疑義》、《尙書日記》、《尙書砭蔡編》、《尙書註考》、《欽定書經傳說彙纂》、《書經稗疏》、《禹貢長箋》、《書經衷論》、《尙書地理今釋》、《禹貢會箋》。

〔註37〕卷12頁32b，總頁1-285。

執一格以相繩焉。〔註38〕

宋金履祥《尚書表注》，提要：

大抵擴摭舊說，折衷己意，與蔡沈《集傳》頗有異同。〔註39〕

元許謙《讀書叢說》，提要：

自蔡沈《書集傳》出，解經者大抵樂其簡易，不復參考諸書。謙獨博覈事實，不株守一家，故稱「叢說」。〔註40〕

元王充耘《讀書管見》，提要：

所說與蔡氏多異同。〔註41〕

明劉三吾《書傳會選》，提要：

凡蔡《傳》之合者存之，不預立意見以曲肆詆排。其不合者則改之，亦不堅持門戶以巧為回護。計所糾正，凡六十六條。〔註42〕

明馬明衡《尚書疑義》，提要：

前有〈自序〉云：「凡於所明而無疑者，從蔡氏。其有所疑於心，而不敢苟從者，輒錄為篇。」書中如「六宗」從〈祭法〉……皆能參酌眾說，不主一家，非有心與蔡立異者。惟「三江」必欲連震澤而下……蓋不免醇駁互存。然明人經解，冗濫居多，明衡是編，尚能研究於古義，固不以瑕掩瑜也。〔註43〕

明王樵《尚書日記》，提要：

大旨仍以蔡《傳》為宗，制度名物，蔡《傳》所未詳者，則采舊說補之。又取金履祥《通鑑前編》所載有關當時事跡者，悉為采入。如微子抱器、箕子受封、周公居東致辟諸條，皆引據詳明。前有李維楨〈序〉稱：「……樵是書於經旨多所發明，而亦可用於科舉，尤適得是書之分量。」皆確論云。〔註44〕

明袁仁《尚書砭蔡編》，提要：

是編糾蔡沈之誤，所論如「粵若」之前後異訓……皆確有所據。至

〔註38〕 卷11頁23a，總頁1-264。
〔註39〕 卷11頁30b，總頁1-267。
〔註40〕 卷12頁1a，總頁1-269。
〔註41〕 卷12頁8a，總頁1-273。
〔註42〕 卷12頁11b，總頁1-274。
〔註43〕 卷12頁16a，總頁1-277。
〔註44〕 卷12頁17a，總頁1-277。

謂《史記索隱》「南譌」不作「爲」字，則但據今本……則又有意立
異，不可爲訓矣。〔註45〕

明陳泰交《尚書註考》，提要：

其書皆考訂蔡沈《書傳》之訛，謂有引經註經不照應者三條，又有
同字異解三百二十三條，皆直錄註語，不加論斷。其同字異解者，
一字或有數義，抉摘未免過嚴；其不照應者三條，如「凡厥正人」
引「惟厥正人」爲證……則前後顯相矛盾，誠蔡氏之疎略矣。馬明
衡《尚書疑義》、袁仁《砭蔡編》頗以典制名物補正蔡《傳》之缺誤，
泰交此書則惟較量於訓詁之間，而所謂訓詁異詞者，又皆以矛攻盾，
未及博援古義，證以舊文，故爲少遜於二家。然釋事釋義二者相資，
均謂之有功蔡《傳》可也。〔註46〕

清王夫之《書經稗疏》，提要：

若駁蘇軾《傳》及蔡《傳》之失，則大抵詞有根據，不同游談。雖
醇疵互見，而可取者較多焉。〔註47〕

清張英《書經衷論》，提要：

其說多採錄舊文，而參以新義。如〈益稷〉篇稱其有「暨益稷」之
文，故借此二字以名篇，乃林希逸之說……至以〈高宗肜日〉爲祖
己訓祖庚之書，〈西伯戡黎〉爲武王之事，皆不從蔡氏而從金履祥《通
鑑前編》。頗總括羣言，不拘門戶。〔註48〕

清蔣廷錫《尚書地理今釋》，提要：

又訂定蔡沈《集傳》之說者，如〈禹貢〉「治梁及岐」，則據曾旼之
說，辨非呂梁、狐岐……均考訂精核，足證往古之訛，釋後儒之惑。
〔註49〕

清徐文靖《禹貢會箋》，提要：

書中皆先引蔡《傳》而續爲之箋，博據諸書，斷以己意。如汾水西
入河，非東入河……皆不爲蔡《傳》所囿。〔註50〕

〔註45〕卷12頁17b，總頁1-277。
〔註46〕卷12頁19b，總頁1-278。
〔註47〕卷12頁25a，總頁1-281。
〔註48〕卷12頁37a，總頁1-287。
〔註49〕卷12頁39a，總頁1-288。
〔註50〕卷12頁40b，總頁1-289。

結果，《總目》未強調所提要的著作與《書集傳》有所異同的，只有《纂疏》、《書蔡傳旁通》、《尚書纂傳》、《尚書句解》和《書傳大全》五部。《總目》對這五部著作的評價，多有所保留：第一節曾引用的《纂疏》提要，指出陳櫟於較早的《書傳折衷》未墨守《書集傳》，後來的《纂疏》之所以墨守《書集傳》，是因爲國家科舉考試以《書集傳》爲標準之故。於元陳師凱《書蔡傳旁通》的提要則說：

> 蔡《傳》所稱引而未詳者，一一博引繁稱，析其端委。其蔡《傳》岐誤之處，則不復糾正，蓋如孔穎達諸經《正義》主於發揮注文，不主於攻駁注文也。……知其有所遷就而節取所長可也。〔註51〕

強調其對《書集傳》「所稱引而未詳者，博稱繁引，析其端委」，有補充《書集傳》考據之功，至於不復糾正《書集傳》之誤，則是體例的緣故。提要強調「知其有所遷就而節取所長可也」，所指的「遷就」和「所長」，意思當極爲明顯。於元王天與《尚書纂傳》說：

> 是書雖以孔安國《傳》、孔穎達《疏》居先，而附以諸家之解，其大旨則以朱子爲宗，而以眞德秀說爲羽翼。蓋朱子攷論羣經，以《書》屬蔡沈，故天與以蔡氏《傳》爲據。德秀則《書說精義》以外，復有《大學衍義》一書，所言與虞、夏、商、周之大經大法多相出入，故天與亦備采之。其注疏，或刪或存，亦以二家之說爲斷。〈自序〉所謂：「期與二先生合而已，不敢以私意去取。」蓋道其實也。〔註52〕

雖提及「以蔡氏《傳》爲據」，但《總目》指出，此書體例以孔安國、孔穎達之說居先，並附以諸家之解；且所謂的「二先生」指朱子和眞德秀，實未囿於蔡氏《傳》一家之言。於元朱祖義《尚書句解》說：

> 考《元史·選舉志》，延祐中定經義取士之制，《尚書》以古注疏及蔡沈《集傳》爲宗，故王充耘《書義矜式》尚兼用孔《傳》。迨其末流，病古注疏之繁，而蔡《傳》遂獨立於學官，業科舉者童而習之，莫或出入。祖義是書，專爲啓迪幼學而設，故多宗蔡義，〔註53〕不復考證舊文，於訓詁名物之間，亦罕所引據。然隨文詮釋，辭意顯

〔註51〕卷 12 頁 7b，總頁 1-272。
〔註52〕卷 12 頁 9b，總頁 1-273。
〔註53〕《總目》之說，與事實不符。《尚書句解》實宗孔《傳》，故其書前標明「孔氏傳」，而非「蔡氏傳」。

明，使殷《盤》、周《誥》詰屈聱牙之句，皆可於展卷之下，了然於
心口，其亦古者離經辨志之意歟？以視附會穿鑿，浮文妨要，反以
晦蝕經義者，此猶有先儒篤實之遺矣，亦未可以其淺近廢也。〔註54〕

以此書專爲啓迪幼學而作，在標準上已經降低了。而由「故多宗蔡義，不復
考證舊文，於訓詁名物之間，亦罕所引據」之言與「視附會穿鑿，浮文妨要，
反以晦蝕經義者，此猶有先儒篤實之遺矣」對比，可知提要對此書的內容，
並未予以太高的評價。於明胡廣《書傳大全》則說：

大旨本二陳氏。二陳氏者，一爲陳櫟《尚書集傳纂疏》，一爲陳師凱
《書蔡傳旁通》。《纂疏》皆墨守蔡《傳》，《旁通》則於名物度數考證
特詳，雖回護蔡《傳》之處在所不免，然大致較劉氏說《詩》，汪氏
說《春秋》爲有根柢，故是書在《五經大全》中尚爲差勝云。〔註55〕

強調「是書在《五經大全》中尚爲差勝」，顯然只是《五經大全》中較好的一種。

　　進一步觀察存目提要，收入存目的七十八部著作，其中成於《書集傳》
之後的有七十七部。這七十七部著作的提要言及《書集傳》的有三十三篇，
〔註56〕其中《總目》較常指出的缺點有三：（一）偏主蔡《傳》一家之說而
無所糾訂。如明彭勗《書傳通釋》，提要：

編內於蔡《傳》之下，摘錄諸儒舊說，閒於篇題之後，加以案語，
總論一篇大旨，率皆陳因之談。觀其自敘，蓋節錄永樂中《書經大
全》爲之。……夫《大全》之謬，在偏主一家之說，荒棄古來之經
義。勗更以其偏主爲未堅，必鋤盡異同而後已，門戶之見尤爲深固。
〔註57〕

明（不著撰人）《尚書直指》，提要：

其書檃括蔡《傳》大義，已漸類後來講章。於蔡《傳》得失，未嘗

〔註54〕卷 12 頁 10b，總頁 1-274。

〔註55〕卷 12 頁 14a，總頁 1-276。

〔註56〕這三十三部著作爲：《書傳通釋》、《尚書直指》、《書經提要》、《書傳洪範考疑》、
《尚書說要》、《書經講義會編》、《禹貢山川郡邑攷》、《禹貢元珠》、《禹貢備
遺增註》、《禹貢匯疏》、《尚書傳翼》、《尚書晚訂》、《尚書揆一》、《禹貢圖註》、
《書繹》、《禹貢通解》、《尚書集解》、《尚書近旨》、《尚書引義》、《書經疏略》、
《尚書惜陰錄》、《尚書口義》、《禹貢正義》、《書經詳說》、《禹貢臆參》、《禹
貢譜》、《今文尚書說》、《尚書舉隅》、《尚書約旨》、《書經參義》、《尚書質疑》、
《心園書經知新》、《尚書註解纂要》。

〔註57〕卷 13 頁 10b，總頁 1-296。

糾定。〔註58〕

明申時行《書經講義會編》，提要：

其說皆恪守蔡《傳》，務取淺近易明。〔註59〕

明陸鍵《尚書傳翼》，提要：

是書惟敷衍蔡沈之說，無所異同，故曰「傳翼」。〔註60〕

明鄒期楨《尚書揆一》，提要：

是書專主蔡《傳》而雜引諸儒之說以發明之，蓋爲科舉而作。〔註61〕

清徐世沐《尚書惜陰錄》，提要：

其說皆因蔡《傳》而衍之，往往支離於文外。〔註62〕

清劉懷志《尚書口義》，提要：

大旨悉遵蔡《傳》而衍以通俗之文，以便童蒙。凡蔡《傳》所謂錯
簡者，俱移易經文以從之；凡蔡《傳》所謂衍文者，則徑從刪薙，
可謂信傳而不信經矣。〔註63〕

清冉覲祖《書經詳說》，提要：

是書以蔡《傳》爲主，旁引孔《傳》、孔《疏》及宋、元以下諸家之
說以釋之。雖證引頗繁，如「六宗」、「三江」皆援引諸說，而終以
蔡《傳》爲主，其有稍異於《傳》者，多削而不錄。〔註64〕

清王澍《禹貢譜》，提要：

大抵本蔡《傳》而參以諸家之說。〔註65〕

清徐志遴《尚書舉隅》，提要：

其書刪節蔡《傳》，而於蔡《傳》後每條，各以己意附注一二語，簡
略殊甚。〔註66〕

（二）雖有所糾訂、闡發，卻不注重考據。如明呂柟《尚書說要》，提要：

與蔡《傳》間有出入，……大抵推尋文句，雖間有闡發，亦皆以私

〔註58〕卷13頁12a，總頁1-297。
〔註59〕卷13頁20b，總頁1-301。
〔註60〕卷14頁5b，總頁1-305。
〔註61〕卷14頁6b，總頁1-306。
〔註62〕卷14頁16b，總頁1-311。
〔註63〕卷14頁17a，總頁1-311。
〔註64〕卷14頁19a，總頁1-312。
〔註65〕卷14頁21a，總頁1-313。
〔註66〕卷14頁23b，總頁1-314。

意揣摩。〔註67〕

明俞鯤《禹貢元珠》，提要：

> 大旨取〈禹貢〉篇蔡沈《集傳》刪節浮文，歸於簡要。……亦間有
> 攷證，然大致主於詮釋文句，於山川地理，未能洞悉原委。〔註68〕

明艾南英《禹貢圖註》，提要：

> 採錄蔡註之簡明者爲内註，有不可廢者，仍錄爲外註。其圖與註，
> 俱頗簡略，無所考證。〔註69〕

清張沐《書經疏略》，提要：

> 所解多襲蔡《傳》，其獨出己見者，率多杜撰。〔註70〕

清曹爾成《禹貢正義》，提要：

> 據蔡氏《集傳》爲本，或偶出己見，又於古無稽。〔註71〕

清陸奎勳《今文尚書說》，提要：

> 是編皆訂補蔡沈《書傳》之闕失，大抵推求於字句之間，離合參半。
>
> 〔註72〕

清楊方達《尚書約旨》，提要：

> 是書大略墨守蔡《傳》，依文訓義，間有與蔡《傳》異者，亦僅鑽研
> 語氣，未能考證其失。〔註73〕

清姜兆錫《書經參義》，提要：

> 考蔡《傳》自南宋以來即多異議，原非一字不刊之典。然兆錫所改，
> 大抵推求字句，以意竄定，未能確有考證也。〔註74〕

清吳蓮《尚書註解纂要》，提要：

> 是書融會蔡沈《集傳》之義，每節之下，先標指意，而各隨文句詮
> 釋之，無所考正。〔註75〕

（三）有少數著作，雖糾訂蔡《傳》，但考據不精。如清邵璸《禹貢通解》，

〔註67〕卷13頁14a，總頁1-298。
〔註68〕卷13頁21b，總頁1-302。
〔註69〕卷14頁8a，總頁1-307。
〔註70〕卷14頁15a，總頁1-310。
〔註71〕卷14頁17b，總頁1-311。
〔註72〕卷14頁22b，總頁1-314。
〔註73〕卷14頁24b，總頁1-315。
〔註74〕卷14頁27a，總頁1-316。
〔註75〕卷14頁33b，總頁1-319。

提要：

> 璜之所註，乃與蔡《傳》多有異同。其循《傳》發揮者，謂之通解；
> 其不從《傳》者，謂之辨異。⋯⋯是書頗有意於攷正，而所學未博，
> 引據疏略，視胡渭諸家，不止上下床之別矣。〔註76〕

清楊陸榮《禹貢臆參》，提要：

> 是書於經文之下，詳載蔡《傳》而並錄《地理今釋》以糾其誤，亦
> 間附己說，然頗有攻詰未當者。〔註77〕

上文所舉的例證，已達二十一篇，佔三十三篇提及蔡《傳》的存目提要的三
分之二。與「《尚書》類」提要相對照，《總目》顯然傾向於將他認定爲守《書
集傳》之義的著作，或雖訂補《書集傳》卻不能從考據上加以補正的著作，
歸入存目之中。《總目》隱然以能否用考據的方式駁正《書集傳》，作爲評價
元、明、清《尚書》著作的標準；而對於這些著作（包括《書集傳》）在闡發
義理的表現，卻鮮少提及。

三、《總目》有意重「漢學」輕「宋學」的痕跡

上述的印象，應當是《總目》的整編者有意呈現的。目前通行的《總目》，
主要有「殿本」和「浙本」兩個系統。殿本《總目》之刊行，在乾隆60年（1795）；
浙本則可能遲至嘉慶之時，方由浙江地方政府據文瀾閣所藏翻刻。兩本雖有
差異，但大體而言，它們對《尚書》相關評論所呈現的重考據的傾向則無分
別。而在乾隆60年之前，與《總目》相關的材料，目前可以看到的有：成於
乾隆47年（1782）的《欽訂四庫全書簡明目錄》，在《四庫全書薈要》中的
「薈要提要」和文淵閣《四庫全書》的「書前提要」三種。「薈要提要」和「書
前提要」在每篇提要最後都注明了「乾隆某年某月恭校上」的字樣。

這些材料對《書集傳》及其相關著作的評論並不一致。「薈要提要」共十
六篇，注明的時間，最早爲乾隆39年9月（1774），最晚爲乾隆43年1月
（1778）。同樣十六部著作，「書前提要」所注明的時間，最早爲乾隆40年9
月（1775），最晚的是乾隆46年10月（1781）。茲將這十六部著作相關材料
的時間列表如下：（加「*」表示提要內容，對義理方面的評述有所改動。）

〔註76〕卷14頁10b，總頁1-308。
〔註77〕卷14頁19b，總頁1-312。

書　　　名	薈要提要時間	書前提要時間
01《尚書正義》	40.4	42.8
02《東坡書傳》	41.2	43.5
03《尚書全解》	40.10	42.7（＊）
04《禹貢指南》	42.6	43.6
05《禹貢論、後論、山川地理圖》	《禹貢山川地理圖》42.11	46.10（＊）
06《禹貢說斷》	43.1	46.4
07《書說》	39.11	44.9（＊）
08《尚書說》	40.2	45.1
09《書集傳》	40.5	41.10（＊）
10《書纂言》	40.5	42.3（＊）
11《書蔡氏傳纂疏》	40.4	44.6（＊）
12《書傳輯錄纂註》	41.3	46.10
13《尚書纂傳》	40.4	43.3（＊）
14《尚書句解》	40.5	46.7
15《日講書經解義》	41.5	40.9
16《欽定書經傳說彙纂》	39.9	41.5

　　十六部著作中，有八種與《書集傳》有關（即表中《書集傳》以下之著作）。比較這八部著作不同傳本的提要發現：其中對於《書集傳》的相關評論，乾隆41年之前，往往強調蔡沈「多本師說」；41年之後則改為強調朱、蔡相異，及後世學者對《書集傳》的駁正。而且，乾隆41年之前的提要，對義理著墨較多，亦較有正面的評價；乾隆41年之後，則傾向於強調考據的價值，而避免述及義理的價值。如《書集傳》一書，乾隆40年5月的「薈要提要」說：

> 朱子晚年，於諸經多有訓傳，獨《尚書》未就，遂以屬沈，十年而
> 成。〈自序〉謂：「二〈典〉、〈禹謨〉，先生蓋嘗是正。」則此《傳》
> 融貫諸家，實多本師說也。其子奉議郎杭〔註78〕表進於朝。元時頒

〔註78〕　蔡杭，《總目》作「杭」，諸書亦多作「杭」，然亦有作「抗」者，如《朱文公
　　　　訂正門人蔡九峯書集傳》卷首所引即作「抗」。按，蔡沈之長子名「模」，季
　　　　子名「權」，字皆從「木」，則當作「杭」較為合理。

之學宮，明制士子以《書經》入試者，皆用其說，迄今因之。按，
其書於〈太甲〉「自周有終」、〈金縢〉「居東」、〈洛誥〉「二卣明禋」、
〈無逸〉「祖甲」、〈呂刑〉「格命休畏」及〈高宗肜日〉諸條，間與
舊說不同。我聖祖仁皇帝《欽定傳說彙纂》悉為折衷，而〈禹貢〉
山川道里，尤多駁正。蓋宋時幅員故狹，沈生南渡後，於北方水道
未能灼見，固無足怪。至其攷〈序〉文之誤，訂諸儒之說，以發明
帝王用心之要，洵有如真德秀所云者。宜其垂諸令甲，與朱子所注
《易》、《詩》並重矣。〔註79〕

未強調朱、蔡相異的問題，亦未強調歷來對《書集傳》的駁正。於〈禹貢〉
山川道里的缺失，以沈生於南渡之後，於北方水道未能灼見，未足為怪為之
解。於《書集傳》的優點，則除了「攷〈序〉文之誤，訂諸儒之說」，特別指
出「發明帝王用心之要」。這些說法，在「書前提要」〔註80〕（乾隆41年10
月）、殿本《總目》〔註81〕、浙本《總目》，〔註82〕皆改為強調朱、蔡相異（「簡
明目錄」亦說：「其說原出朱子而與朱子頗有異同」），〔註83〕並列舉歷來對《書
集傳》駁正之書；而於《書集傳》之優點，僅謂：「其疏通證明，較為簡易，
且淵源有自，大體終醇。」

　　又如陳櫟《纂疏》，乾隆40年4月的「薈要提要」說：

昔朱子以《書傳》屬蔡沈，朱子沒後十年，其書及成，惟二〈典〉
三〈謨〉曾經親為訂正，然全書大旨則固皆本師說也。櫟生朱子之
鄉，亦篤信朱子之學，故作此書以發明之。昔毛萇《詩傳》，鄭康成
因而箋之，附註之體，實始於斯，櫟之所作，蓋亦此例。以疏通蔡
氏之意，故命曰「疏」；以纂輯諸家之說，故命曰「纂」。第一卷特
標朱子訂正之目以正淵源，每條之下，必以朱子之說冠於諸家之前，
以尊師授。間附己意，則題曰「愚謂」以別之。其書於蔡《傳》有
所增補而無所駁正，亦猶孔氏《正義》於古註莫敢異同，蓋專門之
學，例如是也。說《尚書》者，唐以前諸家皆不傳，孔安國《傳》
復多異議，宋人所著，朱子亦罕所許可。後之儒者，不能不以蔡氏

〔註79〕頁1-289。
〔註80〕頁58-1。
〔註81〕卷11頁20a，總頁1-262。
〔註82〕頁93。
〔註83〕頁1064。

為宗主，則櫟闡明之功，亦不可沒矣。〔註84〕

於《書集傳》，強調大旨全本師說，及「後之儒者，不能不以蔡氏為宗主」；於《纂疏》則強調陳櫟闡明之功。這些說法，在「書前提要」〔註85〕（乾隆44年6月）、殿本《總目》、〔註86〕浙本《總目》，〔註87〕皆改為僅強調陳櫟於延祐開科之前有《書傳折衷》專以駁蔡，本未株守《書集傳》；開科之後，卻改變立場，而於《書集傳》無所駁正。

又如《欽定書經傳說彙纂》，乾隆39年9月「薈要提要」說：

> 《尚書》自孔安國據壁藏古文為全經作《傳》，後惟蔡沈親受之傳，著為《集傳》，義最該備，而訓詁考證尚未精覈。是編彙萃眾說，略短取長，大要雖衷蔡《傳》，而於制度名物，道里山川，益加詳審，是萬古治世之大法，實備於此，固不僅為說經標準已也。〔註88〕

乾隆41年5月的「書前提要」〔註89〕與此相同，皆稱美《書集傳》「義最該備」。但殿本《總目》、浙本《總目》則改為：

> 宋以來說《五經》者，《易》、《詩》、《春秋》，各有門戶，惟三《禮》則名物度數，不可辨論以空言，故無大異同。《書》則帝王之大經大法，共聞共見，故自古文今文互有疑信外，義理亦無大異同。蔡沈《集傳》始晬睨先儒，多所排擊。然書出未久，而張葆舒、黃景昌、程直方、余苞舒等，紛紛然交攻其誤，是必有未愜者在矣。自元延祐中，始以蔡《傳》試士。明洪武中，雖作《書傳會選》以正其訛，而永樂中修《書經大全》，仍懸為功令，莫敢岐趨。我國家經術昌明，競研古義，聖祖仁皇帝，……指授儒臣，纂輯是編。雖仍以蔡《傳》居前，眾說列後，而參稽得失，辨別瑕瑜，於其可從者，發明證佐，不似袁仁等之有意抨彈；於其不可從者，辨訂舛訛，亦不似陳櫟等之違心回護。其義可兩通者，皆別為附錄，以明不專主一家。蓋即一訓詁之學，而聖人執兩用中之道，大公至正之心，悉可以仰窺焉，

〔註84〕頁 1-292。
〔註85〕頁 61-201。
〔註86〕卷 12 頁 4b，總頁 1-271。
〔註87〕頁 96。
〔註88〕頁 1-296。
〔註89〕頁 65-400。

又不僅爲說《書》之準繩已也。〔註90〕

《欽定四庫全書簡明目錄》亦謂：

> 於蔡沈《集傳》，從其所可從，不似袁仁等故立異同；其不可從者，
> 必附錄舊說以明古義，亦不似陳櫟等之堅守門戶。大公至正，允足
> 持千古之平。〔註91〕

謂《書集傳》於先儒「多所排擊」，並列舉歷來駁蔡之作，強調「必有未愜者
在」，亦不強調《書集傳》闡發義理之功。

又如《尚書纂傳》，「薈要提要」（乾隆40年4月）謂：

> 或病其（王天與）但闡義理，而訓詁名物多所未解。夫訓詁名物之
> 不明，則先不知古人之言與古人之事，自無從得其義。然考據既明，
> 而無以折衷其是非，亦末矣！是二途者，恒如左右佩劍之相笑，其
> 實各明一義，無可偏廢也。〔註92〕

強調義理之不可廢，爲王天與但闡義理的作法提出解釋。而於「書前提要」（乾
隆43年3月）、殿本《總目》、浙本《總目》則只說：

> 所說名物訓詁多有闕略，而闡發義理則特詳，亦王元杰《春秋讞義》
> 之流亞也。〔註93〕

至於時間雖跨越乾隆41年前後，但根本意見卻沒有太大改動的提要，則
多是所提要的書原本就不是守《書集傳》一家之言的著作，或是原提要的內
容本來就較強調考據。如《薈要》中的《書纂言》、《輯錄纂註》、《尚書句解》
皆是如此。另外，在《薈要》的十六部著作之外，《尚書》類「書前提要」中，
作於乾隆41年之前的尚有《書集傳或問》（乾隆39年4月）、《尚書通考》（乾
隆41年5月）、《書蔡傳旁通》（乾隆39年9月）、《讀書管見》（乾隆40年5
月），這些提要亦是原本就強調這些著作在考據上的價值，所以在後來的殿本
《總目》亦未有太大的不同。

可見《總目》的整編者對「《尚書》類」的提要，曾在乾隆41年左右，
作了整體的調整，有意地強調考據的價值，而避免觸及義理的問題，乃至所
提要的著作在義理方面的表現。所以，《總目》雖然沒有直接在《書集傳》的

〔註90〕殿本卷12頁22b，總頁1-280。浙本頁101。
〔註91〕頁1075。
〔註92〕頁1-294。
〔註93〕殿本卷12頁10a，總頁1-274。書前頁62-588。浙本頁98。

提要中提出負面的評論；實際上卻明顯地貶低了以《書集傳》爲中心的相關著作。在這種背景下，我們不得不質疑本章第一節所指出，《總目》評論《書集傳》的三個說法是否可信。

第三節　論題的提出與研究的基本材料

一、《總目》對《書集傳》的評論之疑點

　　暫且不管《總目》重漢學輕宋學的立場所造成的影響；《總目》對《書集傳》的評論，的確有可疑之處。根據筆者〈論陳櫟《書解折衷》與《書蔡氏傳纂疏》對《書集傳》的態度——駁正《四庫全書總目》的誤解〉一文的研究發現，《纂疏》事實上並未如《總目》所說，因科舉考試的緣故，刪去《折衷》駁蔡的見解，而於《書集傳》「僅有所增補，無所駁正」。而由《折衷》與《纂疏》二書「不駁蔡」的按語比例皆在十分之七左右，且內容互相承襲，可知二書基本上皆可以視爲宗《書集傳》之作。可見《總目》一再強調，陳櫟於延祐開科前後，對《書集傳》立場有所的轉變一事，並非事實。既然《總目》反覆提出的具體例證有誤，則《總目》論《書集傳》的三個重點，便相當值得懷疑。——由陳櫟《書解折衷》並非專爲駁蔡而作，懷疑《總目》第（二）點所強調的，宋、元之際的學者曾群起駁蔡的說法；由陳櫟並未因開科而改變立場，懷疑《總目》第（三）點所強調，《書集傳》的崇高地位，是因爲科舉考試所造成的說法。由對（二）（三）兩點的懷疑，進一步質疑《總目》第（一）點所強調的，《書集傳》有不從朱子之說的缺失，是否屬實。所以，對蔡沈受到朱子託付作《書集傳》，到延祐開科之間的相關問題，有重新研究的必要。

二、論題的提出與基本材料的說明

　　《總目》所提出的三點，在研究上可以劃歸爲兩個問題。第一是朱子和蔡沈《尚書》說的異同問題，這相當於《總目》所說的第（一）點。第二是《書集傳》從成書到延祐開科之間的地位問題，這相當於《總目》所說的第（二）（三）點。其中，對第一個問題的研究，可以作爲了解第二個問題的背景，應當先解決，所以於論文第二章，先行討論。

　　關於朱子和蔡沈《尚書》說的異同問題，可經由對比朱子《尚書》說和蔡沈《書集傳》，得到較合理的答案。然由於朱子命蔡沈作《書集傳》距朱子去世的時間極短，而文集和《語錄》所收錄的材料，則跨越朱子一生的各階段。以合理的眼光考量，朱子晚年的《尚書》說，很可能修正了早年的說法。所以，相對於朱子命蔡沈作《書集傳》之前的《尚書》說而言，朱子命蔡沈作《書集傳》之後的意見，才是判斷這個問題的主要依據。如果可以大致劃定朱子相關材料的提出時間，將有助於問題的解決。

　　現存朱熹《尚書》說的主要材料，文集，以四川教育出版社所出版，由郭齊、尹波點校的《朱熹集》較為完備。其中，又以卷 65〈雜著〉所收錄有關《尚書》的文字，最為重要。語錄或語類方面，則有四種較重要的傳本：

01 《晦庵先生朱文公語錄》存 7 卷（卷 27～31，37、38），宋李道傳，宋嘉定乙亥池州刊本。（簡稱「池一」）

02 《晦庵先生朱文公語錄》存 10 卷（卷 2、5、6、13、29～33、38，書末附卷 12 殘卷），宋李道傳，明烏絲欄鈔本。（簡稱「池二」）

03 《朝鮮古寫徽州本朱子語類》140 卷（卷 118 至卷 121 闕落部分用朱吾弼萬曆刊本補寫），其中卷之 78、79 專論《尚書》。（簡稱「徽本」）中文出版社 1982 年 7 月影印。

04 《朱子語類》140 卷，宋黎靖德編，其中卷之 78、79 專論《尚書》。（簡稱「黎本」）文津出版社 1986 年。

　　另外，元董鼎所輯的《輯錄纂註》之「輯錄」部分，收錄了極為豐富的朱子《尚書》說。其中除了收錄了不少文集和語錄的佚文，最重要的是，此書極可能用了黃士毅所輯，現已亡佚的「蜀類」（詳第四章）。如果以「輯錄」代表「蜀類」，加上前面四種材料，共可以得到一種語錄的殘本（「池州本」）和三種語類（「蜀本」、「徽本」、「黎本」）所錄的《尚書》說。

　　上述語錄或語類，「黎本」雖然最晚出，一般多認為最為完備，於後世流傳最廣，實則此本並未將諸本的差異完全呈現。所以，將上述諸種版本的語錄或語類作詳細的對比，其中的佚文和異文，有助於我們正確的理解朱子的《尚書》說和研判材料之記錄時間。就現存的材料來說，除了與呂遇龍刊《朱文公訂正門人蔡九峰書集傳》書前〈書傳答問〉所收的書信、語錄相同的部分可以確定為朱子命蔡沈作《書集傳》之後的見解外，皆有待進一步的整理。《朱熹集》所收關於《尚書》的意見，除了朱子自注寫作時間的篇章，時間

大多不詳。書信的部分，雖有陳來《朱子書信編年》可供參考，惟數量仍相當有限。最重要的卷65〈雜著〉諸篇的著作時間，歷來皆沒有較清楚的考定。而就語錄、語類的內容來說，「黎本」書前之〈朱子語錄姓氏〉，將相關記錄者的記錄時間，作了大致的說明。以此爲基礎，配合其他幾種版本中，條文相同，記錄者卻不同的情況，便可以對記錄時間作出大致的劃定。這一部分的整理，是朱、蔡異同問題研究（第二章）的基礎，但爲了配合論文對《輯錄纂註》的研究，我們將這些工作，放在第四章第一節。

論文的三、四、五章，主要處理《書集傳》從成書到延祐開科之間的地位問題。觀察現存的元代《尚書》著作，大多收於《通志堂經解》和《四庫全書》之中，計有：

01　金履祥《尚書表注》（《通》、《四》）

02　吳　澄《今文尚書纂言》（《通》、《四》）

03　陳　櫟《纂疏》（《通》、《四》）

04　許　謙《讀書叢說》（《四》）

05　董　鼎《輯錄纂註》（《通》、《四》）

06　黃鎮成《尚書通考》（《通》、《四》）

07　陳師凱《書蔡氏傳旁通》（《通》、《四》）

08　王充耘《讀書管見》（《通》、《四》）

09　王充耘《書義矜式》（《四》）

10　陳悅道《書義斷法》（《四》）

11　王天與《尚書纂傳》（《通》、《四》）

12　朱祖義《尚書句解》（《通》、《四》）

13　胡一中《定正洪範集說》（《通》、《四》）

其它尚有：

14　金履祥《書經注》（《十萬卷樓叢書》）

15　鄒季友《書經集傳音釋》

16、17　王充耘《書義主意》（附張泰編輯劉錦文編選的《群英書義》）（《粵雅堂叢書》）

共十七種著作。除去科舉考試用書：王充耘《書義矜式》、《書義主意》（附《群英書義》），陳悅道《書義斷法》，尚存十三種。這十三種著作，以作者的籍貫（行政區域的劃分，據《元史‧地理志》）分布情況而言，呈現如下的狀

況：

01　金履祥：蘭谿人（江浙行省，浙東海右道，婺州路，蘭溪州）〔註94〕

02　許　謙：金華人（江浙行省，浙東海右道，婺州路，金華縣）〔註95〕

03　胡一中：諸暨人（江浙行省，浙東海右道，紹興路，諸暨州）〔註96〕

04　董　鼎：鄱陽人（江浙行省，江東建康道，饒州路，鄱陽縣）〔註97〕

05　陳　櫟：休甯人（江浙行省，江東建康道，徽州路，休寧縣）〔註98〕

06　鄒季友：鄱陽（江浙行省，江東建康道，饒州路，鄱陽縣）〔註99〕

07　黃鎮成：邵武人（江浙行省，福建閩海道，邵武路，邵武縣）〔註100〕

08　吳　澄：崇仁人（江西行省，江西湖東道，撫州路，臨川縣）〔註101〕

09　王充耘：吉水人（江西行省，江西湖東道，吉安路，吉水州）〔註102〕

10　王天與：吉安人（江西行省，江西湖東道，吉安路）〔註103〕

11　朱祖義：廬陵人（江西行省，江西湖東道，吉安路，廬陵縣）〔註104〕

12　陳師凱：南康人（江西行省，江西湖東道，南康路）〔註105〕

可以看出，不但全爲南方人，且主要集中在「江浙行省浙東海右道」、「江浙行省江東建康道」和「江西行省江西湖東道」三個地區。以著作的相關性來看，「江浙行省江東建康道」的董鼎和陳櫟，除了都以「纂」爲書名，體例都是在《書集傳》之後先輯朱子的見解，然後收錄歷代相關注解，並加上編著者的按語。

宋、元之際，曾經出現不少類似的經學著作（書名和內容皆符合上述條件），現存尚有：宋趙順孫《四書纂疏》，元胡一桂《周易本義附錄纂疏》、《詩集傳附錄纂疏》，董眞卿《周易經傳集程朱解附錄纂註》（又名《周易會通》），汪克寬《春秋胡傳附錄纂疏》。合董鼎、陳櫟之作，共七種。（若將條件放寬，

〔註94〕頁 1497。
〔註95〕頁 1497。
〔註96〕頁 1498。
〔註97〕頁 1500。
〔註98〕頁 1500。
〔註99〕頁 1500。
〔註100〕頁 1506。
〔註101〕頁 1511。
〔註102〕頁 1509。
〔註103〕頁 1508。
〔註104〕頁 1509。
〔註105〕頁 1512。

則數目更多）這類經注的性質，據《四書纂疏》提要說：

> 是書備引朱子之說，以翼《章句》、《集註》。所旁引者惟黃榦、輔廣、
> 陳淳、陳孔碩、蔡淵、蔡沈、葉味道、胡泳、陳埴、潘柄、黃士毅、
> 眞德秀、蔡模一十三家，亦皆爲朱子之學者，不旁涉也。鄧文原作
> 〈胡炳文《四書通》序〉，頗痛順孫此書之冗濫，炳文亦頗摘其失。
> 然經師所述，體例各殊，註者詞尚簡明，疏者義存曲證，順孫書以
> 「疏」爲名，而〈自序〉云：「陪穎達、公彥後」，則固疏體矣。繁
> 而不殺，於理亦宜。文原殆未考孔、賈以來之舊式，故少見而多怪
> 歟？〔註106〕

可知爲朱子後學輯錄朱子的相關見解以及諸家說法，爲朱子的經書注解所作
的疏。這些著作的作者，胡一桂爲新安人，汪克寬爲祁門人，董眞卿爲鄱陽
人，亦皆屬「江浙行省江東建康道」。則元代編纂「纂疏」或「纂註」這一種
具有資料彙編性質經注的學者，都集中在同一個地區！

　　從《尚書》學史而言，董鼎和陳櫟的兩部經註，相對於同一時期其他《尚
書》著作，無論在當時或後世，皆曾發揮較大的影響力。如對元、明兩代的
書院教育影響極大的元程端禮（1271～1345）《程氏家塾讀書分年日程》，在
治諸經「鈔法」中所載的「治《尚書》鈔法」說：

> 治《尚書》鈔法，先手鈔全篇正文，讀之。別用紙鈔正文一段，次
> 低每段正文一字，鈔所主蔡氏《傳》。次低正文一字，節鈔所兼用古
> 注疏。次低正文二字，附節鈔陸氏《音義》。次低正文二字，節鈔朱
> 子《語錄》、《文集》之及此段者。次低正文三字，節鈔金氏《表注》，
> 董氏所纂諸儒之說、及諸說精確而有禆蔡氏《傳》者。其正文分段，
> 以蔡氏《傳》爲主。每段正文，既鈔諸說，仍空餘紙，使可續鈔。
> 其《書序》及朱子所辯，附鈔每之末。其《讀書綱領》及先儒諸圖，
> 鈔於首卷。讀《書》法，其蔡氏《傳》及所節古注疏，並依讀《四
> 書》例，盡填讀經空眼簿如前法。其所附鈔，亦玩讀其所讀者。餘
> 止熟看、參考。須令先讀蔡氏《傳》畢，然後讀古注疏。其古注疏，
> 與蔡氏《傳》訓詁指義同異，以玩索精熟爲度。異者以異色筆批抹。
> 每篇作一冊。〔註107〕

〔註106〕卷35頁40a，總頁1-724。
〔註107〕頁42。

其鈔經體例，不僅與董鼎、陳櫟之書極爲接近，其中提及的「董氏所纂諸儒之說」，當即是指董鼎《輯錄纂註》「纂註」的部分。值得注意的是，程端禮之祖籍亦在鄱陽！又，明初楊士奇（1365～1444）《東里續集・書傳纂疏》曾說：

> 《書傳纂疏》六卷，分三冊，元新安陳櫟輯。櫟字壽翁，號定宇。
> 今讀《書傳》者，率資此書及董鼎《纂註》。〔註108〕

可見明初董、陳二書已成爲當時人讀《書集傳》的重要參考。明洪武中，胡廣編《書傳大全》，內容大部分襲自董鼎和陳櫟的著作，〔註109〕恐怕即與董、陳二書在當時廣爲流傳有關。董鼎和陳櫟之書，稱得上是元代這一地區編纂的特殊體例經注中，《尚書》方面的代表作。

初步檢查《輯錄纂註》書前的〈纂註引用諸家姓氏〉，《總目》所列舉七位駁蔡的學者中，除了作者董鼎外，陳櫟、余芑舒、程直方、程葆舒皆在引用之列，而且，他們也都屬「江浙行省江東建康道」。則《總目》所舉的七位駁蔡的學者，竟有五名屬於同一地區。宋、元之際，這個地區的《尚書》研究，顯然具有相當重要的地位。故《輯錄纂註》和《纂疏》正好可以作爲了解在延祐開科之前《書集傳》地位的基本材料。特別是《輯錄纂註》的「纂註」部分，在這個研究上，比《纂疏》更爲重要。（理由詳第三章）

爲了詳細了解基本材料相關問題，故在論文的安排上，第三章說明董鼎《輯錄纂註》版本、體例、編纂經過諸問題。其中亦連帶列舉陳櫟《纂疏》的相關部分，以說明選擇董鼎的著作作爲基本材料的理由。第四章爲對董鼎《輯錄纂註》引用材料的說明與整理。一方面有助於了解《輯錄纂註》收錄材料的情況，一方面也對現存的朱子《尚書》說，作較完整的收羅和初步繫年的工作。在這兩章的基礎上，第五章嘗試通過「纂註」的相關材料，說明當時的朱子後學，尤其是被《總目》指名爲「駁蔡」的學者，對《書集傳》的態度。其中，亦涉及了《書集傳》正式刊行時間的考證。

〔註108〕頁 1238-579。
〔註109〕參見陳恆嵩著《〈五經大全〉纂修研究》頁 115～135。

第二章　朱、蔡《尚書》學異同問題

　　這一章，將通過對比朱子文集、語錄中關於《尚書》的意見和蔡沈《書集傳》的異同，對朱、蔡異同問題，提出較合理的說法。朱子文集、語錄中的材料，跨越了朱子一生各時期，而蔡沈受命作《書集傳》的時間則是在朱子去世前兩年。廣泛地以朱子《尚書》說與《書集傳》的差異便斷定蔡沈不從師說，並不合理。因而，區分朱子命蔡沈作《書集傳》之前所提出的說法和命蔡沈之後的說法，將有助於我們解決問題。這一部分的相關討論，除了本章所作的考證，論文的第四章第一節有較全面的整理。這一章對文集、語錄資料的引用和材料時間的標注，便用了第四章的成果。為省篇幅，將不再特別注明。

第一節　朱子對《尚書》的基本態度

一、「求聖人之心」與「考歷代之變」

　　《尚書》，同時具備經書和史書的身份。清朝以前，作為經書的《尚書》往往要比作為史書的《尚書》更為人所重視。朱子亦不例外，他極強調《尚書》作為經書的價值，不願僅將之視為史書或史料。也因此，他對《尚書》的許多問題，並不以文獻考據作為主要的解決手段，而是立足於他一貫主張的「讀經」的根本立場加以考量。如：

　　　　先生問可學：「近讀何書？」曰：「讀《尚書》。」先生曰：「《尚書》
　　　　如何看？」曰：「須要考歷代之變。」先生曰：「世變難看。唐、虞
　　　　三代事，浩大闊遠，何處測度？不若求聖人之心。如堯，則考其所
　　　　以治民；舜，則考其所以事君。且如〈湯誓〉，湯曰：『予畏上帝，

不敢不正。』熟讀豈不見湯之心？大抵《尚書》有不必解者，有須
著意解者，有略須解者，有不可解者。如〈仲虺之誥〉、〈太甲〉諸
篇，只是熟讀，義理分明，何俟於解？如〈洪範〉，則須著意解。如
〈典〉、〈謨〉諸篇稍雅奧，亦須略解。若如〈盤〉、〈誥〉諸篇已難
解，而〈康誥〉之屬，則已不可解矣。」〔註1〕

鄭可學「考歷代之變」的讀法，是從讀史的角度研讀《尚書》；而朱子所強調
的「求聖人之心」，則是從讀經的角度研讀《尚書》。但他雖從唐、虞三代事
難以一一考究清楚的客觀限制，指出鄭可學的讀法不當，卻未否定《尚書》
史書的身份。他在〈通鑑紀事本末後序〉說：

古史之體可見者，《書》、《春秋》而已。《春秋》編年通紀以見事之
先後，《書》則每事別記以具事之首尾。意者，當時史官既以編年紀
事，至於事之大者，則又採合而別記之。若二〈典〉所記，上下百
有餘年，而〈武成〉、〈金縢〉諸篇，其所紀理，或更歲月，或歷數
年，其間豈無異事！蓋必已具於編年之史，而今不復見矣。〔註2〕

便是站在史書的立場，指出《尚書》為史體的一種。只是這類言論，就朱子
的整體意見而言，數量不多，他真正重視的，是作為經書的《尚書》。故他回
答鄭可學時，所說的《尚書》有不必解者、須著意解者、略須解者、不可解
者，有極強的意味是放在「義理」的求取這個根本目標而言的。

這種情況，與朱子對讀書的主張有關。朱子雖然極鼓勵學者讀史，但他
認為讀經與讀史，在目標上並不完全相同，而且強調在學習的順序上應有次
第的先後，不可躐等。如：

浩曰：「趙書記云：『自有見後，只是看《六經》、《語》、《孟》，其他
史書雜學皆不必看。』其說謂買金須問賣金人，雜賣店中那得金銀。
不必問也。」曰：「如此，即不見古今成敗，便是荊公之學。書那有
不可讀者，只怕無許多心力讀得。《六經》是三代以上之書，曾經聖
人手，全是天理。三代以下文字有得失，然而天理卻在這邊自若也。
要有主，覷得破，皆是學。」〔註3〕

雖然指出不讀史乃至其他雜書，便無從了解古今成敗；但朱子更強調，相對

〔註1〕 「輯錄」〈綱領〉頁 1b，「黎本」頁 1983。鄭可學錄於 1191 年。
〔註2〕 「輯錄」〈綱領〉頁 1a，《朱熹集》頁 4171，作於 1175 年。
〔註3〕 「黎本」頁 189，邵浩於 1186 年所錄。

於讀經，讀其他三代以下之書都是次要的。因為《六經》、《語》、《孟》是聖人所編定的，內容「全是天理」；而三代以下的書因未經聖人之手，雖然天理亦在其中，卻不純粹。讀三代以下之書，必須先對天理有所體認（有主），才分得清得與失。他曾以陂塘溉田為喻，來說明讀經與讀史的先後問題：

> 今人讀書未多，義理未至融會處，若便去看史書，考古今治亂，理會制度典章，譬如作陂塘以溉田，須是陂塘中水已滿，然後決之，則可以流注滋殖田中禾稼。若是陂塘中水方有一勺之多，遽決之以溉田，則非徒無益於田，而一勺之水亦復無有矣。讀書既多，義理已融會，胸中尺度一一已分明，而不看史書，考治亂，理會制度典章，則是猶陂塘之水已滿，而不決以溉田。若是讀書未多，義理未有融會處，而汲汲焉以看史為先務，是猶決陂塘一勺之水以溉田也，其涸也可立而待也。〔註4〕

讀經融會義理，就像陂塘儲水，讀史則像以所儲之水溉田。水未儲滿便急於溉田，不但無益於田，原來所儲的水亦無有矣。所以，在讀書的次第上，經書是基礎、根本，要對天理有所體認，必須先讀聖人之書以了解聖人之教。「黎本」《語類》卷10、11〈讀書法〉所指的「書」，便特重聖人之書。像：

> 學者不可用己意遷就聖賢之言。〔註5〕

> 做好將聖人書讀，見得他意思如當面說話相似。〔註6〕

> 今讀書緊要，是要看聖人教人做工夫處是如何。如用藥治病，看這病是如何發，合用何方治之；方中使何藥材，何者幾兩，何者幾分，如何炮，如何炙，如何製，如何切，如何煎，如何喫，只如此而已。
> 〔註7〕

> 讀書以觀聖賢之意；因聖賢之意，以觀自然之理。〔註8〕

> 人心不在軀殼裏，如何讀得聖人之書。只是杜撰鑿空說，元與他不相似。〔註9〕

〔註4〕 「黎本」頁195，據「池錄二」卷2，輔廣於1194年錄於都下。
〔註5〕 「黎本」頁185，廖德明錄於1173年之後。
〔註6〕 「黎本」頁162，葉賀孫錄於1191年之後。
〔註7〕 「黎本」頁162，陳淳錄於1190或1199年。
〔註8〕 「黎本」頁162，甘節錄於1193年之後。
〔註9〕 「黎本」頁177，沈僩錄於1198年之後。

皆明確地指所讀的書是「聖人之書」、「聖賢之言」。

　　除了在讀書的對象上，特別注重代表聖人之教的經書外，在讀書的方法上，朱子強調將所讀的書（聖人之書），當作聖人對讀者的切身指點，而與修養工夫密切關聯。他說：

> 今人讀書，多不就切己上體察，但於紙上看，文義上說得去便了。如此，濟得甚事！「『何必讀書，然後爲學？』子曰：『是故惡夫佞者！』」古人亦須讀書始得。但古人讀書，將以求道，不然，讀作何用？今人不去這上理會道理，皆以涉獵該博爲能，所以有道學、俗學之別。因提案上藥囊起，曰：「如合藥，便要治病，終不成合在此看。如此，於病何補！文字浩瀚，難看，亦難記。將已曉得底體在身上，却是自家易曉易做底事。解經已是不得已，若只就注解上說，將來何濟！如畫那人一般，畫底却識那人，別人不識，須因這畫去求那人，始得。今便以畫喚做那人，不得。」〔註10〕

讀書若爲求博、作文，則爲俗學；必須作爲求道之資，才是道學。包括注解經書的目的亦在於讓人得以「因畫求人」——「因書求道」。其中，俗學和道學的區別，便在於能否「切己體察」。如：

> 或問讀書工夫。曰：「這事如今似難說。如世上一等人說道，不須就書冊上理會，此固是不得。然一向只就書冊上理會，不曾體認著自家身己，也不濟事。如說仁義禮智，曾認得自家如何是仁？自家如何是義？如何是禮？如何是智？須是著身己體認得。如讀『學而時習之』，自家曾如何學？自家曾如何習？『不亦說乎』，曾見得如何是說？須恁地認，始得。若只逐段解過去，解得了便休，也不濟事。如世上一等說話，謂不消得讀書，不消理會，別自有箇覺處，有箇悟處，這箇是不得。若只恁地讀書，只恁地理會，又何益！」〔註11〕

不就書上理會道，是不對的；但只就書上理會，而不回歸到自家身上，亦是不對的。必須目標與方法都符合朱子的要求，方能有益。換言之，即使同樣是讀經，若所立的目標和讀法不當，依然可能流爲俗學。

　　在上述的讀書要求下，讀經明義理自然要比讀史來得更重要。朱子說：

> 看經書與看史書不同：史是皮外物事，沒緊要，可以箚記問人。若

〔註10〕「黎本」頁181，徐寓錄於1190年之後。
〔註11〕「黎本」頁182，葉賀孫錄於1191年之後。

是經書有疑，這箇是切己病痛。如人負痛在身，欲斯須忘去而不可

得。豈可比之看史，遇有疑則記之紙邪！〔註12〕

讀經有疑爲切己之病痛，讀史有疑則僅爲皮外事，兩者輕重緩急極爲明顯。

所以，他對讀經與讀史的次第，主張：

今人只爲不曾讀書，袛是讀得粗書。凡讀書，先讀《語》、《孟》，然

後觀史，則如明鑑在此，而妍醜不可逃。若未讀徹《語》、《孟》、《中

庸》、《大學》便去看史，胸中無一箇權衡，多爲所惑。又有一般人都

不曾讀書，便言我已悟得道理，如此便是惻隱之心，如此便是羞惡之

心，如此便是是非之心，渾是一箇私意，如近時祧廟可見。〔註13〕

先看《語》、《孟》、《中庸》，更看一經，却看史，方易看。先讀《史

記》，《史記》與《左傳》相包。次看《左傳》，次看《通鑑》，有餘

力則看全史。只是看史，不如今之看史有許多嶢崎。看治亂如此，

成敗如此，「與治同道罔不興，與亂同事罔不亡」，知得次第。〔註14〕

要求先讀經，再讀史。而對於同時具備經、史雙重身份的《尚書》，則特別重

視其經書的價值。他說：

聖人千言萬語，只說箇當然之理。恐人不曉，又筆之於書。自書契

以來，二〈典〉、三〈謨〉、伊尹、武王、箕子、周公、孔、孟都只

如此，可謂盡矣。只就文字間求之，句句皆是。做得一分，便是一

分工夫，非茫然不可測也，但恐人自不仔細求索之耳。須是思量聖

人之言是說箇什麼，要將何用。若只讀過便休，何必讀！〔註15〕

《尚書》是聖人的遺教之一，讀《尚書》必須以聖人所教的「當然之理」爲

主要目標，方能於己有所助益。這種要求，與他對讀經的要求一致。所以，

朱子關於《尚書》的意見，雖然也涉及文獻與歷史考訂的種種方面，但相對

於求義理這個首要目標而言，都是次要的事——畢竟與將《尚書》視爲上古

史的史書或史料的處理態度不同。這也是爲什麼他指導學生讀《尚書》，要一

再強調將書中的義理「體貼向自家身上」：

某嘗患《尚書》難讀，後來先將文義分曉者讀之，聱牙者且未讀。

〔註12〕「黎本」頁189，沈僩錄於1198年之後。

〔註13〕「黎本」頁195，李杞錄於1194年。

〔註14〕「黎本」頁195，甘節錄於1193年之後。

〔註15〕「輯錄」〈綱領〉頁1a，錄自《書說》；「黎本」頁187，周明作錄於1192年
　　　　之後。

　　如二〈典〉、三〈謨〉等篇，義理明白，句句是實理，堯之所以爲君，
　　舜之所以爲臣，皋陶、稷、契、伊、傅輩所言所行，最好綢繆玩味，
　　體貼向自家身上來，其味自別。〔註16〕

　　《尚書》初讀甚難，似見於己不相干。後來熟讀，見堯、舜、禹、
　　湯、文、武之事皆切於己。〔註17〕

就讀者自行閱讀《尚書》來說，應將其中的義理「體貼向自家身上」；就注解
《尚書》的目標來說，則在於希望可以透過注解的引導，幫助讀者明白其中
的義理。所以，他後來指示蔡沈作《書集傳》的原則，說：

　　《書說》未有分付處，因思向日喻及《尚書》文義貫通猶是第二義，
　　直須見得二帝三王之心而通其所可通，毋強通其所難通。即此數語，
　　便已參到七八分。千萬便撥置此來議定綱領，早與下手爲佳。〔註18〕

認爲最重要的是能夠「見得二帝三王之心」，其次才是要求「文義貫通」。這
意味著在朱子心中，《書集傳》的著作目的，在幫助讀者了解《尚書》中所蘊
含的「二帝三王之心」，以爲聖學之資。

二、朱子對今、古文《尚書》的意見

　　《尚書》的歷史久遠，加上流傳的過程極爲複雜，從文獻學的立場來說，
是一部難度極高的典籍。朱子對《尚書》，雖然強調「見得二帝三王之心」，
但當他實際閱讀文獻時，同樣必須面對其中的種種難題。朱子對《尚書》的
見解，最爲後人注意的，是他一再提及《尚書》今、古文難易的落差。這是
朱子實際閱讀經文所得到的體會。如說：

　　《尚書》中，〈盤庚〉、五〈誥〉之類，實是難曉。若要添減字硬說
　　將去儘得。然只是穿鑿，終恐無益耳。〔註19〕

　　周公不知其人如何，其言聱牙難考。如《書》中周公之言便難讀。
　　如〈立政〉、〈君奭〉之篇是也。最好者惟〈無逸〉一書，中間用字
　　亦有「譸張爲幻」之語。至若〈周官〉、〈蔡仲〉等篇，却是官樣文

〔註16〕「輯錄」〈綱領〉頁 1b，「黎本」頁 1982，周謨錄於 1179 年之後。
〔註17〕「輯錄」〈綱領〉頁 1b，錄自《書說》；「黎本」無此則。記錄時間不詳。
〔註18〕「輯錄」〈綱領〉頁 6a〈與蔡仲默帖〉，1199 年。
〔註19〕「輯錄」〈綱領〉頁 3b，周謨錄於 1179 之後；「黎本」頁 1981，潘時舉錄於
　　　　1193 之後。

字，必出於當時有司潤色之文，非純周公語也。〔註20〕

孔壁所出《尚書》，如〈禹謨〉、〈五子之歌〉、〈胤征〉、〈泰誓〉、〈武成〉、〈冏命〉、〈微子之命〉、〈蔡仲之命〉、〈君牙〉等篇皆平易，伏生所傳皆難讀。如何伏生偏記得難底，至於易底全記不得？此不可曉。〔註21〕

綜合而言，朱子發現孔壁出現的篇章，文辭大多比較易懂；而由伏生所傳下來的今文，則較爲難懂。不過，這只是概括的區分，朱子並非堅決而簡單地將《尚書》依今文和古文二分爲「難讀」和「易曉」兩類。以二〈典〉、三〈謨〉爲例，這五篇只有〈大禹謨〉眞正屬於孔壁出現的篇章（即後世所謂的「僞《古文尚書》」），朱子常將這五篇當作一個單元加以舉例。像前文引朱子說：

二〈典〉、三〈謨〉等篇，義理明白，句句是實理。〔註22〕

是從義理的角度，指出這五篇的重要性。朱子又曾說：

〈典〉、〈謨〉之書，恐是曾經史官潤色來。如《周誥》等篇，恐只如今榜文曉諭俗人者，方言俚語，隨地隨時各自不同。林少穎嘗曰：「如今人『即日伏惟尊候萬福』，使古人聞之，亦不知是何等說話。」〔註23〕

從難易的程度，將二〈典〉、三〈謨〉，視爲一較易的一組，與《周誥》對比。又說：

二〈典〉、三〈謨〉，其言奧雅，學者未遽曉會；後面〈盤〉、〈誥〉等篇又難看。且如〈商書〉中伊尹告太甲五篇，說得極切，（〈伊訓〉、〈太甲〉三篇、〈咸有一德〉）其所以治心脩身處，雖爲人主言，然初無貴賤之別，宜取細讀，極好。〔註24〕

則從文辭難易的角度指出「二〈典〉、三〈謨〉，其言奧雅，學者未遽曉會」，認爲這幾篇的難度介於〈盤〉、〈誥〉諸篇和〈伊訓〉、〈太甲〉、〈咸有一德〉之間。

〔註20〕 「輯錄」〈綱領〉頁 3b，「黎本」頁 2109，黃卓所錄，時間不詳。
〔註21〕 「輯錄」無。「黎本」頁 1978，萬人傑錄於 1180 年之後。
〔註22〕 「輯錄」〈綱領〉頁 1b，「黎本」頁 1982，周謨錄於 1179 年之後。
〔註23〕 「輯錄」〈孔序〉頁 2b，李儒用錄於 1199 年；「黎本」頁 1981，萬人傑錄於 1180 年之後。
〔註24〕 「輯錄」〈綱領〉頁 2b，潘時舉錄於 1193 年之後；「黎本」頁 1983，董銖錄於 1196 年之後。

又如：

> 《尚書》前五篇大概易曉，後如〈甘誓〉、〈胤征〉、〈伊訓〉、〈太甲〉、
> 〈咸有一德〉、〈説命〉，此皆易曉，亦好，此是孔氏壁中所藏之書。

〔註25〕

則不僅將二〈典〉、三〈謨〉五篇並舉，而且認爲這五篇和所列〈甘誓〉、〈胤征〉等六篇「易曉」的篇章，性質較爲相近。引文中的〈甘誓〉雖屬今文，却同樣列於「易曉」的一類。上述情況表示，對朱子來說，今古文《尚書》的難易，並不是截然的分別，朱子對這個問題的重視程度，亦不如後世的學者。

他對於今、古文《尚書》文辭難易的落差，所嘗試提出的解釋，亦呈現類似的傾向。他說：

> 今按，漢儒以伏生之書爲今文，而謂安國之書爲古文。以今考之，
> 則今文多艱澀，而古文反平易。或者以爲今文自伏生女子口授晁錯
> 時失之，則先秦古書所引之文皆已如此，恐其未必然也。或者以爲
> 記錄之實語難工，而潤色之雅詞易好，故〈訓〉、〈誥〉、〈誓〉、〈命〉
> 有難易之不同，此爲近之。然伏生背文暗誦，乃偏得其所難，而安
> 國考定於科古書錯亂磨滅之餘，反專得其所易，則又有不可曉者。

〔註26〕

相似的意見，「黎本」《語類》出現了許多次，說法亦皆相當一致。朱子並不接受用「伏生女兒口授晁錯」之說來解釋何以今文較難懂；他較認同的說法是，造成《尚書》有難有易的理由，應是源於〈訓〉、〈誥〉、〈誓〉、〈命〉等文類的特性：〈訓〉、〈命〉經過潤色，所以較易；〈誥〉、〈誓〉則爲口語之記錄，所以較難。朱子雖認爲此說仍有「不可曉者」，但他在「改本」之〈孔序〉部分收錄此說，表示他一直到晚年作《書集傳》，都沒有另外提出更好的解釋。他不曾改變「記錄之實語難工，而潤色之雅詞易好」的看法。依照朱子之說，文辭難易的問題與今文、古文沒有必然的關係，今、古文難易的差別，可以視爲偶然造成的狀況——〈誥〉、〈誓〉等恰好在今文出現，〈訓〉、〈命〉等恰好在古文出現。這種解釋正好避開了今、古文《尚書》的真僞問題。至少，

〔註25〕 「輯錄」〈綱領〉頁 2b，記錄者不詳。「黎本」頁 2041，甘節錄於 1193 年之後。

〔註26〕 《輯錄纂註·孔序》頁 8b。

不曾像對孔《傳》、〈大序〉，皆以文體的理由，明確地認爲是僞作。他對今、古文《尚書》相關問題的態度，比較像是順著《尚書》文獻的流傳歷史所作的背景解說，而不是爲了考據眞僞而提出的。這或許可以解釋爲何朱子注意到今、古文文體的差異，卻不曾如後來的辨僞學者，以之作爲古文《尚書》辨僞的理據。

至於前人常以「恐倒了六經」作爲朱子爲何不明指古文《尚書》爲僞的理由，亦與事實不符。「恐倒了六經」出自「黎本」《語類》朱子說：

> 書中可疑諸篇，若一齊不信，恐倒了〈六經〉。如〈金縢〉亦有非人情者，「雨，反風，禾盡起」，也是差異。成王如何又恰限去啓金縢之書？然當周公納策於匱中，豈但二公知之？〈盤庚〉更沒道理。從古相傳來，如經傳所引用，皆此書之文，但不知是何故說得都無頭。且如今告諭民間一二事，做得幾句如此，他曉得曉不得？只說道要遷，更不說道自家如何要遷，如何不可以不遷。萬民因甚不要遷？要得人遷，也須說出利害，今更不說。〈呂刑〉一篇，如何穆王說得散漫，直從苗民蚩尤爲始作亂說起？若說道都是古人元文，如何出於孔氏者多分明易曉，出於伏生者都難理會？〔註27〕

其中所舉的〈金縢〉、〈盤庚〉、〈呂刑〉三篇例證，皆屬今文。〔註28〕且朱子疑這三篇的理由，都是內容（特別是義理）上的問題，而不是文辭難易或訓詁的問題。以「恐倒了六經」作爲朱子未辨古文《尚書》之僞的理由，並不合理。從這一則材料說，朱子恐怕認爲今文諸篇的疑點要多於古文，他所「恐倒」的對象，非特指古文諸篇。所以他對於今、古文《尚書》經文難易的落差，一貫主張「且看易曉處」，「曉不得」的則闕之，不要強解。如：

> 《尚書》只是虛心平氣，闕其所疑，隨力量看，教浹洽便自有得力處，不須預爲計較，必求赫赫之功也。〔註29〕

> 問：「《書》當如何看？」先生曰：「且看易曉處。其他不可曉者，不要強說。縱說得出，恐未必是當時本意。近時解《書》者甚眾，往

〔註27〕「輯錄」卷4頁48b，「黎本」頁2052，葉賀孫錄於1191年之後。

〔註28〕劉人鵬《陳第之學術》附錄〈論朱子未嘗疑古文尚書僞作〉已指出：「朱子認爲可疑而恐要倒了六經的，如〈金縢〉、〈盤庚〉、〈呂刑〉諸篇，竟皆是今文，『若說道皆是古人元文』一語尤堪玩味，朱子懷疑到是否可能不是古人原文的，倒是伏生的今文。」（頁177）

〔註29〕「輯錄」〈綱領〉頁3b〈答潘文叔〉，《朱熹集》頁2407，作於〔1186〕年。

往皆是穿鑿。如呂伯恭亦未免此也。」〔註30〕

且不僅強調將「不可曉」者闕疑；更主張將重心放在可曉的部分。如：

> 必大問：「《尚書》欲裒諸家說觀之如何？」先生歷舉王、蘇、程、
> 陳、林少穎、李叔易十餘家解詁，却云：「便將眾說看未得，且讀正
> 文，見箇意思了，方可如此將眾說看。《書》中易曉處直易曉，其不
> 可曉處且闕之。如〈盤庚〉之類，非特不可曉，便曉了亦要何用？
> 如〈周誥〉諸篇，周公不過說周所以合代商之意，是他當時說話，
> 其間多有不可解者，亦且觀其大意所在而已。」〔註31〕

按，朱子所謂的「不可曉」，並不專指文辭艱澀，而往往包括了內容、義
理的理解與貫通的問題。像：

> 元德問：「〈盤庚〉如何？」曰：「不可曉。如『古我先王，將多于前
> 功』至『嘉績于朕邦』，全無意義。又當時遷都，更不明說遷之為利，
> 不遷之為害。如中篇又說神說鬼，若使如今誥令，如此好一場大鶻
> 突。尋常讀《尚書》，讀了〈太甲〉、〈伊訓〉、〈咸有一德〉，便鞔過
> 〈盤庚〉，却看〈說命〉。然〈高宗肜日〉亦自難看。要之，讀《尚
> 書》可通則通，不可通，姑置之。〔註32〕

其所謂的「不可曉」，就其所說的「全無意義」、「不說遷之為利，不遷之為害」、
「說神說鬼」、「好一場大鶻突」，全為內容、義理的問題。又如〈大誥〉，朱
子說：

> 〈大誥〉一篇不可曉，據周公在當時，外則有武庚、管、蔡之叛，
> 內則有成王之疑，周室方且岌岌然，他作此書決不是備禮苟且為之，
> 必欲以此聳動天下也。而今〈大誥〉大意不過說周家辛苦做得這基
> 業在此，我後人不可不有以成就而已，其後又却專歸在卜上，其意
> 思緩而不切，殊不可曉。〔註33〕

其所說的「不可曉」，在於以周公當時的情境，內容不應說得「緩而不切」，
亦屬於內容的問題，而非文辭難易的問題。故朱子所謂的「讀《尚書》可通
則通，不可通，姑置之」的意思，除了文辭的疑難之外，還包括了對內容和

〔註30〕 「輯錄」〈綱領〉頁 3a，「黎本」頁 1988，潘時舉錄於 1193 年之後。
〔註31〕 「輯錄」〈綱領〉頁 5a，「黎本」頁 1984，吳必大錄於 1188～1189 年。
〔註32〕 「輯錄」卷 3 頁 26b，「黎本」頁 2022，萬人傑錄於 1187 或 1193 年。
〔註33〕 「輯錄」卷 4 頁 53b，「黎本」頁 2053，輔廣錄於 1196～1197 年。

義理的考量在內。由此，方能理解前面語錄說〈盤庚〉「便曉了亦要何用」的意思：「曉了」指文意讀通，為訓詁上的問題；「亦要何用」則是指〈盤庚〉所承載的義理而言，為內容的問題。朱子真正看重的，為後者。這些情況，若用後世辨《古文尚書》真偽的文獻學立場加以評斷，自然要認為朱子疑古文不夠堅決，而有游移之失。其實，這正是朱子對《尚書》的理解方式和他讀經求義理的根本要求相一致的表現。

　　上文的觀點，亦可以從現存朱子討論《尚書》的材料，對《尚書》諸篇的討論的分布情況得到印證。朱子論《尚書》的材料，若以第四章第一節所列的材料為根據，依《尚書》篇目列表：

篇　　名	引用條數	篇　　名	引用條數	篇　　名	引用條數	篇　　名	引用條數
綱　領	51	太甲中	4	武　成	20	立　政	3
孔　序	19	太甲下	1	洪　範	95	周　官	1
堯　典	78	咸有一德	14	旅　獒	6	君　陳	0
舜　典	101	盤庚上	3	金　縢	22	顧　命	3
大禹謨	77	盤庚中	1	大　誥	10	康王之誥	4
皋陶謨	18	盤庚下	0	微子之命	0	畢　命	1
益　稷	10	說命上	7	康　誥	21	君　牙	0
禹　貢	53	說命中	9	酒　誥	4	冏　命	1
甘　誓	0	說命下	13	梓　材	7	呂　刑	7
五子之歌	1	高宗肜日	0	召　誥	14	文侯之命	1
胤　征	4	西伯戡黎	3	洛　誥	22	費　誓	1
湯　誓	1	微　子	5	多　士	1	秦　誓	1
仲虺之誥	5	泰誓上	13	無　逸	3	小　序	9
湯　誥	12	泰誓中	5	君　奭	5		
伊　訓	14	泰誓下	0	蔡仲之命	2		
太甲上	9	牧　誓	0	多　方	2		

　　可以看出，朱子對《尚書》的意見，「綱領」、〈孔序〉部分等討論《尚書》外圍問題的材料僅七十則，所佔的比例只有全部七百九十七則的百分之九左

右，討論《尚書》內容的材料佔了絕大多數。《尚書》內容問題，顯然要比外圍問題更為朱子所重視。此外，朱子雖然重視古文諸篇的義理，但在實際對《尚書》的討論，就數量來說，並未忽視今文的篇章。所以，諸篇之中，朱子的意見在五十則以上的，有〈堯典〉、〈舜典〉、〈大禹謨〉、〈禹貢〉、〈洪範〉五篇；在二十至四十九則之間的，有〈武成〉、〈金縢〉、〈康誥〉、〈洛誥〉四篇。九篇之中，只有〈大禹謨〉和〈武成〉兩篇為今文所無。

三、朱子《尚書》說的材料特性與朱、蔡異同問題

朱子論《尚書》的材料，除去〈綱領〉、〈孔序〉的部分，依性質及時間，可分為三類：

第一類是《朱熹集》卷 65〈雜著〉所收錄〈堯典〉、〈舜典〉、〈大禹謨〉諸篇的相關注解。這一部分最受歷來研究者的重視，因為一方面這是朱子所留下唯一具雛型的《尚書》注解，一方面它是公認目前所能看到朱子生前最後的《尚書》說之一（時間的考訂，詳下一節），無論在時間上，在內容上，皆與朱子生前《尚書》的最後見解關係密切，對了解朱、蔡《尚書》異同的情況，最具價值。

第二類是《朱熹集》卷 65〈雜著〉所收錄的〈金縢〉說、〈召誥序〉解、〈召誥〉解、〈洛誥〉解、〈康誥〉說、〈武成日月譜〉、〈考定武成次序〉諸篇，以及《朱熹集》其他關於《尚書》的單篇論文，像〈舜典象刑說〉（？）、〈九江彭蠡辨〉（1196）、〈皇極辨〉（1190～1196）等。除了〈武成日月譜〉、〈考定武成次序〉為 1199 年的著作，〈舜典象刑說〉時間不詳，其餘諸篇的時間應當皆較早（見第四章第一節及本章第二節）。這類材料，因為是討論《尚書》相關問題的專文，論點集中，在朱、蔡異同的判斷上，不太會造成困擾。

第三類是語錄和書信，材料的時間則集中在朱子最後十年（詳第四章第一節）。由於語類和書信多是朱子針對弟子及時人的發問所作的回應，發揮的空間較大；相對地，《書集傳》是有計劃的經注，所以必須遵守注書的體例與分際，扣緊經典原文作解釋，兩者的立足點並不完全一致。特別是朱子對注解經典力主「通其文義」，不作文章。如：

> 解經不必做文字，止合解釋得文字通，則理自明，意自足。今多去
> 上做文字，少間說來說去，只說得他自己一片道理，經意卻蹉過了！
> 要之，經之於理，亦猶傳之於經。傳，所以解經也，既通其經，則

傳亦可無；經，所以明理也，若曉得理，則經雖無，亦可。〔註34〕

每當解文字，諸先生有多少好說話，有時不敢載者，蓋他本文未有
這般意思在。〔註35〕

為經書作注，顯然不似平時的討論，可以自由發揮。因此，只要蔡沈的注解
與朱子在語類、書信中的相關說法不相違背，便無需視為相異。如〈召誥〉「王
朝步自周，則至于豐」，《書集傳》說：

周，鎬京也，去豐二十五里，文武廟在焉。成王至豐，以宅洛之事
告廟也。〔註36〕

是扣緊經文所作的解釋。董鼎所引朱子之說則為：

豐鎬去洛邑三百里，長安所管六百里，王畿千里，亦有橫長處，非
若今世畫圖之為方也。恐井田之制亦是此類，此不可執畫方之圖以
定之。

或問：「周都豐鎬，則王畿之內當有西北之戎，如此則稍甸縣都，如
之何其可為也？」先生曰：「《周禮》一書，聖人作為一代之法爾，
到不可用法處，聖人須別有權變之道。」（並《格言》）〔註37〕

是朱子對「豐鎬」相關問題的發揮，並非直接解釋經文。這種差異，不應視
為蔡沈異於朱子的例證。

綜合而言，由於朱子解釋經典，有修訂舊說的習慣，像臨終前仍改《大
學》，晚年對《周易本義》亦自覺不甚滿意，於《詩集傳》更曾三度修訂。對
於已經成書的著作尚且如此，何況是未有成書的《尚書》。若將上述三類材料
一律視為朱子解《尚書》的定見，並不合理。而且，就現存的材料看來，朱
子的確在《尚書》的相關解釋上，有修訂舊說的情況。較常為人提及的例子，
如〈金縢〉：「我之弗辟，我無以告我先王」，朱子〈與蔡仲默帖〉
說：

「弗辟」之說，只從鄭氏為是。向董叔重得書，亦辨此條，一時信
筆答之，謂當從古註說。後來思之，不然。〔註38〕

〔註34〕 「黎本」頁 2607。黃榦所錄，時間不詳。
〔註35〕 「黎本」頁 2626。楊道夫錄於 1189 年以後。
〔註36〕 「輯錄」卷 5 頁 2a，出自《格言》；「黎本」頁 2217，萬人傑錄於 1180 年之
後。
〔註37〕 「輯錄」卷 5 頁 2a，出自《格言》；「黎本」頁 2205，金去偽錄於 1175 年。
〔註38〕 《朱熹集》頁 5207，作於 1199 年。

改正了自己較早的說法。〔註39〕又如天道左旋或右旋的問題，朱子《詩集傳・十月之交》注，主張右旋，但晚年則主張左旋：

> 問：「經星左旋，緯星與日月右旋，是否？」曰：「今諸家是如此說。橫渠說天左旋，日月亦左旋，看來橫渠之說極是，只恐人不曉，所以《詩傳》只載舊說。」或問：「此亦易見，且以一大輪在外，一小輪載日月在內，大輪轉急，小輪轉緩，雖都是左轉，只有急有慢，便覺日月似右轉了。」先生云：「若如此，則曆家逆字皆著改作順字，進字皆著改作退字。」〔註40〕

這表示，朱子與蔡沈之差異，未必是蔡沈不從朱子之說，也可能是朱子自己曾作了修正所致。（更多的例子，見第三節。）所以，研究朱、蔡《尚書》說異同的問題，在取材上，現存朱子的《尚書》說，不能全部無條件視爲朱子的定說。

而且，應當釐清的是，朱、蔡《尚書》說的異同問題，並不等同於蔡沈有沒有違背朱子的問題。兩者事雖然相關，但並非同一事。過去的學者，經常不自覺地將朱、蔡異同問題，直接等同於蔡沈是否違背朱子之說的問題。因而，在判斷蔡沈是否違背朱子的時候，往往依據對所見朱、蔡《尚書》說的初步對比，便下斷語。這種方式，僅從材料的特性加以判斷，便可以發現並不合理。何況，前文所引朱子〈答蔡仲默〉指示蔡沈作《書集傳》的原則，強調對「經典的精神」層次的掌握，比「文義通貫」更重要。單詞隻句解釋的差異，不見得可以用來說明蔡沈眞的違背師說。這一章的重心，即在於討論是否有明確的證據，足以證明蔡沈異於朱子。

第二節　《朱熹集》卷六十五〈雜著〉諸篇的寫作時間

一、諸家對〈雜著〉諸篇寫作時間的考訂

由於蔡沈〈書集傳序〉有「二〈典〉、〈禹謨〉，先生蓋嘗正是」及「先生改本已附《文集》中」的說法，且王懋竑《朱熹年譜》引《李譜》（李古沖）說：

〔註39〕朱子答董叔重辨「弗辟」在《朱熹集》頁2483，〈答董叔重〉。作於〔1187〕年。
〔註40〕「輯錄」卷1頁10a，「黎本」頁16，沈僴錄於1198年之後。

按《大全集》，二〈典〉、〈禹謨〉、〈金縢〉、〈召誥〉、〈洛誥〉、〈武成〉

諸說數篇，及親稿百餘段具在，其他悉口授蔡沈，俾足成之。〔註41〕

後人多認為蔡沈或《年譜》所指，即《文集》卷 65〈雜著〉的相關部分。檢〈雜著〉所收錄的材料有：

(1)〈孔序〉解：附《漢書·藝文志》及孔穎達之說。

(2)〈堯典〉解。

(3)〈舜典〉解。

(4)〈大禹謨〉解：解至「率百官若帝之初」為止。

(5)〈金縢〉說。

(6)〈召誥序〉解。

(7)〈召誥〉解。

(8)〈洛誥〉解：〈洛誥序〉未獨自成解，而是依孔《傳》本置於經文之前。經文只解至「周公拜手稽首曰」為止。後附「〈召誥〉（原注：蘇『淫用非彝』論。）、〈洛誥〉（原注：王『復子明辟』論。）《疏》（原注：二家『不城、成周論』。）○惟七年（原注：葉說在『復子明辟』解下。）」一行。末附〈康誥〉說。

(9)〈武成日月譜〉。

(10)〈考定武成次序〉。

其中，〈孔序〉解、〈堯典〉解、〈舜典〉解、〈大禹謨〉解四篇，為公認朱子晚年解《尚書》最可信的材料。剩下的六種，學者則有不同的意見。王懋竑《朱子年譜考異》說：

按：蔡氏〈書傳序〉云：「慶元己未冬，先生命沈作《書傳》。」《年譜》載集《書傳》於戊午，意朱子先自為《書傳》，未成，而後命蔡足成之。其二〈典〉、〈禹謨〉，據《文集》乃改訂蔡《傳》。至〈金縢〉、〈召誥〉、〈洛誥〉、〈武成〉諸說，皆早年作。親稿百餘段，則《文集》無之，蔡〈序〉言「引用師說，不復識別」，亦不言別有親稿百餘段也，凡此皆所未詳。〔註42〕

認為〈金縢〉以下的材料，是朱子早年所作；至於「親稿百餘段」，則無可考。錢穆《朱子新學案》則說：

《年譜》繫「集《書傳》」於戊午，覈之〈與謝成之書〉，是年蔡沈遭父喪，尚未來考亭，《年譜》所云，必是親手自爲之稿，或即是今《文集》〈金縢〉、〈召誥〉、〈洛誥〉、〈武成〉諸篇，僅以示例，以待蔡氏來詳定。又謂「親稿百餘段」，蓋略如〈武成日月譜〉、〈考定武成次序〉之類，皆未成篇，故不錄入《文集》。然今《文集》諸篇中，亦多可分段，未必皆是成篇也。王氏《年譜考異》謂〈金縢〉以下諸篇乃朱子早年作，此非有據，並無以解於李氏勸朱子「《書解》乞且放緩」之云，而朱子告李氏則曰：「《書解》甚易，只待蔡三哥來。」蓋朱子本非立意欲竟體自成此書，且草創以付仲默也。〔註43〕

認爲《年譜》戊午「集《書傳》」，爲朱子親爲之稿，可能就是〈金縢〉、〈召誥〉、〈洛誥〉、〈武成〉諸篇，這些材料不是朱子早年之作。至於《年譜》所說的「親稿百餘段」，錢穆認爲可能因未成篇，故《文集》未收錄。他不同意王懋竑《年譜考異》將〈金縢〉以下諸篇斷爲朱子早年的著作。但錢穆在說明朱子解〈金縢〉「弗辟」之說前後不同的情況時，又認爲：

《文‧續集‧答仲默書》，殆是朱子對此一事之最後見解，今蔡《傳》即從其意。然則〈金縢說〉或是早作。〔註44〕

似又同意《年譜考異》之說。束景南《朱子大傳》則認爲：

他的幾篇未完成的《書說》殘稿〈堯典〉、〈舜典〉、〈大禹謨〉、〈金縢〉、〈召誥〉、〈洛誥〉、〈武成〉等，都作在慶元四年至五年冬間。〔註45〕

理由是：

此數篇注稿作年向來無考，或以爲其中有朱熹早年所作，乃非是。按：「黎本」《語類》卷一百十七陳淳錄云：「臨行拜別……李丈稟云曰：『《書解》乞且放緩。願早成《禮書》……』」陳淳錄在慶元五年己未，此所謂作《書解》，即作此數篇注。又卷七十九沈僴錄云：「問：『〈武成〉一篇，編簡錯亂。』曰：『新有定本，以程先生、王介甫、劉貢父、李叔易諸本，推究甚詳。』」沈僴錄在慶元四年以後。又《文集》卷五十五〈答李時可〉書六云：「所寄〈堯典〉，以目視頗艱，

〔註43〕第 4 冊頁 86。
〔註44〕第 4 冊頁 88。
〔註45〕頁 1018。

又有他冗，未暇討究。已付諸朋友看，俟其看了，却商量也。」是
書作於慶元四年，知其時〈堯典〉等注尚未作。故參以《年譜》，可
知此數篇注寫於慶元四至五年間。〔註46〕

程元敏《書序通考》則以束景南之說「考徵粗略，不信」。〔註47〕提出「親
稿百餘段」之說，源於董鼎《輯錄纂註》於〈大禹謨〉「若帝之初」下的說
明。並認爲〈金縢〉以下諸篇和「親稿百餘段」只是同一文獻——朱子手稿。
〔註48〕但並未明言〈金縢〉以下諸篇的著作時間，僅約略指出〈召誥序〉、〈召
誥解〉、〈洛誥解〉爲「朱子稍早之作」。〔註49〕

二、本文對〈雜著〉諸篇寫作時間的看法：

〈雜著〉所收錄朱子注《尚書》的相關材料，從形式上可分爲四類：

（1）〈孔序〉解至〈大禹謨〉解。

（2）〈金縢說〉：內容爲記〈金縢〉之大意及分段。

（3）〈召誥序〉至〈洛誥〉解（含〈康誥〉說）：主要爲輯錄諸家注解，
間以己意，與（1）不同。

（4）〈武成日月譜〉和〈考定武成次序〉：二篇皆爲考定〈武成〉的專文。

這四組材料的著作時間，分別考訂如下：

（一）（4）〈武成日月譜〉和〈考定武成次序〉的寫作時間

前引束景南之說，據沈僩所錄之《語類》，斷爲慶元4年（1198）之後的
作品，當無可疑。

（二）（1）〈孔序〉解至〈大禹謨〉解的寫作時間

呂遇龍本《書集傳》所錄〈書傳問答〉，收朱熹給蔡沈的書信四封，〈陳
淳（安卿）記朱（熹）語〉一則，〈黃義剛（毅然）記朱（熹）語〉四則。後
面有蔡杭〔抗〕的說明：

右贈太師徽國公朱（熹）與先臣（沈）手帖及問答語錄也。竊惟先
臣（沈）奉命傳是書也，左右就養，逮啓手足，諸篇綱領，悉經論
定。凡得之面命口授者，已具載《傳》中；其見於手帖、語錄者，

〔註46〕頁 1026。
〔註47〕頁 211。
〔註48〕頁 240。
〔註49〕頁 221。

僅止此。蒐輯披玩，不勝感咽，于以見一時師友之際，其成書也不
易如此。謹附卷末，以致倦倦景仰孝慕之思云。臣（抗）百拜敬書。
〔註50〕

由這段說明，可知蔡沈正式奉師命作《書傳》，自面見朱子後，便「左右就養」，
一直留在朱子身邊討論相關問題，直到朱子去世。蔡沈面見朱子的時間，陳
淳所記語錄說：

臨行拜別。先生曰：「安卿今年已許人書會，冬間更煩出行一遭，不
然亦望自愛。」李丈稟白：「《書解》且乞放緩，願早成《禮書》，以
幸萬世。」先生曰：「《書解》甚易，只等蔡仲默來便了。《禮書》大
段未也。」〔註51〕

「黎本」《語類》載陳淳所錄，為庚戌（1190）年和己未（1199）年兩次與文
公見面所聞。陳淳《北溪大全集》卷 10〈竹林精舍錄後序〉自述第二次面見
文公的經過說：

己未〔註52〕冬，始克與妻父同為考亭之行。十一月中澣，到先生之
居，即拜見於書樓下之閣內，甚覺體貌大減曩日，腳力已阻於步履，
而精神聲音如故也。晚過竹林精舍，止宿，與宜春胡叔器、臨川黃
毅然二友會。而先生日常寢疾，十劇九瘥。每入臥內聽教，而諄諄
警策，無非直指病痛所在，以為所欠者下學，惟當專致其下學之功
而已。而於下學之中，所謂致知，必一一平實，循序而進，而無一
物之不格。所謂力行，亦必一一平實，循序而進，而無一物之不周。
要如顏子之博約，毋遽求顏子之卓爾。要如曾子之所以為貫，勿遽
求曾子之所以為一。而其所以為人痛切直截之意，比之向日郡齋從
容和樂之訓，則又不同矣。越明年庚申正月五日，拜別而歸，臨岐
又以冬下再見為囑。豈謂自此一別，方閱九十二日〔註53〕而遽有幽
明之判，反成終天之訣。〔註54〕

據《二十史朔閏表》〔註55〕和《中國史曆日和中西曆日對照表》，〔註56〕己未

〔註50〕「呂本」〈書傳問答〉頁 6a。
〔註51〕「呂本」〈書傳問答〉頁 3a，「黎本」頁 2832。
〔註52〕《四庫全書》本「己」誤作「乙」。
〔註53〕此年閏 2 月，所以為 92 日。
〔註54〕頁 1168-574。
〔註55〕頁 141。

十一月中（以十五日計），爲西元 1199 年 12 月 4 日；庚申正月五日，爲西元 1200 年 1 月 22 日。此次相會之語錄，見《徽類》卷 115，黎靖德《朱子語類》卷 117〈訓門人五〉。《徽類》於前文所引的陳淳語錄下注云：「以上並淳自錄，下見諸錄。」〔註 57〕可知此則爲與朱子臨別之問答。陳淳所說「臨岐又以多下再見爲囑」，即語錄所載：「臨行拜別。先生曰：『安卿今年已許人書會，冬間更煩出行一遭，不然亦望自愛。』」則此則語錄的記錄時間，由陳淳「越明年庚申正月五日，拜別而歸」之語，可以斷爲庚申年正月五日（1200 年 1 月 22 日）無疑。故《北溪大全集》所收陳淳的門人陳沂所作的〈敘述〉說：

> 己未冬，再謁于攷亭。文公時已寢疾，延至臥內，扣以十年之別，有甚大頭項工夫。先生縷縷開陳，文公復抑之曰：「所欠者惟當大專致其下學之功爾。」蓋至是甚嘉先生已見根原大意，復欲詳驗實體於日用事物之中也。……越明年庚申正月告歸。文公借棋引喻，猶欲其博友四方，則奉奉屬望之意有在矣。三閱月而文公即世。〔註 58〕

亦謂告歸之時間爲「庚申正月」。觀陳淳臨行所錄之語錄，當時蔡沈尙未至朱子所，所以朱子之孫朱鑑〔註 59〕於呂遇龍本《書集傳》之跋文亦說：

> 歲在庚申，先祖與九峰商訂是書，（鑑）生十一年矣，獨得在侍旁締聽竊讀。三月九日，先祖即世，是書爲絕筆，嗚呼痛哉！〔註 60〕

所載朱子與蔡沈面商《書集傳》的時間，即爲庚申年。是蔡沈於庚申年正月五日以後，方與朱子見面，蔡沈〈書集傳序〉所說：「慶元己未冬，先生文公令沈作《書集傳》。」是指收到朱子書面指示的時間。由於蔡沈收到朱子的指示作《書集傳》到面見朱子的期間，正好與陳淳第二次和朱子面會的時間有所交集，所以《朱熹集·續集》卷 3〈答蔡仲默〉說：

> 謝誠之《書》說六卷、陳器之《書》說二卷今謾附去，想未暇看，且煩爲收起，鄉後商量也。漳州陳安卿在此，其學甚進。〔註 61〕

才會提到陳安卿。另外，既然蔡杭〔抗〕、朱鑑都說蔡沈面見朱子，一直到朱子去世，皆隨侍在側，可知〈書傳問答〉所收的四封信，應當就是蔡沈受

〔註 56〕頁 538～539。
〔註 57〕頁 1589，「黎本」未注明。
〔註 58〕頁 1168-901。
〔註 59〕「朱鑑」，游均晶《蔡沈〈書集傳〉研究》誤作「孫鑑」（頁 34）。
〔註 60〕「呂本」〈書跋〉頁 3a。
〔註 61〕頁 5206。

命作《書集傳》到面見朱子之間，朱子和蔡沈商討《書集傳》的通信。而〈黃義剛（毅然）記朱（熹）語〉，應當也是1199年之後所錄（甚至可能是蔡沈面見朱子之後所錄）。由於這些材料都是蔡沈受命之後，朱子和蔡沈商討《書集傳》內容的相關記載，所以蔡杭〔抗〕才會特別加以輯錄，並說：「凡得之面命口授者，已具載《傳》中；其見於手帖、語錄者，僅止此。」至於〈書傳問答〉所收錄的材料，從上文的說明可以推測，大約是依照時間先後順序編排的。

　　以此為基礎，比較〈書傳問答〉與〈孔序〉解、〈堯典〉解、〈舜典〉解、〈大禹謨〉解四篇和《書集傳》的內容。〈書傳答問〉所討論的問題，除了對注解《書集傳》的大原則的指示外，涉及《書集傳》實際內容的有七點。其中朱熹給蔡沈的第二封信最值得注意。朱熹於信中說：

> 星笙之說，俟更詳看。但云：「天繞地左旋，一日一周。」此句下恐欠一兩字。說地處却似，亦說得有病。蓋天繞地一周了，更過一度。日之繞地，比天雖退，然却一日只一周而無餘也。〔註62〕

此是指〈堯典〉「期三百有六旬有六日，以閏月定四時成歲」的注解。蔡沈當時給朱子的原稿，應該沒有「蓋天繞地一周了，更過一度。日之繞地，比天雖退，然却一日只一周而無餘也」的說法，故朱子於信中建議修改。〈堯典〉解的傳文說：

> 按：天體至圓，周圍三百六十五度四分度之一，繞地左旋，常一日一周而過一度。日麗天而少遲，一日繞地一周無餘而常不及天一度，積三百六十五日九百四十分日之二百三十五而與初躔會，是一歲日行之數也。月麗天而尤遲，一日常不及天十三度十九分度之七，積二十九日九百四十分日之四百九十九而與日會。十二會得全日三百四十八，餘分之積五千九百八十八。如日法九百四十，而一得六不盡三百四十八，通計得日三百五十四九百四十分日之三百四十八，是一歲月行之數也。歲有十二月，月有三十日。三百六十者，歲之常數也。故日行而多五日九百四十分日之二百三十五者為氣盈，月行而少五日九百四十分日之五百九十二者為朔虛。合氣盈、朔虛而閏生焉。故一歲閏，率則十日九百四十分日之八百二十七。三歲一閏，則三十二日九百四十分日之六百一。五歲再閏，則五十四日九

百四十分日之三百七十五。十有九歲七閏，則氣朔分齊，是爲一章
也。〔註63〕

顯然已經依朱子之意見，加入「而過一度」、「繞地一周無餘而常不及天一度」。
從朱子的答書與〈堯典〉解的用語皆強調「無餘」，可以看出兩者之間的關係。
又〈書傳問答〉中，黃義剛所記語錄第四則說：

義剛歸有日。先生曰：「公這數日也莫要閒。」義剛言：「伯靜在此
數日，因與之理會天度。」問：「伯靜之說如何？」義剛言：「伯靜
以爲天是一日一周，日則不及一度，非天過一度也。」先生曰：「此
說不是。若以爲天是一日一周，則四時中星如何解不同？若是如此，
則日日一般，却如何紀歲？把甚麼時節做定限？若以爲天不過而日
不及一度，則趕來趕去，將次午時便打三更矣！」因取《禮記・月
令・疏》指其中說早晚不同，及更行一度兩處，曰：「此說得甚分明。
其他曆書都不如此說。蓋非不曉，但是說滑了口後，信口說，習而
不察，更不去子細點檢。而今若就天裏看時，只是行得三百六十五
度四分度之一。若把天外來說，則是一日過了一度。季通嘗有言：『論
日月，則在天裏；論天，則在太虛空裏。若去太虛空裏觀那天，自
是日月袞得不在舊時處了。』」先生至此，以手畫輪子，曰：「謂如
今日在這一處，明日自是又袞動著些子，又不在舊時處了。」又曰：
「天無體，只二十八宿便是體。日月皆從角起，日則一日運一周，
依舊只到那角上；天則一周了，又過角些子。日日累上去，則一年
便與日會。」次日，仲默附至《書傳・天說》曰：「天體至圓，周圍
三百六十五度四分度之一，繞地左旋，常一日一周而過一度。日麗
天而少遲，故日行一日，亦繞地一周，而在天爲不及一度。積三百
六十五日九百四十分日之二百三十五而與天會，是一歲日行之數
也。月麗天而尤遲，一日常不及天十三度十九分度之七。積二十九
日九百四十分日之四百九十九而與日會。十二會，得全日三百四十
八，餘分之積，又五千九百八十八。如日法，九百四十而一，得六，
不盡三百四十八。通計得日三百五十四，九百四十分日之三百四十
八，是一歲月行之數也。歲有十二月，月有三十日。三百六十日者，
一歲之常數也。故日與天會，而多五日九百四十分日之二百三十五

〔註63〕頁3412。

> 者，爲氣盈。月與日會，而少五日九百四十分日之五百九十二者，
> 爲朔虛。合氣盈、朔虛而閏生焉。故一歲閏，率則十日九百四十分
> 日之八百二十七；三歲一閏，則三十二日九百四十分日之六百單一；
> 五歲再閏，則五十四日九百四十分日之三百七十五。十有九歲七閏，
> 則氣朔分齊，是爲一章也。」先生以此示義剛，曰：「此說分明。」
> 〔註64〕

其中蔡沈所送來的《書傳・天說》，在相關位置的文字又經過進一步的修訂，
並得到朱子的認可。所以後來蔡沈《書集傳》這一段注文，即與黃義剛所載
的《天說》完全相同，而不用〈堯典〉解。

上述情況表示「改本」與《書集傳》的關係可能是：蔡沈受命作《書集
傳》後，在還沒面見朱子之前，和朱子以通信的方式討論《書集傳》的注解
內容，蔡沈再依朱子的答書加以修訂。這時朱子手中當也有蔡沈書稿的副本，
在回答蔡沈的問題時，也一面改定手中的副本，所以《朱熹集》將之視爲朱
子的著作加以收錄。這便是蔡沈〈書集傳序〉所說「先生改本已附文集中」
的「改本」。至蔡沈面見朱子之後，陸續又有所討論和增改。驗諸蔡沈〈夢
奠記〉所說：

> 慶元庚申三月初二丁巳，……是夜先生看沈《書集傳》說數十條及
> 時事甚悉。……初三日戊午，先生在樓下改《書傳》兩章，又貼修
> 《稽古錄》一段。是夜說《書》數十條。……初六日辛酉，……午
> 後大瀉，隨入宅室，自是不復能出樓下書院矣。……初九甲子，……
> 氣息漸微而逝。午初刻也。〔註65〕

可知在朱子死前數日，仍不斷和蔡沈討論並改訂《書集傳》的內容。但這段
期間，因朱子已經病重，有許多意見當如蔡沈〈書集傳序〉所說：「爲先生口
授指畫而未及盡改。」所以，〈書傳問答〉的內容和「改本」的寫作時間，應
當都是在己未冬之後（即朱子與蔡沈商討《書集傳》的時間），可確定爲朱子
晚年的意見無疑。但雖然是朱子晚年的意見，卻不應視爲朱子對《尚書》的
最後見解。因爲，《書集傳》極可能吸收了朱子口授的意見，比「改本」更能
代表朱子的最後見解。

〈書傳問答〉所提及的其他六則對《尚書》的解釋，已被「改本」、《書

〔註64〕「呂本」〈書傳問答〉頁4a，又見《朱子語類》頁15。
〔註65〕《朱子年譜》頁227。

集傳》所吸收，所以沒什麼重要的差異：

> （01）岐、梁恐並存眾說，而以晁氏爲斷，但梁山證據不甚明白耳。
> 〔註66〕

這是討論〈禹貢〉「治梁及岐」的注解。認爲應當以晁以道之說爲斷。「改本」
無〈禹貢〉，《書集傳》的解釋作：

> 梁、岐皆冀州山。梁山，呂梁山也，在今石州離石縣東北。《爾雅》
> 云：「梁山、晉望，即冀州呂梁也。」呂不韋曰：「龍門未闢，呂梁
> 未鑿，河出孟門之上。」又《春秋》：「梁山崩。」《左氏》、《穀梁》
> 皆以爲晉山，則亦指呂梁矣。酈道元謂：「呂梁之石崇竦，河流激盪，
> 震動天地。此禹既事壺口，乃即治梁也。」岐山在今汾州界休縣狐
> 岐之山，勝水所山，東北流注于汾。酈道元云：「後魏於胡岐置六壁，
> 防離石諸胡，因爲大鎮。今六壁城在勝水之側，實古河逕之險阨。
> 二山河水所經。」治之，所以開河道也。先儒以爲雍州梁、岐者，
> 非是。〔註67〕

並未注明依據何家之說，而晁以道之書，今亦不傳。據王應麟《困學記聞》
說：

> 「治梁及岐」，若從古注，則雍州山距冀州甚遠，壺口、太原不相涉。
> 晁以道用《水經注》以爲呂梁、狐岐。〔註68〕

可知《書集傳》依朱子之意，採用晁以道之說。

> （02）〈康誥〉「外事」與「肆汝小子封」等處自不可曉，只合闕疑。
> 〔註69〕

「改本」亦無〈康誥〉，（3）類〈康誥〉說亦未對這兩處有所說明。《書集傳》
於「外事」注：「未詳。」「肆汝小子封」注：「肆，未詳。」可知亦從朱子之說。

> （03）「弗辟」之說只從鄭氏爲是。〔註70〕

此出於〈金縢〉篇。（2）類〈金縢說〉從古註，《書集傳》則從鄭玄之說，是
亦從朱子之意見。說詳下。

> （04）蔡仲默集註《尚書》至「肇十有二州」，因云：「禹即位後又

〔註66〕「呂本」〈書傳問答〉頁 2a。
〔註67〕卷 2 頁 2b。
〔註68〕頁 169。
〔註69〕「呂本」〈書傳問答〉頁 2a。
〔註70〕「呂本」〈書傳問答〉頁 2b。

併作九州。」先生曰:「也見不得,但後面皆只説『帝命式于九圍,
以九有之師』,不知是甚麼時併作九州。」〔註71〕

據〈舜典〉解注「肇十有二州」説:

然舜既分十有二州,而至商時又但言九圍九有,《周禮‧職方氏》亦
止辨九州之域有揚、荊、豫、青、兖、雍、幽、冀、并而無徐、梁、
營,則是爲十二州蓋不甚久。不知其自何時復合爲九也。〔註72〕

《書集傳》所注,與此相同。

　　（05）蔡仲默論五刑不贖之意。先生曰:「是穆王方有贖法。嘗見蕭
望之言古不贖刑,熹甚疑之,後來方省是贖刑不是古。」因取〈望
之傳〉看畢,曰:「説得也無引證。」〔註73〕

〈舜典〉解注「流宥五刑」説:

據此經文,五刑有流宥而無金贖。《周禮‧秋官》亦無其文。至〈呂
刑〉乃有五等之罰。疑穆王始制之,非法之正也。蓋當刑而贖,則
失之輕;疑赦而贖,則失之重。且使富者幸免而貧者受刑,既非所
以爲平,而又有利之之心焉。聖人之法必不然矣。〔註74〕

《書集傳》簡化作:

據此經文,則五刑有流宥而無金贖。《周禮‧秋官》亦無其文。至〈呂
刑〉乃有五等之罰。疑穆王始制之,非法之正也。蓋當刑而贖,則
失之輕;疑赦而贖,則失之重。且使富者幸免而貧者受刑,又非所

〔註71〕 「呂本」〈書傳問答〉頁 3b。
〔註72〕 《朱熹集》頁 3421。
〔註73〕 「呂本」〈書傳問答〉頁 3b。程元敏《書序通考》引黃義剛所錄此條,以及「蔡
　　　　仲默集註《尚書》至『肇十有二州』」條,説:「以上二條皆黃義剛錄,癸丑（1193）
　　　　以後所聞也,當先蔡受師命作《書集傳》有年,時蔡氏此二説,朱子未表贊同,
　　　　體其語氣,時亦尚未屬意蔡氏編撰《書集傳》。逮玩朱子後作之〈答蔡仲默帖〉,
　　　　知至此乃有意命編《書集傳》。」（頁233）按:此説不能成立:一、程氏所引兩
　　　　則材料,據前文所考,皆爲蔡沈受命作《書集傳》之後的材料。二、程氏引此
　　　　則論「五刑不贖」,於理解上恐有誤差。程氏之斷句作:「仲默論五刑不贖之意,
　　　　曰:『是穆王方有贖刑,嘗見蕭望之言古不贖刑。某甚疑之,後來方省得贖刑不
　　　　是古,因取〈望之傳〉看畢。』〔程氏注〕朱子)曰:『説得也無引證。』因論
　　　　望之云:『想見望之也是拗。』」（頁233）然據〈書傳問答〉和「輯錄」（卷6
　　　　頁33b）所引,於「仲默論五刑不贖之意」後皆爲「先生曰」,可知「是穆王方
　　　　有贖刑」以下全爲朱子之意見。故〈舜典〉解、《書集傳》皆從朱子之説。蔡沈
　　　　早先是否自欲成《集注》,並無明證。
〔註74〕 頁 3423。

以爲平也。〔註75〕

但意思沒有差別。又《書集傳》注〈呂刑〉說：

> 案：此篇專訓贖刑，蓋本〈舜典〉「金作贖刑」之語。今詳此書，實
> 則不然。蓋〈舜典〉所謂贖者，官府學校之刑爾，若五刑，則固未
> 嘗贖也。五刑之寬，惟處以流，鞭扑之寬，方許其贖。今穆王贖法，
> 雖大辟亦與其贖免矣。漢張敞以討羌，兵食不繼，建爲入穀贖罪之
> 法，初亦未嘗及夫殺人及盜之罪，而蕭望之等，猶以爲如此則富者
> 得生，貧者獨死，恐開利路，以傷治化。曾謂唐、虞之世，而有是
> 贖法哉！穆王巡遊無度，財匱民勞。至其末年，無以爲計，乃爲此
> 一切權宜之術，以斂民財。夫子錄之，蓋亦示戒。〔註76〕

亦是根據朱子的意見所作的注。

> （06）蔡仲默論「五刑三就」。先生曰：「熹嘗思量，以爲用此五刑
> 是就三處。如大辟棄於市，宮刑下蠶室，其他底刑也是就箇隱僻處。
> 不然，教那人當風割了耳鼻，豈不破傷風，胡亂死了人。」〔註77〕

〈舜典〉解「五刑有服，五服三就」說：

> 三就，孔氏以爲大罪於原野，大夫於朝，士於市，不知何據。竊恐
> 惟大辟棄之於市，宮辟則下蠶室，餘刑亦就屏處。蓋非死刑，不欲
> 使風中其瘡，誤而至死，聖人之仁也。〔註78〕

《書集傳》所注，與此相同。

上述六則材料，（01）（02）（03）皆不在「改本」的範圍內，可知當時朱、蔡師徒對《書集傳》的討論範圍當遍及全經。

（三）（2）〈金縢說〉的寫作時間

〈金縢說〉說：

> 「周公乃告二公曰」止「告我先王」，作〈大誥〉，遂東征。周公居
> 東二年，則罪人斯得，殺武庚致辟管叔于商，囚蔡叔于郭鄰，降霍
> 叔于庶人，命微子啓代殷後，作〈微子之命〉，皆此時事。〔註79〕

〔註75〕卷1頁24a。
〔註76〕卷6頁33a。
〔註77〕「呂本」〈書傳問答〉頁3b。
〔註78〕頁3424。
〔註79〕頁3439。

知將〈金縢〉「我之弗辟，我無以告我先王」之「辟」，依孔《傳》解作「誅殺」之意，故以「居東」即爲「東征」。考朱子作於 1166 年的〈答徐元聘〉，即以「居東」爲「東征」，謂：「馬、鄭以爲東行避謗，乃鄙生腐儒，不達時務之說。」〔註80〕作於〔1187〕年〔註81〕的〈答董叔重〉亦謂：「辟字當從古註說。」〔註82〕而作於 1199 年之後，收於〈書傳問答〉的第四封信，以及內容與〈答蔡仲默〉相近的另一〈答徐元聘〉（見「輯錄」〔註83〕所引，題爲〈答徐元聘〉，董鼎注：「與後〈答蔡仲默〉帖同。」陳櫟《纂疏》削去不錄。此文不見於《朱熹集》及《語類》，當爲佚文。其著作時間或與〈答蔡仲默〉相近。）則改從馬、鄭之說，將「辟」解作「避」，以「居東」爲避居東都，可知〈金縢說〉應當早於〈答蔡仲默〉。是〈金縢說〉的時間當早於 1199 年，甚至可能是早年所作。

　　（四）（3）〈召誥序〉至〈洛誥〉解的寫作時間：

　　這一部分材料之內容，主要爲輯錄諸家經說，其體例顯與（1）不同，當爲早年之作。理由有三：

　　（一）朱子晚年主張《小序》不可信，故蔡沈作《書集傳》，從朱子之意，將《小序》集爲一篇，作《書序辨說》置於全書之末。（1）類中的〈堯典〉、〈舜典〉、〈大禹謨〉三篇解，皆不注《小序》，與朱子晚年的主張一致。而（3）將〈洛誥序〉置於〈洛誥〉之前，一如孔《傳》本，〈召誥序〉獨立爲一篇，其中皆未對《小序》有所駁斥，若與（1）類諸篇作於同時，當不如此。故程元敏《書序辨說》說：

> 此殆朱子稍早之作，爾時疑《序》未甚堅，故偶作依違兩存之論，且〈召〉、〈洛〉二誥並非五十八篇全經，不便將兩篇《書序》分附篇末，故暫依僞孔版本分置篇首爲解。洎知漳州，開郡學，刻《尚書》古經版本成，則不復曲從僞孔，而教弟子遵古本察《書序》之失矣。〔註84〕

亦認爲〈召〉、〈洛〉二誥的著作時間較早。又，《年譜》繫朱子〈書臨漳所刊

〔註80〕「輯錄」卷 4 頁 50a。
〔註81〕依陳來所繫之年。
〔註82〕「輯錄」卷 4 頁 50b。
〔註83〕卷 4 頁 50a。
〔註84〕頁 221。

四經後〉於光宗紹熙元年（1190），則依程氏之說，〈召〉、〈洛〉二誥的著作時間早於此年。

（二）朱子早年曾試圖仿《呂氏家塾讀詩記》爲《尚書》作注。作於1186年的〈答潘文叔〉說：

> 《尚書》只是虛心平氣，闕其所疑，隨力量看教浹洽，便自有得力處。不須預爲計較，必求赫赫之功也。近亦整頓諸家說，倣伯恭《詩說》作一書，但鄙性褊狹，不能兼容曲徇，恐又不免少紛紜耳。〔註85〕

但此書並未完成。語類：

> 道夫請先生點《尚書》以幸後學。先生曰：「某今無工夫。」道夫曰：「先生於《書》既無解，若更不點，則句讀不分，後人承舛聽訛，卒不足以見帝王之淵懿。」曰：「公豈可如此說！焉知後來無人。」道夫再三請之。先生曰：「《書》亦難點。如〈大誥〉語句甚長，今人却都碎讀了，所以曉不得。某嘗欲作《書說》，竟不曾成！如制度之屬，祗以《疏》文爲本，若其他未穩處，更與挑剔令分明便得。」〔註86〕

此段之記錄者爲楊道夫，所錄爲1189年之後所說。是朱子於1186年左右，曾試圖作《書說》，但未能完成。朱子回答楊道夫所說的《書說》，或許即是1186年左右，所欲仿伯恭《詩說》之書。《呂氏家塾讀詩記》的體例，爲輯錄諸家詩說，以經文先後爲序加以安排，若諸家未備，則附以己意足之。〔註87〕今〈召誥序〉至〈康誥〉諸篇之體例，便與《呂氏家塾讀詩記》頗爲相近。

（三）呂祖謙曾作《東萊書說》，解〈洛誥〉至〈秦誓〉諸篇。朱子曾多次對呂祖謙解《尚書》的缺點，提出評論：

> 向在鵝湖，見伯恭欲解《書》，云：「且自後面解起，今解至〈洛誥〉。」

〔註85〕 「輯錄」〈綱領〉頁3b。按，〈答潘文叔〉「近亦整頓諸家說，倣伯恭《詩說》作一書，但鄙性褊狹，不能兼容曲徇，恐又不免少紛紜耳」一段，陳來《朱子書信編年考證》（頁245）、束景南《朱熹佚文輯考》（頁669）皆與下文「《詩》亦再看，舊說多所未安，見加刪改，作一小書，庶幾簡約易讀。若詳考，即自有伯恭之書矣。」（頁2407）合看，以之爲論《詩經》之語。但觀其文意，既說「《詩》亦再看，舊說多所未安」，則明是針對《詩經》舊作而說。又說「見加刪改，別作一小書，庶幾簡約易讀」，則是指刪訂此一舊作。又說：「若詳考，即自有伯恭之書矣。」則此一舊作以及欲根據舊作刪訂的著作，並非倣伯恭之書而作。所以，「輯錄」引〈答潘文叔〉論《尚書》，便引至「恐又不免少紛紜耳」爲止。據此，則朱子當時曾有意倣呂伯恭《詩說》的體例作一《尚書》的注解。

〔註86〕 「輯錄」〈綱領〉頁4a。「黎本」頁1981。

〔註87〕 詳《呂氏家塾讀詩記》頁15。

有印本，是也。其文甚鬧熱。某嘗問伯恭：「《書》有難通處否？」
伯恭初云：「亦無甚難通處。」數日問，卻云：「果是有難通處。」
〔註88〕

呂伯恭解《書》自〈洛誥〉始。某問之曰：「有解不去處否？」曰：
「也無。」及數日後，謂某曰：「《書》也是有難說處，今只是強解
將去爾。」要之，伯恭卻是傷於巧。〔註89〕

問：「東萊《書》說如何？」曰：「說得巧了。向嘗問他有疑處否？曰：
『都解得通。』到兩三年後再相見，曰：『儘有可疑者。』」〔註90〕

作於 1192 年的〈書東萊書說後〉說：

予往年送伯恭父於鵝湖（1175 年），知其有此書而未及見也。因問：
「其間得無亦有闕文疑義者乎？」伯恭父曰：「無有。」予心固竊怪
之。後數年，再會於衢州（1176 年），伯恭父始謂予曰：「《書》之
文誠有不可解者，甚悔前日之不能闕所疑也。」予乃歎伯恭父之學
已精而其進猶未已，然其後竟未及有所刊訂而遽不起疾，則其微詞
奧義無所更索，而此書不可廢矣。今伯恭父之內弟曾侯致虛鋟木南
康，而屬予記其後。予惟伯恭父所以告予者，雖其徒或未必知，因
具論其本末如此，使讀者知求伯恭父晚所欲闕者而闕之，則庶幾乎
得其所以書矣。〔註91〕

但朱子亦曾說：

諸家注解，其說雖有亂道，若內只有一說是時，亦須還他底是。
〔註92〕

這一則材料為黃㽦於 1188 年所錄。〈書傳問答〉第一封信（1199 年）指示蔡
沈作《書集傳》時，亦說：

諸說此間亦有之，但蘇氏傷於簡，林氏傷於繁，王氏傷於鑿，呂氏
傷於巧，然其間儘有好處。〔註93〕

可知朱子對於經注，諸家之長必有所取的觀點，至晚年一直沒有改變。〈書傳

〔註88〕「輯錄」無。「黎本」頁 1988，黃㽦錄於 1188 年。
〔註89〕「輯錄」無。「黎本」頁 1988，楊道夫錄於 1189 年以後。
〔註90〕「輯錄」無。「黎本」頁 2057，陳淳錄於 1190 年或 1199 年。
〔註91〕「輯錄」〈綱領〉頁 5b，《朱熹集》頁 4271。
〔註92〕「黎本」頁 1986。
〔註93〕「呂本」〈書傳問答〉頁 6b。

問答〉第一封信所舉諸家，包括呂氏在內；蔡沈《書集傳》引用《東萊書說》和蘇軾《東坡書傳》之次數亦最多，均達四十六次。〔註94〕而朱子於〈洛誥〉解，歷引王氏、蘇氏、葉氏、程氏、孔《傳》、孔《疏》、陳氏、姚氏，卻不引呂氏（按：林之奇所解，止於〈召誥〉，故未引用），疑朱子當時可能尚未看到呂氏之書。

據此諸點，則（3）類諸篇，恐怕亦爲較早之作。雖然無明確證據證明就是朱子早年仿《呂氏家塾讀詩記》爲《尚書》所作的注解，至少可以斷定與（1）類不是同一時期的著作。故董鼎《輯錄纂註》於〈召誥〉說：

> 愚按，《書說》中有朱子集解〈召誥〉及〈洛誥〉之半，其間間出己
> 說，文義及分節處與蔡氏多異，蓋未定本也。蔡已掇取之，其餘尚
> 有當采者，今各入輯錄纂註，以備參攷。〔註95〕

便認爲這是未定之本。根據此說，則程元敏《書序辨說》：

> 〈召誥〉錄經全文，已完解，頗詳，蔡沈不於序文稱述，陳氏（淳）
> 記朱子《書解》亦不之及，此不可曉。〔註96〕

之疑，便可以得到較爲適當的解釋。

第三節　「改本」與《書集傳》、語類、文集的異同

一、「改本」與《書集傳》的異同

根據上文的考訂，《朱熹集》卷65〈雜著〉所收《尚書》的相關材料，最能夠代表朱子最後意見的，爲（1）組的〈孔序〉、〈堯典〉、〈舜典〉、〈大禹謨〉以及（4）組的〈武成日月譜〉和〈考訂武成次序〉共六篇。由於〈武成日月譜〉和〈考訂武成次序〉的成果已全爲《書集傳》所吸收，剩下的四篇材料，便成爲最重要的材料。以下，將優先探討這些材料與《書集傳》的異同問題，學者們的意見，亦一併說明。至於（2）（3）兩組材料與《書集傳》的異同，因這些材料的著作時間較早，於下一節討論。

「改本」與《書集傳》的差異，絕大多數屬於文字上的修訂與潤色。如

〔註94〕參見游均晶《蔡沈〈書集傳〉研究》頁85。
〔註95〕「輯錄」卷5頁1b。
〔註96〕頁210。

〈堯典〉「九族既睦」的注解，「改本」作：

> 九族，高祖至玄孫之親。舉近以該遠，五服之外，異姓之親亦在其中也。睦，親而和也。〔註97〕

《書集傳》則作：

> 九族，高祖至玄孫之親。舉近以該遠，五服異姓之親，亦在其中也。睦，親而和也。〔註98〕

將「五服之外，異姓之親」改為「五服異姓之親」，意思並無不同。另外，有一些地方，則是將「改本」傳文的位置加以調整。如〈舜典〉解，在「慎徽五典……」下對這二十八字的來源的說明，《書集傳》將之移置〈舜典〉篇題下。這兩種情況，都與《尚書》解釋的異同沒有關係，無需詳加討論。〔註99〕這裏將重點放在《尚書》解釋的異同的問題上，尤其是曾為學者們所指出的朱、蔡相異的例證。

就對比的結果來說，過去為學者們所指出的「改本」與《書集傳》解經相異的地方，主要有五點。經較仔細地檢證發現，這些例子並不足以證明蔡沈違背朱子。這一方面是因為依前文所討論，《書集傳》的確根據了朱子口授的意見加以修訂，可能保存了朱子最後定說，所以兩者的不同，未必可以導出蔡沈違背師說的結論。另一方面則是前人所舉出的「改本」與《書集傳》相異的例證，多有值得檢討之處。茲依序檢討如下：

（一）《書集傳》篇題注解皆注明「今文無古文有」或「今文古文皆有」，先提今文，後提古文；而「改本」則先提古文，後提今文。蔡根祥《宋代尚書學案》認為此乃蔡沈「重今文、輕古文」，異於朱子的表現。〔註100〕由於單從「今文」、「古文」標注先後之別，並不足以真正證明蔡沈重今文輕古文，故《宋代尚書學案》又舉蔡沈注〈金縢〉「惟朕小子其新迎，我國家禮亦宜之」之「新」，取鄭玄《詩》傳所承伏生本作「親」，以及蔡《傳》於今文諸篇多所發揮義理，與朱子每謂「今文難曉」不同兩個例子為證。〔註101〕認為：

> 朱熹論《尚書》，於同出於東晉者皆疑其偽作，然言及義理，若二帝

<hr>

〔註97〕《朱熹集》頁3410。
〔註98〕卷1頁2b。
〔註99〕關於「改本」與《書集傳》字句的詳細比對結果，可以參考游均晶《蔡沈〈書集傳〉研究》頁145～頁167。
〔註100〕頁894。
〔註101〕頁894，頁895。

三王之德政仁心，則每據孔《傳》本獨有者而大加發揮，蓋伏生所
傳諸篇，文辭既難通讀，則義理無從言說，若毛之於皮焉；而古文
諸篇，則文從字順，宛如後世文章，句句皆可出義言理也。是朱子
於《尚書》之論，求真與求善之間，時左右為難矣。蔡沈承其師說，
復加斟酌，轉重今文，稍輕古文。〔註102〕

按，這個判斷，並不完全合理。理由如下：（1）本章第一節依據朱子對讀經的
要求，指出朱子並未懷疑古文《尚書》的真偽。「恐倒了六經」，所疑的是今文
而不是古文，且起疑的原因為義理的理由，而非文獻學的理由。所以在朱子的
讀經系統中，未出現求真與求善之間，時左右為難的情況。朱子重視求善，甚
於求真，甚至有以善為真的傾向。（2）由上一節對《書集傳》與「改本」的關
係的說明，《書集傳》標注今、古文的方式，有可能是根據朱子的意見所作的修
訂。（3）先記今文，或先記古文，對朱熹、蔡沈乃至朱子後學來說，未必有那
麼強烈地「重古文」或「重今文」之意義。所以《書集傳》的體例雖先記今文，
後記古文，但像〈仲虺之誥〉作「古文有，今文無」，雖然可能是一時之誤，但
不見歷來刻本對此有所修正，亦未見有人起疑，可見在朱子學派的看法，《書集
傳》的說明，先說今文或先說古文，並不那麼重要。（4）所舉〈金縢〉篇之例，
由於《書集傳》的體例是集眾家之說作解釋，除非引用今文或古文的數量極為
懸殊，否則單一的例證未必可以用來證明蔡沈重今文或古文。據游均晶的統計，
《書集傳》明引孔《傳》計四十三次，而明引鄭玄僅十一次，〔註103〕比孔《傳》
少得多。（5）體例上，《書集傳》為全經的注解，其較詳細地注解今文諸篇，未
必可以視為學術上的特色。同理，蔡沈於古文，像《商書》諸篇的義理，就極
為注重。故吾人最多僅可謂朱子重古文，卻不當說蔡沈輕古文。何況就朱子現
存的材料而言，據第一節的列表，可知朱子討論最多的，竟大多是今文的篇章。
因而，所謂朱、蔡對今古文之輕視、重視之別，事實上並不是那麼明顯。

（二）〈舜典〉「至于岱宗柴望秩于山川」，《書集傳》說：

岱宗，泰山也。柴，燔柴以祀天也。望，望秩以祀山川也。秩者，
其牲幣祝號之次第，如五岳視三公，四瀆視諸侯，其餘視伯子男者
也。〔註104〕

〔註102〕頁 894。
〔註103〕頁 73。
〔註104〕卷 1 頁 21a。

「改本」於「柴望」下注「絕句」二字，並於注解說：

> 岱宗，泰山也。柴望，燔柴以祀天而遂望祭東方之山川，又各以其
> 秩次而就祭之也。秩者，其牲幣祝號之次第，如五嶽視三公，四瀆
> 視諸侯，其餘視伯子男者也。〔註105〕

顧頡剛《讀尚書筆記（三）・蔡傳不盡合朱子意》條說：「如〈堯典〉之『望
秩于山川』，蔡《傳》以『柴』字絕句。」〔註106〕引季汝梅的意見說：

> 按，諸傳注均如是解。惟朱子改本以「柴望」二字句，謂「燔柴以
> 祀天而遂望祭東方之山川，又各以其秩次而就祭之」。竊疑「柴望」
> 句斷，朱子得之。「秩于山川」，非祭也。山川不可以就祭，故望而
> 祭之。秩者，等差其禮秩。舜攝位初巡狩，故攷其禮秩而等差之，
> 以示攝政之措施，猶群后之輯瑞、班瑞也。〔註107〕

按，季氏所謂的「竊疑『柴望』句斷，朱子得之」云云，乃就解釋《尚書》
的立場立論，不當作為衡量朱、蔡異同的理據。就朱、蔡異同的情況而言，
朱子曾於語錄說：

> 註家以「至岱宗柴」為句，某謂當以「柴望秩于山川」為一句。如
> 「柴望大告武成」，《漢・郊祀志》亦云「柴望秩于山川」。〔註108〕

此則據「黎本」，記錄者楊道夫，記錄的時間在1189年之後。可知朱子除了「柴
望」斷句之說外，另有「柴望秩于山川」斷作一句的說法。而且，《書集傳》
的注文，僅個別解釋了「柴」、「望」、「秩」之涵義，並未明確注出其斷句的
方式。（至少，我們從傳文看不出「至于岱宗，柴，望秩於山川」是唯一的斷
法。）且參照〈武成〉「柴望大告武成」句，《書集傳》的注解作：「燔柴祭天，
望祀山川，以告武功之成。」〔註109〕可知蔡沈將此句斷作「柴、望，大告武
成」，則除非蔡沈此處犯了前後不一致的缺失，否則〈舜典〉此處的斷句方式，
以斷作「柴、望，秩於山川」的可能較大，未必異於朱子。

（三）〈舜典〉「殳斨暨伯與」，《書集傳》說：

〔註105〕《朱熹集》頁3419。

〔註106〕頁6338。此為顧氏之語，而聯經出版公司，誤以此為季汝梅之語。

〔註107〕《顧頡剛讀書筆記》第8卷下，頁6338。

〔註108〕「輯錄」卷1頁22a，未注明記錄者。「黎本」頁1998，作：「汪季良問『望、
禋』之說。曰：『注以「至於岱宗柴」為句。某謂當以「柴望秩於山川」為一
句。』」記錄者為楊道夫。

〔註109〕卷4頁13b。

> 殳、斨、伯與，三臣名也。殳，以積竹爲兵，建兵車者。斨，方鑿
> 斧也。古名多以其所能爲名，殳、斨豈能爲二器歟？〔註110〕

「改本」於同條的注解則說：

> 殳斨、伯與，二臣名也。〔註111〕

游均晶《蔡沈〈書集傳〉研究》以此爲朱、蔡二人於注解字、詞方面的不同之例。〔註112〕

按，這個例子不僅無法說明朱、蔡相異，反而足以證明「改本」不能當作朱子《尚書》說的定論，理由有三：（1）此處的「二」有可能爲「三」之訛字，《四庫全書》本《晦庵集》即作「三」。〔註113〕（2）即使不是訛字，「改本」注「益拜稽首，讓于朱、虎、熊、羆」說：

> 高辛氏之子有曰仲虎、仲熊。太史公曰：朱、虎、熊、羆爲伯益之
> 佐。前殳、斨〔註114〕、伯與當亦爲垂之佐也。殳，以積竹爲兵，建
> 於兵車者。斨，方鑿斧也。古者多以其所能爲名，二人豈能爲二器
> 者與？〔註115〕

則「改本」於「殳斨」爲一人或二人的說法，本身就有前後不一致的情況。《書集傳》採用後說，並將這段說明移置「殳斨暨伯與」下，不能算作與師說不同。（3）宋陳大猷《書集傳》所引用的朱子的解釋即以殳、斨、伯與爲三臣名。陳大猷《書集傳》說：

> 朱氏曰：殳、斨、伯與，三臣名。（稷、契、皋陶，殳、斨、伯與皆
> 三人，故言「暨」以別之；朱、虎、熊、羆四人，故不言「暨」。）
>
> 〔註1160〕

則朱子的確有殳、斨、伯與爲三人的主張。《書集傳》修正了「改本」前後不一的缺失，並未與朱子相異，所以董鼎、陳櫟於此處皆未有任何意見。而由「改本」前後不一致的情況，表示「改本」不當視爲定本。

　　（四）〈大禹謨〉「人心惟危，道心惟微，惟精惟一，允執厥中。」「改

〔註110〕卷 1 頁 31b。
〔註111〕《朱熹集》頁 3425。
〔註112〕頁 89。
〔註113〕頁 1145-261。
〔註114〕《朱熹集》於此處的標點作「前殳斨、伯與當亦垂之佐也。」此依下文「二
　　　　人豈能爲二器者歟」改。
〔註115〕《朱熹集》頁 3425。
〔註1160〕　　頁 15。

本」說：

> 心者，人之知覺，主於身而應事物者也。指其生於形氣之私而言，
> 則謂之人心。指其發於義理之公者而言，則謂之道心。人心易動而
> 難反，故危而不安。義理難明而易昧，故微而不顯。惟能省察於二
> 者公私之間以致其精，而不使其有毫釐之雜，持守於道心微妙之本
> 以致其一，而不使其有頃刻之離，則其日用之間，思慮動作自無過
> 不及之差，而信能執其中矣。堯之告舜但曰「允執厥中」，而舜之命
> 禹又推其本末而詳言之。蓋古之聖人，將以天下與人，未嘗不以其
> 治之之法并而傳之。其可見於經者不過如此。後之人君其可不深畏
> 而敬守之哉！〔註117〕

《書集傳》則說：

> 心者，人之知覺，主於中而應於外者也。指其發於形氣者而言，則
> 謂之人心。指其發於義理者而言，則謂之道心。人心易私而難公，
> 故危。道心難明而易昧，故微。惟能精以察之而不雜形氣之私，一
> 以守之而純乎義理之正，道心常為之主，而人心聽命焉，則危者安，
> 微者著，動靜云為，自無過不及之差，而信能執其中矣。堯之告舜
> 但曰「允執其中」，今舜命禹又推其所以而詳言之。蓋古之聖人，將
> 以天下與人，未嘗不以其治之之法并而傳之。其見於經者如此。後
> 之人君其可不深思而敬守之哉？〔註118〕

文辭略有不同。錢穆《朱子新學案》說：

> 《年譜》：慶元四年戊午，集《書傳》，二〈典〉、〈禹謨〉、〈金縢〉、
> 〈召誥〉、〈洛誥〉、〈武成〉諸說數篇及親稿百餘段具在，其他悉口
> 授蔡沈俾足成之。則此注所辨人心道心，真其晚年定見。蔡沈《書
> 集傳》注此十六字悉本朱子，而略有改易。〔註119〕

又說：

> 蔡氏於朱子辨人心道心之精義不深曉，輕以己意擅易朱子原文，其
> 意以為如此庶使人易曉，不知其轉使人易迷也。〔註120〕

〔註117〕《朱熹集》頁 3436。
〔註118〕卷 1 頁 46b。
〔註119〕頁 116。
〔註120〕頁 118。

認爲由於蔡沈不當地改動了朱子的文字，以致於和朱子對人心道心的理解有距離，易使人誤解朱子之意。

　　按，據現存材料，實難以論斷蔡沈此段文字是依自己之意所改動。理由如下：（1）錢穆此說得以成立的前提是「改本」爲朱子最後的定見；顯然忽略了朱子口授的情況。（2）據《至書》所引朱子對「人心惟危，道心惟微，惟精惟一，允執厥中」的解釋，正與《書集傳》相同。這部成書時間可能比《書集傳》初稿早兩年的著作裏，〔註121〕大量引用了《詩集傳》、《周易本義》、《四書集注》、《四書或問》等書中朱子的話，除《或問》外，都標明「朱子曰」。將《至書》的引文和朱子的原書加以比對，可以發現此書凡是引用朱子的話，除了偶爾一兩個字有出入，以及有加以節錄的情形外，並沒有什麼改動。其所引《尚書》方面的材料，共有五條，解釋皆標明「朱子曰」，其中四條與《書集傳》相同，惟於〈洪範〉「無偏無陂……歸其有極」一條的注解與《書集傳》略異。〔註122〕換言之，此書編者當極忠於朱子原文，其所引朱子

〔註121〕　《至書》的作者有二說，一是如《宋史・藝文志》著錄的，爲蔡沈所作；一是如《蔡氏九儒書》所載，爲蔡格所作。按，《十萬卷樓叢書》所收《至書》即著錄爲蔡沈所作，且書前有蔡沈於嘉定戊辰（1208）所作的序，若此序的著作時間即《至書》成書時間，則《至書》早《書集傳》兩年成書。又《蔡氏九儒書》卷5〈素軒公集〉亦有〈至書序〉，內容與題爲蔡沈所作的序大致相同，但不著作序時間。單由序文，無法斷定作者到底是蔡沈還是蔡格。游均晶《蔡沈〈書集傳〉研究》據蔡格〈至書序〉以斷「蔡格確撰《至書》」（頁26），實難以成立，《至書》作者仍當存疑。惟即使爲蔡格所作，格亦爲朱子後學，所引朱子之語亦當有據。

〔註122〕　《書集傳》的注解：「偏，不中也。陂，不平也。作好、作惡，好惡加之意也。黨，不公也。反，倍常也。側，不正也。偏陂、好惡，己私之生於心也。偏黨、反側，己私之見於事也。王之義、王之道、王之路，皇極之所由行也。蕩蕩，廣遠也。平平，平易也。正直，不偏邪也。皇極，正大之體也。遵義、遵道、遵路，會其極也。蕩蕩、平平、正直，歸其極也。會者，合而來也。歸者，來而至也。此章蓋詩之體，所以使人吟詠而得其性情者也。夫歌詠以叶其音，反復以致其意。戒之以私，而懲創其邪思。訓之以極，而感發其善性。諷詠之間，恍然而悟，悠然而得。忘其傾斜狹小之念，達乎公平廣大之理。人欲消熄，天理流行，會極歸極，有不知其所以然而然者。其功用深切，與《周禮》大師教以六詩者，同一機而尤要者也。後世此意不傳，皇極之道，其不明於天下也宜哉。」（卷4頁30b）《至書》所引朱子的解釋爲：「偏，不中也。陂，不平也。作好作惡，好惡加之意也。蕩蕩，廣遠也。平平，平易也。正直，不偏邪也。偏陂、好惡、偏黨、反側，私之所當戒也。正（峰按，「正」當爲「王」之誤。）義、王道、王路、蕩蕩、平平、正直，極之所當由也。會者，合而來也。歸者，來而至也。此章蓋詩之體……。（峰按，以下同《書集傳》。）」（頁3）與《書

對「人心、道心」的注解既與《書集傳》沒有差別，則錢穆所指《書集傳》解「人心、道心」之失，未必眞出於蔡沈之妄改。

（五）〈大禹謨〉「受命于神宗」之「神宗」，「改本」說：

> 神宗，說者以爲舜祖顓頊而宗堯，因以爲堯廟，未知是否。〔註123〕

不確定神宗是否爲堯廟。《書集傳》則說：

> 神宗，堯廟也。蘇氏曰：「堯之所從受天下者曰文祖，舜之所從受天下者曰神宗。受天下于人，必告於其人之所從受者。」《禮》曰：「有虞氏禘黃帝而郊嚳，祖顓頊而宗堯。」則神宗爲堯明矣。〔註124〕

明言神宗即爲堯廟，並舉《東坡書傳》與《禮記・祭法》之文爲證。蔡根祥《宋代尚書學案》以此爲「解說經文義訓之不同」之例，〔註125〕游均晶《蔡沈〈書集傳〉研究》以此爲朱、蔡解釋制度差異之例。〔註126〕

按，語錄：

> 堯、舜之廟雖不可考，然以義理推之，堯之廟當立於丹朱之國，所謂「修其禮物，作賓於王家」。蓋「神不歆非類，民不祀非族」，故《禮記》「有虞氏禘黃帝而郊嚳，祖顓頊而宗堯」，伊川以爲可疑。〔註127〕

則朱子曾有堯廟不可考之言。可是朱子於《禮記》之可疑，是「以義理推之」，非確切之否定。「改本」舉堯廟之說，謂未知然否，亦存疑之辭，非確切反對神宗即堯廟之說，與《書集傳》的不同乃程度之別，不能視蔡沈之解釋根本

集傳》相比，最大的差別在：《至書》認爲「王義、王道、王路、蕩蕩、平平、正直」六者都是「極之所當由」；《集傳》則將「王義、王道、王路」歸於「極之所由行」，另外將「蕩蕩、平平、正直」屬於「歸其極」，又多出「遵義、遵道、遵路」爲「會其極」。在沒有明顯的證據證明蔡沈或蔡格於《至書》中改易朱子的意見的情形下，據《至書》引朱子的習慣來看，《至書》所引用的應是朱子的意見。又據陳大猷《書集傳》引朱氏曰：「偏陂、好惡，己私之生於心也。偏黨、反側，己私之見於事也。言天下之人皆不敢徇其己之私以從上之化也。」（頁99）其中，「偏陂、好惡，己私之生於心也。偏黨、反側，己私之見於事也。」與蔡沈《書集傳》完全相同，這顯示出《至書》和蔡沈《書集傳》雖然字面上有所差異，但二者都是有依據的。

〔註123〕《朱熹集》頁3437。

〔註124〕卷1頁50b。

〔註125〕頁877。

〔註126〕頁90。

〔註127〕「輯錄」卷1頁28a，「黎本」頁1997。李方子錄於1188年。

違反朱子。

　　綜觀上文，可知即使不考慮《書集傳》比「改本」更能夠代表朱子最後的說法的可能性，「改本」與《書集傳》的差異亦不大，前人所指出的朱、蔡相異的例證，未必可以導出蔡沈「違背師說」或「不從師說」的結果。

二、「改本」與語類、文集的異同

　　「改本」既然可以確定為朱子在 1199 至 1200 年間的見解，則通過語錄、文集對〈堯典〉、〈舜典〉、〈大禹謨〉相關的說法之比較，可以較深切地了解朱子對《尚書》意見的演變之跡。茲將對比結果列表：

篇名	經文	蔡　傳	改　本	語　錄	說　明
01 堯典	以親九族	九族，高祖至玄孫之親，舉近以該遠，五服異姓之親，亦在其中也。	九族，高祖至玄孫之親，舉近以該遠，五服之外，異姓之親，亦在其中也。	○任道問：「〈堯典〉以親九族，說者謂上至高祖，下至玄孫。林少穎謂：若如此，只是一族，所謂九族者，父族四，母族三，妻族二。是否？」先生曰：「父族，謂本族，姑之夫，姐妹之夫，女子之夫家。母族，謂母之本族，母族與姨母之家。妻族，則妻之本族與其母族是也。上殺下殺旁殺，只看所畫宗族圖可見。」（萬人傑）	語錄又有：「九族，且從古註。」（輔廣）之說。古註，指孔《傳》：「上自高祖，下至玄孫，凡九族。」馬、鄭之說同。又語錄：「九族以三族言者較大，然亦不必如此泥，但其所親者皆是。」此則「黎本」之記錄者為吳振，記錄時間雖不詳，然說與「改本」、《書集傳》同，當為朱子晚年之說。「改本」及《書集傳》以古註為基礎，兼採「三族」之說，可於輔廣及吳振所錄見其來源。人傑所錄，時間應當較早，且非定說。
02 堯典	「宅嵎夷」至「鳥獸孳尾」	宅，居也。嵎夷，即〈禹貢〉「嵎夷既略」者也。日暘谷者，取日出之義。羲仲，所居官次之名。蓋官在國都，而測候之所則在於嵎夷東表之地也。寅，敬也。賓，禮接之如賓客也，亦帝嚳曆日月而迎送之意。出日，方出之日。蓋以春分之旦，朝方出之日而識其初出之景也。平，均；秩，序；作，起也。東作，春月歲功方興，所當作起之事也。蓋以曆	宅，居也。嵎夷，東表之地。蓋官在國都而統治之方其極至此，非往居於彼也。日暘谷者，以日之所出而名之也。寅，敬也。賓，禮接之如賓客也。出日，方出之日。蓋以春分之旦，朝方出之日而識其初出之景也。平，均；秩，序；作，起也。東作，春月歲功方興，所當作起之事也。蓋以曆	○古字宅、度通用。「宅嵎夷」之類，恐只是四方度其日景以作曆耳。如唐時尚使人去四方觀望。（輔廣）○問：「『寅賓出日』，『寅餞納日』，如何？」曰：「恐當從林少穎解：『寅賓出日』，是推測日出時候；『寅餞納日』，是推測日入時候，如土圭之法是也。暘谷、南交、昧谷、幽	輔廣與萬人傑皆將「宅」解作「度」，整體的意思是指「度四方日影以作曆」。此說與經文不能密切配合，故「改本」、《書集傳》皆修訂為以「居」解「宅」，但對全段經文的解釋則仍保有「測日影」之意（「以春分之旦，朝方出之日而識其初出之景也。」）。

		序；作，起也。東作，春月歲功方興，所當作起之事也。蓋曆之節氣早晚，均次其先後之宜，以授有司也。日中者，春分之刻，於夏永冬短爲適中也。晝夜皆五十刻，舉晝以見夜，故曰日。星鳥，南方朱鳥七宿。唐一行推以鶉火爲春分昏之中之星也。殷，中也。春分陽之中也。析，分散也。先時多寒，民聚於隩，至是則以民之散處而驗其氣之溫也。乳化日孳，交接日尾。以物之生育而驗其氣之和也。	之節氣早晚，均次其先後之宜，以授有司也。日中者，晝得其中也。蓋晝夜皆五十刻，春主陽，故以晝言也。星鳥，南方朱鳥七宿。殷，中也。仲春者，春分之氣，蓋以日晷中星驗春之中也。析，分散也。先時多寒，民聚於隩，至是則以民之散處而驗其氣之溫也。乳化日孳，交接日尾。以物之生育而驗其氣之和也。	都，是測日景之處。宅，度也。古書『度』字有作『宅』字者『東作、南訛、西成、朔易』皆節候也。『東作』，如立春至雨水節之類。『寅賓』，則求之於日；『星鳥』，則求之於夜。『厥民析、因、夷、隩』，非是使民如此，民自是如此。因者，因其析後之事；夷者，萬物收成，民皆優逸之意。『孳尾』至『氄毛』，亦是鳥獸自然如此，如今曆書記鳴鳩拂羽等事。程泰之解暘谷南交昧谷幽都，以爲築一臺而分爲四處，非也。古注以爲羲仲居治東方之官，非也。若如此，只是東方之民得東作，他處更不耕種矣；西方之民享西成，他方皆不斂穫矣！大抵羲和四子皆是掌曆之官，觀於『咨汝羲暨和』之辭可見。『敬致』乃『冬夏致日，春秋致月』是也。春、秋分無日景，夏至景短，冬至景長。」（萬人傑）	
03 堯典	象恭滔天	「滔天」二字未詳，與下文相似，疑有舛誤。	「滔天」二字未詳，不可曉，與下文不相似，疑有舛誤。	○「滔天」二字，羨文也。因下文而誤。（輔廣）	《書集傳》、「改本」、語錄皆認爲「滔天」二字有誤，理由皆與「下文」有關。所謂的「下文」，系指「湯湯洪水方割，蕩蕩懷山襄陵，浩浩滔天」之「滔天」。《書集傳》和輔廣所記，皆以爲因下文有「滔天」二字而誤，至於「改本」中「不相似」的「不」字，疑爲衍文，故《書集傳》將之刪去。
04 舜典	「濬哲文明」至「乃命以位」	濬，深；哲，智也。溫，和粹也。塞，實也。玄，幽潛也。升，上也。言堯既有光華，而舜又有光華	濬，深也。哲，智也。溫，和粹也。塞，實也。玄，幽潛也。升，上也。言堯既有光華，而舜又有光華可	○「濬哲文明，溫恭允塞」，細分是八字，合而言之，卻只是四事。濬，是明之發處；哲，則見於事	輔廣所錄，對「濬哲文明」的解釋，與《書集傳》、「改本」不同。萬人傑所錄，對「玄黃」之玄，沒有

		可合於堯。因言其目，則深沉而有智，文理而光明，和粹而恭敬，誠信而充實。有此四者，幽潛之德，上聞於堯，堯乃命之以職位也。	合於堯。因言其目，則深沉而有智，文理而光明，和粹而恭敬，信實而充塞。有此四者，幽潛之德，上聞於堯，堯乃命之以職位也。	也；文，是文章；明，是明著。《易》中多言「文明」。允，是就事上說；塞，是其中實處。（輔廣） ○「玄德」難曉，書傳中亦無言玄者。今人避諱，多以「玄」爲「元」，甚非也。如「玄黃」之「玄」，本黑色。若云「元黃」，是「子畏於正」之類也。（萬人傑）	解釋。《書集傳》、「改本」則有解釋。
05 舜典	十有二州	十二州，冀、兗、青、徐、荊、揚、豫、梁、雍、幽、并、營也。中古之地，但爲九州，曰：冀、兗、青、徐、荊、揚、豫、梁、雍。禹治水作貢，亦因其舊。及舜即位，以冀青地廣，始分冀東恆山之地爲并州，其東北醫無閭之地爲幽州，又分青之東北遼東等處爲營州。而冀州止有河內之地，今河東一路是也。	十二州，冀、兗、青、徐、荊、揚、豫、梁、雍、幽、并、營也。古者，中國之地，但爲九州，曰：冀、兗、青、徐、荊、揚、豫、梁、雍。禹治水作貢，亦因其舊。大河以北爲冀州，而帝都在焉。及舜即位，以冀、青地廣，始分冀東恆山之地爲并州，又分東北醫無閭之地爲幽州，又分青之東北遼東等處爲營州。而冀州止有河內之地，今河東一路是也。	○冀州，堯所都，此〔北〕去地已狹。若又分而爲幽、并二州，則三州疆界極不多了。青州分爲并〔營〕州，亦然。葉氏曰：「分冀州西爲并州，北爲幽州。青州又在帝都之東，分其東北爲營州。」（輔廣）	輔廣所錄，引葉氏（少蘊）對并州和幽州之說，與《書集傳》、「改本」之說不同。
06 舜典	惇德允元而難任人	惇，厚；允，信也。德，有德之人也。元，仁厚之人也。難，拒絕也。任，古文作壬，包藏凶惡之人也。言當厚信有德、信仁人，而拒姦惡也。凡此五者，處之各得其宜，則不特中國順治，雖蠻夷之國，亦相率而服從矣。	惇，厚；允，信也。德，有德之人也。元，仁厚之人也。難，拒絕也。任，古文作壬，包藏凶惡之人也。言當厚信有德仁人，而拒姦惡也。凡此五者，處之各得其宜，則不特中國順治，雖蠻夷之國，亦相率而服從矣。	○「惇德允元」，只是說自己德。使之厚其德，信其仁。「難」字只作平聲「任」，如字。「難任人」，言不可輕易任用人也。（輔廣）	「難任人」，輔廣所錄，作「不可輕易任用人」；《書集傳》和「改本」則修正爲「拒絕姦惡」之人。
07 舜典	五服三就	三就，孔氏以爲大罪於原野，大夫於朝，士於市，不知何據。竊恐惟大辟棄之於市，宮辟則下蠶室，餘刑亦就屏處。蓋非死刑，不欲使風中其瘡，誤而至死，聖人之仁也。	同《書集傳》。	○三就，只當從古註。（萬人傑）	萬人傑所錄語錄所說的古註，即《書集傳》所引孔氏之說。又語錄另有輔廣、黃義剛所錄，與《書集傳》、「改本」之說同，可知萬人傑所錄非定說。

08 舜典	「舜生三十徵庸」至「五十載陟方乃死」	舜生三十年，堯方召用。歷試三年，居攝二十八年，通三十年乃即帝位，又五十年而崩。蓋於篇末總敘其始終也。（計一百一十歲）	此言舜生而側微，至三十年，堯乃召而用之。歷試三年，居攝二十八年，通三十一年，乃即帝位。又五十年而崩。蓋於篇末總敘其始終也。（計一百一十一歲）	○「舜生三十徵庸」數語，只依古註點自好。（輔廣）	輔廣所錄，從孔《傳》：「三十徵庸，三十在位，服喪三年，其一在三十之數，為天子五十年，凡壽百一十二歲」之說。「改本」作一百一十一歲，《書集傳》又改作一百一十歲。
09 大禹謨	惠迪吉，從逆凶	惠，順；迪，道也。逆，反道者也。惠迪、從逆，猶言順善從惡也。	迪，道也。字本訓由，故又以為所當由之道也。	○《書》中「迪」字或解為蹈，或解為行，疑只是訓「順」字。《書》曰：「惠迪吉，從逆凶，惟影響。」逆對順，恐只當訓順也。兼《書》中「迪」字，用得皆輕也。（《書說》，黎本未注明記錄者）	此則對整體意見的解釋，並無太大的差異。但《書集傳》、「改本」對「迪」字的解釋，有所修正。
10 大禹謨	勸之以九歌	歌者，以九功之敘而詠之歌也。言九者既已修和，各由其理，民享其利，莫不歌詠而樂其生。然始功終怠者，人情之常。恐安養既久，怠心必生，則已成之功，不能保其久而不廢，故當有以激勵之，如下文所云也。董，督也。威，古文作畏。其勤於是者，則戒喻而休美之。其怠於是者，則督責而懲戒之。然又以事之出於勉強者不能久，故復即其前日歌詠之言，協之律呂，播之聲音，用之鄉人，用之邦國，以勸相之，使其歡欣鼓舞，趨事赴功，不能自己，而前日之成功，得以久存而不壞。此《周禮》所謂「九德之歌，九韶之舞」，而太史公所謂「佚能思初，安能惟始，沐浴膏澤而歌詠勤苦者也。」	九敘惟歌者，則以九功之敘而詠之歌也。言九者既已修和，各由其理，民享其利，莫不歌詠而樂其生也。然始功終怠者，人情之常。恐安養既久，怠心必生，則已成之功，不能保其久而不廢，故當有以激勵之，如下文所云也。董，督也。威，古文作畏。其勤於是者，則戒喻而休美之。其怠於是者，則督責而懲戒之。然又以事之出於勉強者不能久，故復即其前日歌詠之言，協之律呂，播之聲音，用之鄉人，用之邦國，以勸相之，使其歡欣鼓舞，趨事赴功，不能自己，而前日之成功，得以久存而不壞。此《周禮》所謂「九德之歌，九韶之舞」，而太史公所謂「佚能思初，安能惟始，沐浴膏澤而歌詠勤苦者也。」	○問：「『水、火、金、木、土、穀惟修，正德、利用、厚生惟和。』正德，是正民之德否？」曰：「固是。水，如隄防灌溉，金，如五兵田器；火，如出火、內火、禁焚萊之類；木，如斧斤以時之類。」良久，云：「古人設官掌此六府，蓋為民惜此物，不使之妄用。非如今出之民，用財無節也。『戒之用休』，言戒諭以休美之事。『勸之以《九歌》』，感動之意。但不知所謂『《九歌》』者如何。〈周官〉有《九德之歌》。大抵禹只說綱目，其詳不可考矣。」（萬人傑）	萬人傑所錄，說「不知所謂『《九歌》』者如何」，當是指《九歌》之內容已不可考，但這並不表示對《九歌》完全不能有所解說。故《書集傳》、「改本」根據〈答潘子善〉及鄭南升、葉賀孫所錄語錄，加以解釋，實未相異。

11 大禹謨	「念茲在茲」至「惟帝念功」				
		禹自言其德不能勝任，民不依歸。惟臯陶勇往力行，以布其德，德下及於民，而民懷服之，帝當思念之而不忘。茲，指臯陶也。禹遂言：念之而不忘，固在於臯陶；舍之而他求，亦惟在於臯陶；名言於口，固在於臯陶；誠發於心，亦惟在於臯陶也。蓋反覆思之，而卒無有易於臯陶者，惟帝深念其功，而使之攝位也。	禹自言其德不能勝任，民不依歸。惟臯陶勇往力行，以布其德，德下及於民，而民懷服之，宜使攝位，帝當思念之而不忘。茲，指臯陶也。禹遂言：我念其可以率帝之眾者，惟在於臯陶；舍臯陶而求之，亦無能及之者，則是亦惟在於臯陶耳。又言名言於口者，以爲惟在於臯陶；而允出於心者，亦以爲惟在於臯陶。蓋反覆思之，而卒無有易於臯陶者，惟帝深念其功，而使之攝位也。	問：「『念茲在茲』、『釋茲在茲』、『允出茲在茲』，諸說皆以禹欲舜念臯陶，而林氏以爲禹自言其念之如此，未知二說如何？」先生曰：「林說是。」（〈答潘子善〉）	「念茲在茲」、「釋茲在茲」、「允出茲在茲」，《尚書正義》說：「禹之此意，欲令帝念臯陶。」〔註128〕林之奇《尚書全解》則說：「予竊謂，禹之讓于臯陶也，蓋以謂我之心念其可以受帝之禪者，惟在於臯陶，舍臯陶之外而求之餘人，亦無及於臯陶者，則可以受帝之禪者，亦惟在臯陶。故名言於口，以爲在臯陶；允出於心，亦以爲在臯陶。謂己之反覆而思之，卒無有以易臯陶者。猶下文舜謂禹曰：『毋惟汝諧』是也。」〔註129〕《書集傳》和「改本」皆從孔《傳》，謂「帝當思念之而不忘也」。〈答潘子善〉則從林之奇的說法，認爲是「禹自言其念之如此」。

　　據上表，語錄、書信與《書集傳》或「改本」不同的，有萬人傑、輔廣和潘子善的相關材料。萬人傑的記錄時間，僅知爲 1180 年之後，詳細的時間，無法確定。輔廣對上述材料的記錄時間，根據第四章的對比，可確知爲 1196 至 1197 年之間。潘子善則在 1198 年。這些異於《書集傳》或「改本」的說法，應當是朱子在 1199 年至過世這段期間，作「改本」和與蔡沈商討《書集傳》之內容時，對之前的說法作了修訂的具體例證。換言之，朱子對《尚書》，在決定集《書傳》的最後兩年，曾較集中地加以研討。他在這期間，對自己過去的說法所作的修訂，應當要比過去的學者所了解的更爲頻繁，數量也更多。尤其是輔廣所錄的材料以及〈答潘子善〉，距「改本」之作，只有一至三年，可以看出朱子對舊說修訂之勤奮。這也間接說明了，廣泛地以《書集傳》和語錄、書信等材料的差異，斷定蔡沈有不從師說，乃至違背師說的缺失，在

〔註128〕頁 54。
〔註129〕頁 6525。

理據上並不充分。因為絕大多數語錄或書信的時間，都比蔡沈受命作《書集傳》更早。

由前面的討論，大致可以確定：蔡沈解《尚書》，極尊重朱子。朱子生前最後的《尚書》說，幾已全為蔡沈所吸收。至於朱子較早的《尚書》說雖然有異於《書集傳》的例子，然由朱子晚年改訂舊說的頻繁程度來說，除非有更新、更具說服力的史料出現，否則並不足以用來指責蔡沈不從師說或違背師說。

第四節　其他異同情況

這一節，將朱子其他關於《尚書》說的材料，與《書集傳》的異同情況，作一說明。這些差異的情況，不足以判定蔡沈不從師說，因為大多數的材料，比蔡沈面見朱子的時間更早。不過，由這些材料，我們可以看出《書集傳》處理經典的傾向。

關於朱、蔡相異的資料，游均晶《蔡沈書集傳研究》所列較為詳細，他說：

> 由於朱子只改定《書集傳》之〈堯典〉、〈舜典〉、〈大禹謨〉部分的內容，在三篇之外，朱、蔡注《書》，相異者計三十餘則（參見〈堯典〉、〈大禹謨〉、〈皋陶謨〉、〈益稷〉、〈禹貢〉、〈五子之歌〉、〈泰誓上〉、〈金縢〉、〈大誥〉、〈召誥〉、〈洛誥〉、〈多士〉、〈立政〉、〈周官〉、〈顧命〉、〈康王之誥〉、〈文侯之命〉、〈費誓〉諸篇）。〔註130〕

並舉〈金縢〉「周公居東二年，則罪人斯得」和〈康王之誥〉「張皇六師，無壞我高祖命」為例。然游氏之說，並不完善。理由有二：一是其所舉出的例子，未必真的是朱、蔡相異的情況。像所舉〈金縢〉「周公居東二年，則罪人斯得」之例，游氏的說明為：

> 朱子說：「王室至親與諸侯連衡背叛，當國大臣豈有坐視不救之理？師師征之，乃是正義，不待可與權者而後能也。若馬、鄭以為東行避謗，乃鄙生腐儒不達時務之說，可不辨而自明。」（〔原注〕《書傳輯錄纂註》，卷4，頁42）《書集傳》說：「居東，居國之東也。鄭氏謂避居東都，未知何據？孔氏以居東為東征，非也。方流言之起，

　　成王未知罪人爲誰？二年之後，王始知流言之管蔡。」（〔原注〕卷
　　4，頁31）〔註131〕

認爲這是相異之例。但這是未注意朱子晚年對〈金縢〉「我之弗辟，我無以告
我先王」之「辟」字的解釋，已改從鄭玄之說。（游氏所引朱子之說，出自〈答
徐元聘〉，爲早年之說。）蔡沈既以「避居東都」作解釋，則對同篇相關的部
分，自然要據以調整以求一貫。《書集傳》顯然是順著朱子晚年之說所作的修
正，不當視爲與朱子相異。二是游氏僅指出有三十餘則相異的例子，卻未將
這三十餘則材料作較完整的列舉。我們發現，其中有些具有相異情況的篇目，
游氏並未列出。如所舉的篇目中，有〈堯典〉、〈大禹謨〉而沒有〈舜典〉。據
上一節，〈舜典〉中有五則材料與朱子在語錄中的說法不完全一致。且游氏亦
曾舉出〈舜典〉「殳斨暨伯與」《書集傳》與「改本」相異之例（雖然是誤舉），
無論如何，在游氏的立場上，都不應遺漏〈舜典〉。另外，也有一些篇目，雖
爲游氏所列舉，但實際上可能並未有相異的情形。如〈五子之歌〉、〈周官〉
等篇（詳細的情況，見下表）。

　　根據上述理由，這一節試著將「改本」之外，所知的朱、蔡相異情況列
表。

一、朱子前後說法不同，蔡沈採用其中一種說法的情況

　　這種情況，不應當作朱、蔡相異的例證。與上一節的例子相同，這是朱
子前後說法經過修訂的證據。共計十二則：

篇名	經　文	蔡　傳	語錄、書信	說　明
01 皋陶謨	載采采	載，行；采，事也。總言其人有德，必言其行某事某事爲可信驗也。	○載采采，古語，不可曉，當闕之。（〈答潘子善〉） ○據文勢解之，當云：「亦言其人有德，乃言曰載采采。」其人之有德，當以事實言之，古註謂必言其所行某事某事以爲驗是也。（萬人傑）	〈答潘子善〉認爲當闕；萬人傑所錄，則從古註（孔《傳》）之說。《書集傳》從萬人傑所錄，未違背朱子之說。
02 益稷	五言	五言者，詩歌之協於五聲者也。	○〔元德〕又問：「五言，東萊釋作君、臣、民、事、物之言。」先生曰：「君、臣、民、事、物是五聲所屬，如『宮亂則荒，其君驕』。宮屬	朱子在〈答潘子善〉針對潘子善所問林之奇和古註（孔《傳》）的解釋，認爲「五言」未詳當

			君，最大，羽屬物，最小，此是論聲。若商，放緩便似宮聲。尋常琴家最取《廣陵操》，以某觀之，其聲最不和平，有臣陵其君之意。『出納五言』，卻恐是審樂知政之類。如此作『五言』說，亦頗通。」（萬人傑） ○問：「『以出納五言』，林氏以爲宮、商、角、徵、羽之言，古註以爲仁、義、禮、智、信之言，未知當孰從？」先生曰：「未詳，當闕。」（自「侯以明之」以下皆然。）（〈答潘子善〉）	關。於萬人傑所錄的語錄，則同意呂祖謙之說。林之奇與呂祖謙皆以五言與五聲相關聯，《書集傳》雖未完全採用他們的說法，亦以五聲和五言有關，與萬人傑所錄之說，不相違背。
03 禹貢	九江	九江，即今之洞庭也。《水經》言九江在長沙下雋西北。《楚地記》曰：「巴陵瀟湘之淵，在九江之間。」今岳州巴陵縣，即楚之巴陵，漢之下雋也。洞庭正在其西北，則洞庭之爲九江審矣。今沅水、漸水、元水、辰水、敘水、酉水、澧水、資水、湘水，皆合於洞庭，意以是名九江也。孔，甚；殷，正也。九江水道甚得其正也。○按《漢志》，九江在廬江郡之尋陽縣。《尋陽記》，九江之名，一曰烏江，二曰蜂江，三曰烏白江，四曰嘉靡江，五曰畎江，六源江，七曰廩江，八曰提江，九曰菌江。今詳漢九江郡之尋陽，乃〈禹貢〉揚州之境，而唐孔氏又以爲九江之名起於近代，未足爲據。且九江派別取之邪，亦必首尾短長大略均布，然後可目之爲九。然其一水之間，當有一洲。九江之間，沙水相間，乃爲十有七道。而今尋陽之地，將无所容。況沙洲出沒，其勢不常，果可以爲地理之定名乎？設使派別爲九，則當曰九江既道，不應曰孔殷。於導江，當曰播九江，不應曰	○「輯錄」：「鉄錄一段疑朱子未定之說。」 ○「輯錄」：「《書說》中又有〈與程泰之書〉，與〈九江彭蠡說〉異，想非定說。」	《書集傳》從〈九江彭蠡說〉（文長不錄）。

		過九江。反復參考，則九江非尋陽明甚。本朝胡氏以洞庭爲九江者得之。曾氏亦謂導江曰過九江，至於東陵。東陵，今之巴陵。今巴陵之上，即洞庭也。因九水所合，遂名九江。故下文導水曰過九江。經之例，大水合小水謂之過，則洞庭之爲九江益以明矣。		
04 說命上	王宅憂，亮陰三祀。	亮，一作諒。陰，古作闇。按〈喪服・四制〉：「高宗諒陰三年。」鄭氏注云：「諒，古作梁，楣謂之梁。闇，讀如鶉鷃之鷃。闇謂廬也，即倚廬之廬。」《儀禮》：「翦屏柱楣。」鄭氏謂：「柱楣，所謂梁闇是也。」宅憂亮陰，言居喪於梁闇也。」先儒以亮陰爲信默不言，則於諒陰三年不言，爲語復而不可解矣。	○諒陰，天子居喪之名，未詳其義。(《語註》) ○郭淑雲問：「諒陰以他經考之，皆以諒陰爲信默，惟鄭氏獨以爲凶廬。天子居凶廬，豈合禮制？」先生答曰：「所引剪屏拄楣是兩事。拄音知主反，似是從手不從木也。蓋始者，戶北向，用草爲屏，不剪其餘，至是改而西向，乃剪其餘草。始者，无拄與楣，簀著於地，至是乃施短柱及楣，以拄其楣，架起其簀，令稍高，而下可作戶也。來諭乃於拄楣之下便云『既虞，乃剪而除之』，似謂剪其屏而并及柱楣，則誤矣。諒陰、梁闇未詳古制定如何，不敢輒爲之說。但假使不如鄭說，亦未見天子不可居廬之法。來喻所云，不知何據，恐欠子細也。」(滕文公五月居廬之驗，恐天子亦須如此。)(「輯錄」《書說》，《朱熹集・答郭子從》)	《書集傳》從〈答郭子從〉之說，未相異。
05 泰誓上	惟十有三年春，大會于孟津	十三年者，武王即位之十三年也。春者，孟春建寅之月也。……○案，漢孔氏言虞芮質成爲文王受命改元之年。凡九年而文王崩。武王立二年而觀兵，三年而伐紂，合爲十有三年。此皆惑於僞書〈泰誓〉之文，而誤解「九年大統未集」與夫「觀政于商」之語也。古者人君即位，則稱元年，以計在	○顯道問：「先儒將『十一』、『十三年』等合『九年』說，以爲文王稱王，不知有何據。」曰：「自太史公以來皆如此說了。但歐公力以爲非，東坡亦有一說。但《書》說『惟九年大統未集，予小子其承厥志』，卻有這一箇痕瑕。或推〈泰誓〉諸篇皆只稱『文考』，至〈武成〉方稱『王』，只是當初『三分天下有其二，以服事殷』，也只是	包揚所錄，朱子似尚未認爲〈小序〉十一年之說有誤。《書集傳》從萬人傑所錄。

位之久近，常事也。自秦惠文始改十四年為後元年，漢文帝亦改十七年為後元年，自後說《春秋》因以改元為重。歐陽氏曰：「果重事歟？西伯即位，已改元年，中間不宜改元而又改元。至武王即位，宜改元而反不改元，乃上冒先君之元年，並其居喪稱十一年。及其滅商而得天下，其事大於聽訟遠矣，而又不改元。由是言之，謂文王受命改元，武王冒文王之元年者，皆妄也。」歐陽氏之辨，極為明著，但其曰十一年者，亦惑於《書序》十一年之誤也。詳見《序》篇。又漢孔氏以春為建子之月，蓋謂三代改正朔必改月數，改月數必以其正為四時之首。《序》言「一月戊午」，既以一月為建子之月，而經又繫之以春，故遂以建子之月為春。夫改正朔不改月數，於〈太甲〉辨之詳矣，而四時改易，尤為無義！冬不可以為春，寒不可以為暖，固不待辨而明也。或曰：「鄭氏箋《詩》『維暮之春』，亦言周之季春，於夏為孟春。」曰：「此漢儒承襲之誤耳。〈臣工〉詩言：『維暮之春，亦又何求？如何新畬，於皇來牟，將受厥明。』蓋言暮春，則當治其新畬矣，今如何哉？然牟麥將熟，可以受上帝之明賜。夫牟麥將熟，建辰之月，夏正季春審矣。鄭氏於《詩》且不得其義，則其考之固不審也。不然則商以季冬為春，周以仲冬為春，四時反逆，皆不得其正，豈三代聖人奉天之政乎？」

羈縻，那事體自是不同了。」〔包揚〕

○〈泰誓序〉：「十有一年，武王伐殷」，經云：「十有三年春，大會于孟津」，必差。說者乃以十一年為觀兵，尤無義理。舊有人引〈洪範〉：「十有三祀，王訪于箕子」，則十一年之誤可知矣。（萬人傑）

06 洪範	無偏無陂，遵王之義。無有作好，遵王之道。無有作惡，遵王之路。無偏無黨，王道蕩蕩。無黨無偏，王道平平。無反無側，王道正直。會其有極，歸其有極	王之義、王之道、王之路，皇極之所由行也。……遵義、遵道、遵路，會其極也。蕩蕩、平平、正直，歸其極也。會者，合而來也。歸者，來而至也。	○會其有極，歸其有極，「會」、「歸」字無異義，只是重疊言之，與既言無偏無黨，又言無黨無偏，無別說也。（湯泳）○偏陂、好惡、偏黨、反側，私之所當戒也。王義、王道、王路、蕩蕩、平平、正直，極之所當由也。會者，合而來也。歸者，來而至也。此章蓋詩之體。（《玉書》引朱子說）	湯泳所錄，認為「會」、「歸」並無異義。《玉書》所引朱子之說，則與《書集傳》相同。
07 洪範	衍忒	衍，推；忒，過也。所以推人事之過差也。	○衍，疑是過多剩底意思；忒，是差錯了。（沈僩）○衍，推；忒，變也。上七者，卜筮之大凡而其變則無窮，皆當推衍以極其變。卜之變在經兆之體百有二十，其頌千有二百。體色墨折方功義弓之類。筮之變如老陽變爲少陰，老陰變爲少陽，一卦變爲六十四卦，六十四卦可變爲四千九十六卦之類。引而伸之，觸類而長之，其變無有終窮。（《東齋集傳》）	《尚書正義》解作「推衍其變」。《書集傳》「衍」字從舊註（《尚書正義》），與《東齋集傳》同；「忒」字之解則與沈僩同。未異於朱子。
08 洪範	八庶徵，日雨，日暘，日燠，日寒，日風，日時	雨、暘、燠、寒、風，各以時至，故日時也。	○問：「八庶徵日時，林氏取蔡氏說，謂是歲月日之時。自『五者來備』而下，所以申言雨、暘、燠、寒、風之義。自『王省惟歲』而下，所以申言『日時』之義。某切謂此時字當如孔氏『五者各以其時』之說爲長。林氏徒見「時」字與雨、暘、燠、寒、風五者並列而爲六，則遂以此「時」字爲贅，不知古人之言，如此類者多矣。且仁、義、禮、智是爲四端，加信字則爲五常，非仁、義、禮、智之外別有所謂信也。故某以爲時之在庶徵，猶信之在五常，不知是否？」先生日：「林氏之說只與古說無異，但謂有以歲而論其時與不時者，有以月而論其時與不時者，有以日而論其時與	《東齋集傳》所錄，不同意古註之說。〈答潘子善〉似同意古註之說。《書集傳》從古註。

			不時者，可更推之。」（湯泳；《朱熹集·答潘子善》）○舊說謂五者以時至，但下文休徵爲時，咎徵爲恒，不應獨舉休徵。且方自庶徵，何得遽言時耶？（《東齋集傳》）	
09 洪範	六極：……五曰惡，六曰弱。	惡者，剛之過也。弱者，柔之過也。	○「五福六極」，曾子固說得好。（沈僩）○凶：短、折。（兩事。）惡、弱。（惡是自暴，弱是自棄。）（呂燾）	《書集傳》從沈僩所錄從曾鞏〈洪範傳〉：「不能使之于汝極，則剛者至於暴，故惡；柔者不能立，故弱。」〔註132〕之說。與「黎本」《語類》呂燾所錄之說不同。
10 金縢	我之弗辟，我無以告我先王。	辟，讀爲避。鄭氏《詩傳》言周公以管、蔡流言，辟居東都是也。漢孔氏以爲致辟于管叔之辟，謂誅殺之也。夫三叔流言，以公將不利於成王，周公豈容遽興兵以誅之耶？且是時王方疑公，公將請王而誅之也？將自誅之也？請之，固未必從；不請自誅之，亦非所以爲周公矣。「我之弗辟，我無以告我先王」，言我不避，則於義有所不盡，無以告先王於地下也。公豈自爲身計哉？亦盡其忠誠而已矣。	○「周公乃告二公曰」止「告我先王」：作〈大誥〉，遂東征。（《文集》）○銖問：「〈金縢〉『我之弗辟，我無以告我先王』，馬、鄭皆音辟爲避，其意蓋謂管、蔡流言，成王既疑周公，○弗辟之說只從鄭氏爲是。向董叔重得書亦辨此條，一時信筆答之，謂當從古註說。後來思之不然。是時三叔方流言於國，周公處兄弟骨肉之間，豈應以片言半語便遽然興師以誅之！聖人氣象大不如此。又成王方疑周公，周公固不應不請而自誅之，若請之於王，王亦未必見從。則當時事勢亦未必然。雖曰聖人之心公平正大，區區嫌疑，自不必避。但舜避堯之子於南河之南，禹避舜之子於陽城，自是合如此。若居堯之宮，逼堯之子，即爲篡矣。或又謂成王疑周公，故周公居東。不幸成王終不悟，不知周公又如何處。愚謂，周公亦惟盡其忠誠而已矣。《胡氏家錄》有一段論此，極有意味。（〈與蔡仲默帖〉）（胡氏，指胡安國）	《書集傳》從朱子晚年之說。

〔註132〕《元豐類稿》卷 1 頁 17。

| 11 金縢 | 周公居東二年，則罪人斯得 | 居東，居國之東也。鄭氏謂避居東都，未知何據。孔氏以居東爲東征，非也。方流言之起，成王未知罪人爲誰。二年之後，王始知流言之爲管、蔡。斯得者，遲之之辭也。 | ○周公居東二年，則罪人斯得，殺武庚，致辟管叔于商，囚蔡叔于郭鄰，降霍叔于庶人，命微子啓代殷後，作〈微子之命〉，皆此時事。（《文集》）

○周公東征，不必言用權，自是王室至親與諸侯連衡背叛，當國大臣豈有坐視不救之理。帥師征之，乃是正義，不待可與權者而後能也。若馬、鄭以爲東行避謗，乃鄙生腐儒不達時務之說，可不辨而自明。陳少南於經旨多疏略不通點檢處極多，不足據以爲說。來教所謂周公之志非爲身謀也，非爲先王謀也，以任天下之重也，此語極佳。（〈答徐元聘〉）

○罪人斯得，前書已具報矣，不知看得如何？此處須著箇極廣大無物我底心胸看方得。若有一毫私吝自愛惜，避嫌疑之心，則與聖人做處天地懸隔矣。萬一成王終不悟，周公更待罪幾年，不知如何收殺。（〈答何叔京〉）

○問：「罪人斯得，或以爲管蔡，或以爲周公官屬，如何？」先生曰：「非也。管蔡既流言，成王疑之，未知罪人之爲誰也。及周公居東二年，成王因風雷之變啓金縢而悟，乃知罪在管蔡也。若曰所謂罪人者，今得之矣。」又問：「所謂居東二年即東征否？」先生曰：「成王方疑周公，豈得便東征乎？二年，待罪也，東征三年，非二年也。《傳家錄》有一段云云。」（〈答徐元聘〉） | |
| 12 君奭 | 君奭 | 召公告老而去，周公留之，史氏錄其告語爲篇，亦誥體也。以周公首呼君奭，因以君奭名篇。篇中語多未詳。今文、古文皆有。○按，此篇之作，《史記》謂召公疑周公當國踐 | ○「召公不悅」，這意思曉不得。若論事了，儘未在。看來是見成王已臨政，便小定了，許多事周公自可當得，所以求去。（庚）

○召公不悅，蓋以爲周公歸政之後，不當復留而已，亦 | 庚記錄的時間不詳。〈答徐元聘〉作於〔1166〕年，爲早年之說。故《書集傳》用黃義剛所錄之說，並未相異。 |

祚。唐孔氏謂召公以周公嘗攝王政，今復在臣位。葛氏謂召公未免常人之情，以爵位先後介意，故周公作是篇以諭之。陋哉斯言！要皆爲〈序〉文所誤。獨蘇氏謂召公之意，欲周公告老而歸爲近之。然詳本篇旨意，乃召公自以盛滿難居，欲避權位，退老厥邑，周公反覆告諭以留之爾。熟復而詳味之，其義固可見也。	老而當去，故周公言二人不可不留之意曰：嗚呼！君已曰時我，我亦不敢寧于上帝命，弗遠念天威，我民罔尤違。又歷道古今聖賢，倚賴老成以固其國家之事。又曰：予不惠若茲，多誥予惟閔于天越民，只此便周公之心。每讀至此，便見周公之心。每讀至此，未嘗不喟然太息也。試於此等處虛心求之如何。（答徐元聘） ○顯道問「召公不悅」之意。曰：「召公不悅，只是〈小序〉恁地說，裏面却無此意。這只是召公要去後，周公留他，說道朝廷不可無老臣。」又問：「『又曰』等語不可曉。」曰：「這箇只是大綱紳得箇意脈子，便恁地說。不要逐箇字去討，便無理會。這箇物事難理會。」（黃義剛）

二、朱子認爲應當闕疑，而蔡沈卻未闕疑的情況

《書集傳》於朱子認爲應當闕疑的部分卻仍然有所解釋，是後人認爲蔡沈不從師說的重要例證。對比的結果，共有八則材料：

篇名	經文	蔡傳	語錄、書信	說明
01 益稷	在治忽	在，察也。忽，治之反也。聲音之道與政通，故審音以知政，而治之得失可知也。	○元德問：「予欲聞六律、五聲、八音，在治忽，以出納五言，汝聽。」先生云：「亦不可曉。《漢書》『在治忽』作『七始詠』，七始，如七均之類。」（萬人傑）	朱子以爲不可曉，《書集傳》從孔《傳》之說。
02 胤征	《政典》曰：「先時者殺無赦，不及時者殺無赦。」	羲和爲曆象之官，尸居其位，若無聞知，則其昏迷天象，以干先王之誅，豈特不恭之刑而已哉。政典，先王政治之典籍也。先時、後時，皆違制失時，當誅而不赦者也。今日蝕之變如此，而羲和罔聞知，是固干先王後時之誅矣。	○「『先時者殺無赦，不及時者殺無赦』，林氏謂是警眾之辭，非言昏迷天象之人，未知是否？」先生曰：「以上文考之，林說非是。然此篇自可疑，當缺之。」（〈答潘子善〉）	〈答潘子善〉明指林之奇之說爲非，並說「此篇自可疑，當缺之。」《書集傳》雖未從林之奇之說，仍從孔《傳》之說，未缺之。

| 03 伊訓 | 惟元祀十有二月乙丑 | 元祀者，太甲即位之元年。十二月者，商以建丑爲正，故以十二月爲正也。乙丑，日也。不繫以朔者，非朔日也。……太甲服仲壬之喪，伊尹祠于先王，奉太甲以即位改元之事，祗見厥祖，則攝而告廟也。 | ○趙氏曰：「太丁，湯之太子，未立而死。外丙立二年，仲壬立四年，皆太丁弟也。」程氏曰：「古人謂歲爲年，湯崩時，外丙方二歲，仲壬方四歲，惟太甲差長，故立之也。」二說未知孰是。（《孟註》）
○銖問：「《書序》言『成湯既沒，太甲元年。』玩其語意，則是成湯沒而太甲立。『太甲既立不明，伊尹放諸桐三年。』則是太甲服湯之喪既不明，伊尹遂使居於湯之墓廬三年而克終允德。或者乃曰：『孟子曰：「湯崩，太丁未立，外丙二年，仲壬四，湯沒，六年而太甲立。太甲服仲壬之喪。」』夫服仲壬之喪而乃廬於乃祖之墓，恐非人情。〈伊訓〉謂太丁未立而死，外丙方二歲，仲壬方四歲，乃立太丁之子太甲。而或者又謂商人以甲乙爲兄弟之名，則丙當爲兄，壬當爲弟，豈有兄二歲而弟乃四歲乎？按，《皇極經世圖》紀年之次，則太甲實繼成湯而立無疑，不知外丙二年、仲壬四年之說當作如何訓釋？乞賜垂誨。」先生曰：「《書序》恐只是經師所作，然亦無證可考，但決非夫子之言耳。成湯、太甲年次尤不可者，不必妄爲之說。讀書求義理以爲反身自脩之具，此等殊非所急也。 | 朱子認爲太甲年次不可攷，《書集傳》則以太甲服仲壬之喪，從趙歧之說。 |
| 04 太甲上 | 自周有終 | 周，忠信也。《國語》曰：「忠信爲周」。施氏曰：「作僞心勞日拙，則缺露而不周；忠信則無僞，故能周而無缺。」夏之先王，以忠信有終，故其輔相者，亦能有終；其後夏桀不能有終，故其輔相者，亦不能有終。嗣王其以夏桀爲戒哉！當敬爾所以爲君之道。君而不君，則忝辱成湯矣。太甲之意，必謂伊尹足以任天下之重，我雖縱欲，未 | ○問：「古註及諸家皆以『周』訓忠信。竊謂以忠信自周則可，以忠信訓周恐未安，未知如何？」朱子曰：『自周』二字本不可曉。」（〈答潘子善〉） | 此則朱子針對潘子善對古註（孔《傳》）的質疑，謂「自周」之意不可曉。《書集傳》仍從孔《傳》。 |

		必遄至危亡。故伊尹以相亦罔終之言，深折其私，而破其所恃也。		
05 召誥	相古先民有夏，天迪從子保，面稽天若，今時既墜厥命。今相有殷，天迪格保，面稽天若，今時既墜厥命。	從子保者，從其子而保之，謂禹傳之子也。面，鄉也。視古先民有夏，天固啓迪之，又從其子而保佑之。禹亦面考天心，敬順無違，宜若可爲後世憑藉者，今時已墜厥命矣！今視有殷，天固啓迪之，又使其格正夏命而保佑之，湯亦面考天心，敬順無違，宜亦可爲後世憑藉者。今時已墜厥命矣，以此知天命誠不可恃以爲安也。	○此一節間有不可曉處。舊說有夏敬德，故天道亦降格以保之。面，向也。稽，考也。若，順也。鄉天所順而考其意也。皆未知是否，然亦不害大意。言既監于殷，又當遠觀有夏。歷代廢興存亡之迹，不過敬德順天則天保佑之，後王不敬，故墜其命也。（〈召誥解〉）	朱子以此節有不可曉處，謂舊說（即孔《傳》）未知是否。蔡沈仍從舊說。
06 洛誥	戊辰，王在新邑。	○「戊辰」以下，史又記其祭祀冊誥等事及周公居洛歲月久近以附之，以見周公作洛之始終，而成王舉祀發政之後，即歸于周，而未嘗都洛也。 ○此下史官記祭祀冊誥等事以附篇末也。戊辰，十二月之戊辰日也。是日成王在洛，舉烝祭之禮。	○〈洛誥〉之文有不可曉者。其後乃言王在新邑，而其前已屢有答問之詞矣。（〈答潘子善〉） ○因讀《尚書》，先生曰：「其間錯誤解不得處煞多。昔呂伯恭解《書》，因問之云：『《尚書》還有解不通處？』答曰：『無有。』因舉〈洛誥〉問之云：『據成王只使周公往營洛，故伻來獻圖及卜。成王未嘗一日居洛，後面如何却與周公有許多答對？又云「王在新邑」，此如何解？』伯恭遂無以答。後得書云：『誠有解不得處。』」（雉）	朱子指出成王不曾至洛，而〈洛誥〉却有「王在新邑」之言，爲「不可曉」。《書集傳》從孔《傳》：「成王既受周公誥，遂就居洛邑，以十二月戊辰晦到。」之說。
07 無逸	君子所其無逸	所，猶處所也。君子以無逸爲所，動靜食息，無不在是焉。作輟，則非所謂所矣。	○萍鄉柳兄言：「東萊解〈無逸〉一篇極好。」先生扣之曰：「伯恭如何解『君子所其無逸』？」柳兄曰：「呂東萊解『所』字爲『居』字。」先生曰：「若某則不敢如此說。」諸友請曰：「先生將如何說？」曰：「恐有脫字，則不可知。若說不行而必強立一說，雖若可觀，只恐道理不如此。」（裘蓋卿）	朱子闕疑，《書集傳》從呂祖謙之說。
08 費誓	費誓		○費誓、秦誓亦皆有說不行不可曉處。（輔廣）	《書集傳》於此二篇皆有解。

根據上表，可知蔡沈於朱子認為「不可曉」、「當闕」，而《書集傳》卻有解釋的情況，大多沿用前人既有的說法，特別是古註（孔《傳》）之說，八則之中，占了五則（01、02、04、05、06）。剩下三則，除了一則（08）未有明確的出處，03 從趙岐之說，07 從呂祖謙之說，皆繼承了前人既有的說法。這種情況和朱子所提示的注經原則，是一致的。朱子曾說：

> 「方鳩僝功」，語未可曉。此篇出於伏生便有此等處，亦未灼然知僝功為見功，亦且依古註說。〔註133〕

> 「庸庸祗祗，威威顯民」，此等語既不可曉，只得且用古註。古註既是杜撰，如今便別求說，又杜撰不如他矣。〔註134〕

在朱子看來，古註雖然不完善，但在沒有更好的說法前，與其杜撰異說，不如保留古註。所以，蔡沈的作法，正是符合朱子的解經原則的表現。前人以此來責備蔡沈，並不合理。

三、其他相異的情況

其他相異的情況，計有三十則：

篇名	經　文	蔡　傳	語錄、書信	說　明
01 皋陶謨	日宣三德，夙夜浚明有家，日嚴祗敬六德，亮采有邦。	三德而為大夫，六德而為諸侯，以德之多寡，職之大小，蓋言之也。夫九德有其三，必日宣而充廣之，而使之益以著。九德有其六，尤必日嚴而祗敬之，而使之益以謹也。	○問：「『夙夜浚明』至『有邦』，古註以為可以為卿大夫及諸侯，林氏謂卿大夫諸侯用此三德、六德之人，未知孰是？」先生曰：「林說恐得之。猶《孝經》說爭臣之類，蓋曰如是足矣，非必以是為限也。」（〈答潘子善〉）	〈答潘子善〉從林之奇之說，《書集傳》仍從古註（孔《傳》）。
02 益稷	明庶以功	明庶者，明其眾庶也。	○「明庶以功」，恐「庶」字誤，只是「試」字。（輔廣）	《正義》：「明顯眾人所能，當以功之大小。」則蔡沈用《正義》之說。
03 禹貢	厥賦惟上上錯	錯，雜也。賦第一等而錯出第二等也。	○常出者為正，間出者為錯。錯在上上之下，則間出第二等也。賦有九等，此乃計九州歲入多寡，相較以為	「纂註」引陳櫟說：「錯法，東齋所引朱氏，與梁

〔註133〕「輯錄」卷1頁13。「黎本」未見。

〔註134〕「黎本」頁2056，著錄者為黃㽦。按，「輯錄」卷4頁66引此段文字之著錄者為「廣」，即輔廣。

			之等，非定取民也。取民則皆用什一。賦入既有常數，而又有間出他等之時者，歲有豐凶，不能皆如其常，故有錯法以通之。然則雖夏法亦未嘗不通也。而孟子以為不善者，雖間有通融，未若商周之全通於民也。（《東齋集傳》）	州厥賦下蔡《傳》不合。」蔡沈用孔《傳》之說。
04 仲虺之誥	推亡固存，邦乃其昌。	前既釋湯之慚，此下因以勸勉之也。……推亡者，兼攻取侮也。固存者，佑輔顯遂也。推彼之所以亡，固我之所以存，邦國乃其昌矣。	如說「推亡固存」處，自是說伐桀，至「德日新」以下，乃是勉湯。（林夔孫）	《書集傳》分章與朱子不同。
05 咸有一德	其難其慎	臣職所係，其重如此，是必其難其慎。難者，難於任用；慎者，慎於聽察。所以防小人也。	○論「其難其慎」曰：「君臣上下，相與其難。」（甘節）	
06 說命下	惟后非賢不乂，惟賢非后不食。	君非賢臣，不與共治，賢非其君，不與共食，言君臣相遇之難如此。	○「惟后非賢不乂」，言人君必任賢而後可以致治也。「惟賢非后不食」，言人君當任養賢之責也。高宗本意如此，問无一人說破此意何耶？（〈答或人〉）	「惟賢非后不食」之解釋，朱、蔡不同。
07 洪範	二、五事：一曰貌，二曰言，三曰視，四曰聽，五曰思。貌曰恭，言曰從，視曰明，聽曰聰，思曰睿。恭作肅，從作乂，明作哲，聰作謀，睿作聖。	貌、言、視、聽、思者，五事之敘也。貌澤，水也。言揚，火也。視散，木也。聽收，金也。思通，土也。亦人事發見先後之敘。人始生，則形色具矣。既生，則聲音發矣。既又而後能視，而後能聽，而後能思也。恭、從、明、聰、睿者，五事之德也。恭者，敬也。從者，順也。明者，無不見也。聰者，無不聞也。睿者，通乎微也。肅、乂、哲、謀、聖者，五德之用也。肅者，嚴整也。乂者，條理也。哲	○自外而言之，則貌外於言。自內而言之，則聽內於視。自貌、言、視、聽言之，則思所以為主於內，故曰貌，曰言，曰視，曰聽，曰思。彌遠者彌外，彌近者彌內，此其所以為次序也。（沈僩） ○〈洪範〉五事，以思為主，蓋不可見而行乎四者之間。然操存之漸，必自其可見而為之，外物則切近明白而易以持守，故五事之次，思在最後。 ○「貌言視聽思，皆只以次第相屬。」問：「貌如何屬水？」曰：「容貌光澤故屬水。言發於氣，故屬火。」 ○問：「視聽言動，比之〈洪範〉五事，動是『貌』字否？如『動容貌』之謂。」曰：「思也在這裏了。『動容貌』是外面底，心之動便是思。」又問五行比五事。曰：「曾見吳仁傑說得也順。它云，貌是水，言是火，視是木，聽是金，思是土。將庶徵來說，便都順。」問：「貌如何是水？」曰：「它云，貌是濕潤底，便是水，故其徵便是『肅，時雨若』。〈洪	按，此則蔡沈對五事排列順序的解釋與朱子不同。

		者，智也。謀者，度也。聖者，無不通也。	範〉乃是五行之書，看得它都是以類配得。（沈僩）	
08 洪範	凡厥正人	正人者，在官之人。如〈康誥〉所謂「惟厥正人」者。	嘗疑正人只是中常之人。此等人須是富，方可與爲善，與無常產有常心者有異。（湯泳）	「輯錄」：「正人與〈辨〉（〈皇極辨〉）、《傳》異。」
09 洪範	皇極之敷言	敷言，上文敷衍之言也。言人君以極之理而反復推衍爲言者。	言夫人君，以身立極，而布命于下。（〈皇極辨〉）	「纂註」引余芑舒：「《傳》此節易師說。」
10 洪範	曰雨，曰霽，曰蒙，曰驛，曰克	此卜兆也。雨者，如雨，其兆爲水。霽者，開霽，其兆爲火。蒙者，蒙昧，其兆爲木。驛者，絡繹不屬，其兆爲金。克者，交錯有相勝之意，其兆爲土。	○《易》占不用龜，而每言蓍龜，皆具此理也。「筮短龜長」者，謂龜有鑽灼之易，而筮有扐揲之煩。龜之兆，一灼便成，亦有自然之易。〈洪範〉「卜五」即龜，「用二」即蓍。「雨、霽、蒙、驛、克」即是五行，雨即水，霽即火，蒙即土，驛即木，克即金也。（陳淳）	雨、霽、蒙、驛、克，陳淳所錄，與五行所配的順序爲水、火、土、木、金，蔡沈則爲水、火、木、金、土。「輯錄」說：「按五兆配五行，與《傳》二同三異。」
11 洪範	曰王省惟歲，卿士惟月，師尹惟日。	歲、月、日，以尊卑爲徵也。王者之失得，其徵以歲。卿士之失得，其徵以月。師尹之失得，其徵以日。蓋雨、暘、燠、寒、風，五者之休咎，有係一歲之利害，有係一月之利害，有係一日之利害，各以其大小言也。	○「王省惟歲」，言王之所當省者，一歲之事，卿士所省者，一月之事。以下皆然。（沈僩）○問「王省惟歲」三句。曰：「此但言職任之大小如此。」（沈僩）	
12 旅獒	「時庸展親」	分寶玉于同姓之諸侯，使之益厚其親。如分陳以肅謹氏之矢，分魯以夏后氏之璜之類。	問：「『時庸展親』，諸家多訓『展』作『信』，是否？」先生曰：「展，審視也，不當訓信。」（時舉）	孔《傳》：「是用誠信其親親之道。」即以信解展。《書集傳》解作「厚」。
13 金縢	是有丕子之責于天，以旦代某之身。	丕子，元子也。且，周公名也。言武王遇惡暴之疾，若爾三王，是有元子之責于天。蓋武王爲天元子，三王當任其保護之責于天，不可令其死也。如欲其死，則請以旦代武王之身。「於天」	○「乃立壇墠」一節，分明是對鬼。「若爾三王有丕子之責于天，以旦代某之身」，此一段先儒都解錯了。只有晁以道說得好，他解「丕子之責」如史傳中「責其侍子」之責。蓋云上帝責三王之侍子。侍子，指武王也。上帝其來服事左右，故周公乞代其死云：以旦代某之身。予仁若考，能多材多藝，能事鬼神。乃元孫不若旦多材多藝，不能事鬼神，用能定爾子孫于下地，四方之民罔不祗畏。言三王若有侍子	

		之下，疑有闕文。舊說謂天責取武王者，非是。詳下文「予仁若考」、「能事鬼神」等語，皆主祖父人鬼為言。至於「乃命帝庭，無墜天之降寶命」，則言天命武王如此之大，而三王不可墜天之寶命，文意可見。	之責于天，則不如以我代之。我多材多藝，能事上帝，武王不若我多材多藝，不能事鬼神，不如且留他在世上，定你之子孫與四方之民。文意如此。伊川却疑周公不應自言多材藝。不是如此，他止是要代武王之死爾。○周公以身代武王之說，只緣人看錯了，此乃周公誠意篤切以庶幾其萬一。「丕子之責于天」，只是以武王受事天之責任，如今人說話，他要簡人來服事，周公便說他不能服事天，不似我多材多藝，自能服事天。（葉賀孫）	
14 大誥	予不敢閉于天降威用，寧王遺我大寶龜	予豈敢閉抑天之威用，而不行討乎？	○因論點書，曰：「人說公穿鑿，只是好處亦用還他。如「天降割于我家不少延」、「用寧王遺我大寶龜」，皆非註家所及」。（萬人傑）	斷句不同。
15 大誥	天棐忱辭	棐，輔也。……民獻十夫以為可伐，是天輔以誠信之辭，考之民而可見矣。	○諸家「棐」字並作「輔」字訓，更曉不得。後讀《漢書》，顏師古注云：「匪」、「棐」通用。如《書》中有「棐」字，止合作「匪」字義。（葉賀孫）○「忱」、「諶」字，只訓「信」。「天棐忱」，如云天不可信。（沈僩）○「棐」字與「匪」字同。（據《漢書》。）（游敬仲）	按，孔《傳》：「言我周家有大化誠辭為天所輔。」是《書集傳》用孔《傳》之說。不從朱子。
16 康誥	若有疾	若有疾者，以去疾之心去惡也。	○若有疾，刑人如痛在己，又惻憺之意。（〈洛誥解〉）	
17 洛誥	王如弗敢及天基命定命，予乃胤保，大相東土，其基作民明辟。	凡有造基之而後成，成之而後定。基命，所以成始也。定命，所以成終也。言成王幼沖退託，如不敢及，知天之基命、定命，予乃繼太保而往大相洛邑，其庶幾為王始作民明辟之地也。洛邑在鎬京東，故曰東土。	○周公不欲斥言王幼不能，故言王若不敢及天之初命定命，則不得不嗣攝政事，保佑王躬而相此洛邑，以為王當於此，初作民主也。（《書說》參用《乙記》）	
18 洛誥	周公曰：「王肇稱殷禮，祀于新邑，咸秩無文。	此下周公告成王宅洛之事也。	○自此以下，漸不可曉，蓋不知是何時所言。《傳》、《疏》以為王與公俱在洛對問之言，葉氏以為王得卜而至洛，既祭復歸鎬，因留周公居守，而周公有此言，皆不可考。然葉氏說後數章貫穿，今從之。（《書說》，即〈洛誥解〉）	

19 洛誥	予齊百工，伻從王于周，予惟曰庶有事。	周公言，予整齊百官，使從成王于周，謂將適洛時也。予惟謂之曰：庶幾其有所事乎？公但微示其意以待成王自教誥之也。	○此本其攝政時言也。齊百工，謂百官總己以聽也。周，謂宗周也。言我所總百官，因使之從王于周，而我則未敢歸周，恐新邑之有事也。（《書說》，即〈洛誥解〉）	
20 洛誥	頒朕不暇	頒朕不暇，未詳。或曰：成王當頒布我汲汲不暇者，聽我教汝……。	○如是則成王實啓此亂而遺周公以憂勤不暇也。（《書說》，〈洛誥解〉） ○一說「乃惟孺子，頒朕不暇」連此段，言成王不聽我言，是分我以不暇也。（《書說》，〈洛誥解〉）	
21 洛誥	王曰：公，予小子其退，即辟于周，命公後。		○上文「王曰」兩段，周公無答辭，疑有缺文。（《書說》，既〈洛誥解〉）	蔡沈未提及此處可能有缺文之事。
22 洛誥	王曰：公定，予往已	定，爾雅曰：「止也。」成王欲周公止洛，而自歸往宗周，言周公之功，人皆肅而將之，欽而悅之，宜鎮撫洛邑以慰懌人心，毋求去以困我也。我惟無厭其安民之事，公勿替所以監我士師工者，四方得以世世享公之德也。吳氏曰：「《前漢書》兩引『公無困哉』，皆以『哉』作『我』，當以『我』為正。」	○此王與公決而歸之言也。公定居洛，予往歸周。已公功敬云云，公無困哉，言公無以事自困，猶漢所謂閔勞公以官職之事也。我則當無厭倦於安國安民之事，公但勿廢其所以儀刑四方者，則四方其世享矣。（《書說》，既〈洛誥解〉）	
23 洛誥	周公拜手稽首曰：「王命予來，承保乃文祖受命民，越乃光烈考武王，弘朕恭。	此下周公許成王留等事也。來者，來洛邑也。承保乃文祖受命民及光烈考武王者，答誕保文武受民之言也。責難於君謂之恭，弘朕恭者，大其責難之義也。	○此王歸後，使人來勞周公，公拜受之辭也。（《書說》，即〈洛誥解〉）	
24 洛誥				經文分章與〈洛誥解〉差異極多。

25 顧命	奠麗陳教則肄	奠，定；麗，依也。言文武宣布重明之德，定民所依，陳列教條，則民習服。	○問：「『奠麗陳教則肄』，『麗』字據孔氏音力馳反，施也。諸家多作附麗之麗，謂土著也。奠麗謂養之，陳教謂教之，未知其說如何？某竊謂從孔氏說亦自平直，奠麗者，謂定其所施之號令也。陳教則陳其所以教之之道也。『肄』或訓勞，或訓習，愚意謂從習爲長。未敢自決。」先生曰：「前篇有以『麗』訓刑者，『肄』當訓習。」（答潘子善）	朱子訓「麗」爲刑，《書集傳》訓爲依。
26 顧命	爾無以釗冒貢于非幾	貢，進也。成王又言群臣其無以元子而冒進於不善之幾也。蓋幾者動之微，而善惡之所由分也。非幾則發於不善而陷於惡矣。……非幾，舉其發於中者而戒之也。威儀之治，皆本于一念一慮之微，可不謹乎？孔子所謂「知幾」，子思所謂「謹獨」，周子所謂「幾善惡」者，皆致意於是也。成王垂絕之言，而拳拳及此，其有得於周公者亦深矣。	○問：「『非幾』，幾字多訓危。竊謂幾即事也，猶『萬幾』之幾。『冒貢于非幾』，謂冒進于非所當爲之事，未知是否？」先生曰：「幾者，事之微也。」（答潘子善）	朱子解「幾」爲事之微，《書集傳》則解作動之微。
27 康王之誥	群公既皆聽命，相揖趨出。王釋冕，反喪服。	始相揖者，揖而進也。此相揖者，揖而退也。蘇氏曰：「成王崩未葬，君臣皆冕服，禮歟？曰：非禮也。謂之變禮，可乎？曰：不可。禮變於不得已。嫂非溺，終不援也。三年之喪既成服，釋之而即吉，無時而可者。曰成王顧命，不可以不傳。既傳，不可以喪服受也。曰：何爲其不可也？孔子曰：『將冠子，未及期日而有齊衰大功之喪，則因喪服而冠。』冠，	○問：「康王釋喪服而被袞冕，受虎賁之逆於南門之外，且受黃朱圭幣之獻，諸家皆以爲禮之變，獨蘇氏以爲失禮，使周公在，必不爲此。未知當此際合如何區處？」先生曰：「天子諸侯之禮與士、庶人不同，故孟子有吾未之學之語，蓋謂此類耳。如〈伊訓〉元祀十有二月朔亦是新喪，伊尹已奉嗣王，祗見厥祖，固不可用凶服矣。漢唐新王即位皆行冊禮，君臣亦皆吉服追述先帝之命以告嗣君，（《韓文外集·順宗實錄》中有此事可考。）蓋易世傳授，國之大事，當嚴其禮，而王侯以國爲家，雖先君之喪，猶以爲己私服也。五代以來，此禮不講，則始終之際殊草草矣。」（〈答潘子善〉）○康王釋斬衰而服袞冕，於禮爲非。孔子取之，又不知如何？設使制禮作樂，當此之職，只得除之。	《書集傳》用蘇軾之說，蘇軾之說本於《禮記》之〈喪服四制〉和〈曾子問〉篇。朱子則另提新說。

		吉禮也，猶可以喪服行之。受顧命，見諸侯，獨不可以喪服乎？太保使太史奉冊授王于次，諸侯入哭於路寢而見王於次。王喪服受教戒諫，哭踊答拜。聖人復起，不易斯言矣。《春秋傳》曰：『鄭子皮如晉葬晉平公，將以幣行。子產曰：「喪安用幣？」子皮固請以行。既葬，諸侯之大夫，欲因見新君。叔向辭之曰：「大夫之事畢矣，而又命孤。孤斬焉在衰絰之中，其以嘉服見，則喪禮未畢，其以喪服見，是重受弔也。大夫將若之何？」皆無辭以退。』今康王既以嘉服見諸侯，而又受乘黃玉帛之幣，使周公在，必不爲此。然則孔子何取此書也？曰：『至矣，其父子群臣之間，教戒深切著明，足以爲後世法。孔子何爲不取哉？然其失禮，則不可不辯。』」		
28 呂刑	率乂于民棐彝	率乂于民，輔其常性，所謂刑罰之精華也。	率乂于民棐彝，是率治于民非常之事。（葉賀孫）	「棐」之解釋不同。
29 文侯之命	罔或耆壽俊在厥服	今我御事之臣，無有老成俊傑在厥官者。	○舊讀「罔或耆壽俊在厥服」作一句，今觀《古記款識》中多云「俊在位」，則當於「壽」字絕句矣。（《書說》）	斷句不同。
30 秦誓	民訖自若是多盤	訖，盡；盤，安也。凡人盡自若是多安於徇己，其責人無難，惟受責於人，俾如流水，略無扞格，是惟難哉。	○「民訖自若是多盤」，想只是說人情多要安逸之意。（輔廣）	《書集傳》之解釋較詳盡，但似不足以指出朱、蔡相異。

　　從《尚書》的篇目來看，相異的情況主要出現在〈洪範〉篇之後。（〈洪範〉之前，只有六則。）其中，以〈洛誥〉篇的八則爲最多。這八則，全部來自〈洛誥解〉。根據前文的推斷，〈洛誥解〉當是朱子較早期的作品，因而這些差異，不足以用來說明蔡沈有意不從朱子之說。其次，〈洪範〉篇佔了五則，亦是差異較多的一篇。董鼎在《輯錄纂註》中說：

　　　　西山蔡氏有〈洪範〉說，《傳》多用之。〔註135〕

所以，這一篇的差異，有一部分可能受到蔡沈家學的影響。

〔註135〕卷4頁21。

第三章 《輯錄纂註》與《纂疏》的版本、
體例與編纂經過

　　根據第一章的說明，《輯錄纂註》是了解《書集傳》在延祐開科前地位的重要材料。為了清楚地了解《輯錄纂註》，這一章，先說明《輯錄纂註》的版本、體例和編纂經過。另外，亦附帶說明《纂疏》的相關問題，以及本論文以《輯錄纂註》為主要材料，而不取《纂疏》的理由。

第一節　《輯錄纂註》與《纂疏》的版本

　　為了較清楚地了解董鼎和陳櫟的著作，這一節先說明現存的《輯錄纂註》與《纂疏》的版本。

一、現存董鼎《書傳輯錄纂註》的版本

　　現存董鼎《輯錄纂註》的版本計有七種：

01 元延祐六年建安余氏勤有堂刊本

　　此為《輯錄纂註》的初刻，《北京圖書館古籍善本書目》〔註1〕與《國立故宮博物院善本書目》〔註2〕皆有著錄。此本的時間，有延祐元年、延祐5年和延祐6年三種說法。延祐元年之說，出於《國立故宮博物院善本書目》之誤判。延祐5年和6年二說，據此本書前〈朱子說書網領〉頁7板心「延祐己未正月印」字樣，定為延祐6年刊本較為恰當。但現存相關著錄，除吳

〔註1〕 頁37。書名著錄為《書集傳輯錄纂註》。
〔註2〕 頁37。書名著錄為《書傳輯錄纂注》。

哲夫於《故宮季刊》第 11 卷第 1 期之〈善本書志・書傳輯錄纂注六卷〉定為「元延祐己未（6 年）建安余氏勤有堂刊本」外，多著錄為延祐 5 年刊本。

　　按，《鐵琴銅劍樓宋金元本書影（附識語）》〔註3〕說：

　　　　此書延祐五年董真卿刊於建安書坊，前載嘉定己巳〈蔡氏集傳序〉，次至大戊申董氏〈自序〉，又〈凡例〉八條及〈輯錄引用諸書〉、〈輯錄所載朱子門人姓氏〉、〈纂註引用諸書〉、〈纂註引用諸家姓氏〉，又〈朱子說書綱領〉、〈書序〉總置卷末。其引用諸家姓氏後有鐘形篆書墨圖記曰：「延祐戊午」，鼎形墨圖記曰：「勤有堂」，合之〈說書綱領〉板心曰：「延祐己未正月印」，是訖工於戊午之冬也。全書皆朱筆點勘，卷四有朱書延祐己未八月點校一行，圖記曰：「王景陶父」，曰：「陽羨山城」，簡末有「王元亮點校訖」一行，元亮朱記。是元人點校，即在初印之年也。通志堂本蓋本此。（卷中有顧貞觀印諸朱記）」〔註4〕

鐵琴銅劍樓所藏，現歸北京圖書館。故宮藏本，據書中所夾卡片說：

　　　　原存於昭仁殿。共六卷八冊，每半頁大字十行，行二十字，小字二十行，行二十四字。有天祿琳瑯繼鑑、乾隆御覽及萬卷樓圖籍等印記。第六卷末自五十四頁至五十七頁共四頁全鈔配。

《天祿琳瑯書目・續目》卷 8 所載《書傳輯錄纂注》〔註5〕即為此書。以此書與《鐵琴銅劍樓宋金元本書影（附識語）》所述比較，故宮藏本書前的內容依序為：蔡沈〈書集傳序〉、〈朱子說書綱領〉、朱子注〈孔序〉、〈小序〉，雖缺董鼎〈自序〉、〈凡例〉、〈輯錄引用諸書〉、〈輯錄所載朱子門人姓氏〉、〈纂註引用諸書〉、〈纂註引用諸家姓氏〉，然由〈朱子說書綱領〉頁 7 板心之「延祐己未正月印」字樣，末後之「建安余氏勤有堂刊」篆文題記，可知和北京圖書館所藏為同一版本，惟已非全本。

02 元至正十四年翠巖精舍刊本

　　此本國家圖書館、故宮博物院皆藏有全本。《北京圖書館古籍善本書目》所著錄則僅存兩卷。〔註6〕故宮所藏，為沈仲濤「研易樓」於 1980 年所捐贈。

〔註3〕書名著錄為《書蔡氏傳輯錄纂注》。
〔註4〕〈識〉1 頁 11b。
〔註5〕頁 1318。
〔註6〕頁 37。書名著錄為《書集傳輯錄纂註》。

據《國立故宮博物院藏沈氏研易樓善本圖錄》，[註7]臺灣商務印書館《四部叢刊三編》所收《書集傳》，即據研易樓藏本影印。

按，陸心源《皕宋樓藏書志續志》（一）[註8]說：

> 按，此元翠巖精舍刊本，每半頁十一行，每行二十字，小字雙行，
> 每行二十五字。序後有「□□甲午孟夏翠巖精舍新刊」木記，引用
> 諸書後有「建安後學余安定編校」一行。元至正十四年歲在甲午，
> 所缺蓋「至正」二字也。[註9]

而國家圖書館所藏，於「□□甲午孟夏翠巖精舍新刊」木記之□□，則有「慶元」二字。「慶元」為南宋寧宗年號，然此書初刻為元延祐5年，與「慶元」無涉。二字或為後人據蔡沈〈書集傳序〉「慶元己未冬」之語妄題；或為書賈偽題以冒充宋版。[註10] 此本書前依序為蔡沈〈書集傳序〉、董鼎〈書蔡氏傳輯錄纂註序〉、〈朱子說書綱領〉、〈書蔡氏傳輯錄纂註凡例〉、〈書蔡氏傳輯錄引用諸書〉、〈輯錄所載朱子門人姓氏〉、〈纂註引用諸書〉、〈纂註引用諸家姓氏〉、朱子註〈孔序〉。〈小序〉，國家圖書館藏本置於《尚書》五十篇正文之前，《四部叢刊三編》本則置於全書之末。

03《通志堂經解》本

臺灣大通書局和漢京文化事業公司所影印的《通志堂經解》，其中收錄的《輯錄纂註》，書名作《書傳》。書前依序為蔡沈〈書集傳序〉、董鼎〈書蔡氏傳輯錄纂註序〉、〈小序〉、〈朱子說書綱領〉、〈書蔡氏傳輯錄纂註凡例〉、朱子註〈孔序〉；缺〈輯錄引用諸書〉、〈輯錄所載朱子門人姓氏〉、〈纂註引用諸書〉、

[註7] 頁108。書名著錄為《尚書輯錄纂註》。

[註8] 書名著錄為「《尚書輯錄纂註》」。

[註9] 頁193。

[註10] 按，游均晶《蔡沈〈書集傳〉研究》說：「按：『慶元』為南宋寧宗趙擴之年號（西元1195～西元1200），據董氏〈自序〉，《書蔡傳輯錄纂註》撰成於『元至大戊申』（即武宗至大元年，西元1308）。可見國家圖書館藏董書『慶元』二字為後人妄改，偽充宋版。」（頁35）其指出「慶元」二字乃後人妄改，是正確的；但以董鼎〈自序〉斷定《書蔡傳輯錄纂註》撰成於「元至大戊申」，則有誤。（理由見本章第三節對《輯錄纂註》刊刻經過的討論。）《國家圖書館善本書志初稿經部》張子文所作的提要僅謂：「『慶元』二字係手書，蓋係後人偽造以充宋版，然年月差訛，殊不高明，據董鼎自署至大戊申，至大是元武宗海山汗年號，而慶元則係宋寧宗年號，下距至大凡百餘年，造偽之蹟，非常顯然。」（頁54）未據以斷定《輯錄纂註》之撰成時間，較為合理。

〈纂註引用諸家姓氏〉。

　　按，大通書局和漢京文化事業公司《通志堂經解》所收陳師凱《書蔡傳旁通》，書前有《輯錄纂註》所缺之〈輯錄引用諸書〉等材料。據《欽定四庫全書薈要·總目》，《薈要》所收的《輯錄纂註》為：「內府所藏通志堂刊本繕錄，據元閩本恭校。」〔註11〕可知即以《通志堂經解》為底本。《薈要》所收的《輯錄纂註》，書前便有大通本和漢京本所缺的〈輯錄引用諸書〉、〈輯錄所載朱子門人姓氏〉、〈纂註引用諸書〉、〈纂註引用諸家姓氏〉。前文所引《鐵琴銅劍樓宋金元本書影（附識語）》說：「通志堂本蓋本此〔延祐 6 年刊本〕。」其所描述的延祐 6 年刊本亦有這些部分。而國家圖書館藏元至正 5 年建安余氏勤有堂刊本陳師凱《書蔡傳旁通》，書前則沒有這些材料。

　　《四庫全書薈要》成於乾隆 43 年，據關文瑛〈通志堂經解源流考〉指出，《通志堂經解》共有三刻：

> 始事於康熙十二年癸丑，告竣於康熙十九年庚申，凡七寒暑。……
> 容若歿後，版藏健菴尚書家。……流傳既久，原版或剝蝕不全，乾
> 隆五十年，乃由四庫全書館臣，將版片之漫漶斷闕者補刊齊全，訂
> 正譌誤，遂復臻於完善。……嗣後，《經解》原版藏於江寧藩署，而
> 印本流傳漸稀，於是同治十二年，粵東鹽政鍾君謙鈞請於制府，重
> 付梨棗，以廣其傳。鳩工庀材，甫一歲而藏事。〔註12〕

可知《薈要》所據，為最早的康熙 19 年刻本，當時尚未有此錯誤。至於大通、漢京二書局所據底本，兩書局雖皆標為「康熙 19 年木刻本」，但檢其內容，於每卷之後皆有「後學成德校訂，巴陵鍾謙鈞重刊」數字，於《五經蠡測》卷 6 末頁，更注明「粵東省城內，富文齋刊印」，〔註13〕實為同治 12 年刊本。又據陸心源（1834～1894）《儀顧堂續跋》說：

> 通志堂刊本……缺〈輯錄引用諸書〉、〈朱子門人姓氏〉、〈纂註引用
> 諸書〉、〈引用諸家姓氏〉。〔註14〕

則陸氏所見的《通志堂經解》本已缺這些部分。可見將《輯錄纂註》書前這些部分置於陳師凱《書蔡傳旁通》之前，為乾隆 50 年或同治 12 年刊本之誤。

〔註11〕頁 1-106。
〔註12〕《通志堂經解提要》頁 36279。
〔註13〕大通本，頁 23430。漢京本，頁 23528。
〔註14〕頁 64。

又《通志堂經解》本的底本，雖然據《鐵琴銅劍樓宋金元本書影（附識語）》所說，爲延祐6年刊本，但實際比對延祐6年刊本和《通志堂經解》本的〈輯錄所載朱子門人姓氏〉和〈纂註引用諸家姓氏〉，卻與延祐6年刊本不同，而較接近至正12年翠巖精舍刊本。（詳見第四章第二節）至少，《通志堂經解》本書前這兩個部分，並未完全根據延祐6年本，或者曾用其他刻本校刊。

04《四庫薈要》本

書名作《書傳輯錄纂注》。此本的來源，據《欽定四庫全書薈要・總目》說：

> 元鄱陽董鼎撰，今依內府所藏通志堂刊本繕錄，據元閩本恭校。
> 〔註15〕

可知所據爲《通志堂經解》本。此本書前依序爲董鼎〈書蔡氏傳輯錄纂註序〉、〈書傳輯錄纂註綱領〉、〈書蔡氏傳輯錄纂註凡例〉、〈書蔡氏傳輯錄引用諸書〉、〈輯錄所載朱子門人姓氏〉、〈纂註引用諸書〉、〈纂註引用諸家姓氏〉、朱子注〈孔序〉、〈小序〉，缺蔡沈〈書集傳自序〉。

05《四庫全書》本

書名作《書傳輯錄纂註》。此本據《總目》，爲「內府藏本」，惟此乃記載《四庫全書》所據底本的來源，至於版本則未注明，或與《薈要》本的來源相同。書前依序爲蔡沈〈書傳輯錄纂註序〉（當作〈書集傳序〉）、董鼎〈書傳輯錄纂註序〉、〈書傳輯錄纂註綱領〉、〈書傳輯錄纂註凡例〉、〈書傳輯錄引用諸書〉、〈輯錄所載朱子門人姓氏〉、〈纂註引用諸書〉、〈纂註引用諸家姓氏〉、朱子註〈孔序〉、〈小序〉。

06 日本《昌平叢書》本

臺灣大學圖書館藏有此本。劉起釪《日本的尚書學與其文獻》著錄有：

> 文化昌平官版《書集傳輯錄纂注》六卷、首一卷。元董鼎撰，納蘭性德校，《昌平叢書》本。文化十一年（1814）江戶昌平黌（昌平阪學問所）官版，據通志堂本刊。〔註16〕

07 日本文化江戶出雲寺本

未見。劉起釪《日本的尚書學與其文獻》著錄有：

〔註15〕頁1-106。
〔註16〕頁179。

文化江戶出雲寺本《書集傳輯錄纂注》六卷，首一卷。元董鼎撰，
納蘭性德校。文化十一年（1814）江戶出雲寺萬次郎刊本。〔註17〕
可知亦據《通志堂經解》本翻刻。

上述七種版本，主要有兩種來源，一是延祐6年建安余氏勤有堂刻本：
《通志堂經解》本、《四庫全書薈要》本、日本《昌平叢書》本、日本文化
江戶出雲寺本皆源於此。二是元至正14年翠巖精舍刻本。《四庫全書》本則
不詳所據，或亦屬《通志堂經解》本的系統。只是，如果《通志堂經解本》
書前部分曾用翠巖精舍刻本校過，則這兩種來源，在後來的傳刻上，區別便
不是那麼清楚。本論文以翠巖精舍刊本為依據，必要時參考《四庫全書薈要》
本。

二、現存陳櫟《書蔡氏傳纂疏》的版本

現存陳櫟《書蔡氏傳纂疏》的版本計有六種：

01 明山陰祁氏淡生堂傳鈔元梅溪書院本

現藏國家圖書館，書名作《書蔡氏傳纂疏》。此本《中央圖書館善本書目》
著錄為六卷。檢原書缺第三卷，抄錄者以鄒季友《書集傳音釋》補充，故實
存五卷。書前有「泰定丁卯陽月，梅溪書院新刊」字。泰定丁卯為元泰定帝
泰定4年（1328）。陳櫟《陳定宇先生文集・定宇先生年表》：

（泰定）四年丁卯，先生七十六歲，在璫溪館。正月望作〈書經傳
纂疏序〉，古邢張子禹命工刊行。〔註18〕

則梅溪書院所刊，當為此書初刻。不過，此本雖據初刻鈔寫，但錯字頗多。
又此本書前依序為蔡沈〈書集傳序〉、陳櫟泰定4年自序、〈書蔡氏傳疏凡例〉、
〈讀尚書綱領〉、朱子注〈孔序〉、〈小序〉。

02 明范氏天一閣抄本

六卷。未見。載於《中國古籍善本書目》（經部）。〔註19〕

03《通志堂經解》本

書名作《書集傳纂疏》。書前依序為蔡沈〈書集傳序〉、陳櫟泰定 4 年自

〔註17〕頁179。
〔註18〕頁256。
〔註19〕頁108。書名著錄為《尚書集傳纂疏》。

序、〈書蔡氏傳疏凡例〉、朱子注〈孔序〉、〈讀尙書綱領〉、〈小序〉。

04《四庫薈要》本

書名作《書集傳纂疏》。據《欽定四庫全書薈要·總目》說：

> 元婺源陳櫟撰，今依內府所藏通志堂刊本繕錄，據元張禹本恭校。

〔註20〕

可知源於《通志堂經解》。此本書前依序爲陳櫟〈書集傳纂疏原序〉、〈書集傳纂疏綱領〉、〈書集傳纂疏孔氏序〉（即朱子注〈孔序〉）、〈小序〉。缺蔡沈〈書集傳序〉、〈凡例〉。

05《四庫全書》本

書名作《書集傳纂疏》。此本所據的底本爲「兩江總督採進本」，來源與《薈要》本不同，但版本未詳，書前部分亦全略去。

06 日本《昌平叢書》本

臺灣大學圖書館藏有此本。劉起釪《日本的尙書學與其文獻》著錄有：

> 文化昌平官版《書集傳纂疏》六卷、首一卷。元陳櫟撰，《昌平叢書》本。文化八年（1811）江戶昌黌官版，據《通志堂經解》本刊。〔註21〕

綜上所述，陳櫟《纂疏》的版本，《四庫薈要》本和《通志經解》本是來源相同的兩種較完整的本子。然因《四庫薈要》本所據的《通志堂經解》爲初刻，且又據張禹初刻本校過，故本論文以之爲依據。

第二節 《輯錄纂註》與《纂疏》的體例

從著作的體例上看，董鼎《輯錄纂註》和陳櫟《纂疏》極爲相似。劉起釪《尙書學史》便說：

> （《輯錄纂註》）其用意手法略與陳書同，都載蔡《傳》全文，然後分別續以「纂疏」、「纂註」於後。〔註22〕

爲充分了解這兩部著作之間的關係，這一節先說明兩書的體例。

〔註20〕頁 1-105。
〔註21〕頁 178。
〔註22〕頁 287。

一、董鼎《輯錄纂註》的體例

　　《輯錄纂註》六卷，書前有董鼎的〈書蔡氏傳輯錄纂註序〉、輯錄朱子總論《尚書》之語而成的〈書傳輯錄纂註綱領〉、〈書蔡氏傳輯錄纂註凡例〉、〈書蔡氏傳輯錄引用諸書〉、〈輯錄所載朱子門人姓氏〉、〈纂註引用諸書〉、〈纂註引用諸家姓氏〉。正文六卷的編纂方式，先收錄《書集傳》，在每則「傳」文之後是「輯錄」，收錄董鼎當時所見朱子說《尚書》的相關資料。「輯錄」之後，則是「纂註」，收錄歷來的相關註解。董鼎自己的意見，亦置於「纂註」的部分，以「愚曰」、「愚謂」加以區別。

　　其詳細的體例，據書前〈書蔡氏傳輯錄纂註凡例〉（共有八則），除了：

> 諸本蔡《傳》脫誤字句，今依二程氏本補正，凡五十餘處。

一則用來說明對《書集傳》脫誤字句的補正；其餘七則之中，與書前「綱領」有關的有兩則：

> 案，久軒蔡氏杭〔抗〕淳祐經進本錄〈朱子與蔡仲默帖〉及〈語錄〉
> 數段在前，今各類入「綱領」、「輯錄」內，以便觀覽。
>
> 《朱子語錄》諸書，有總論一經及雜舉諸篇，難以分附各處者，別
> 爲「綱領」一卷，置之帙首，亦讀是書者所宜先知。

董鼎所見蔡杭〔抗〕淳祐經進本書前有〈朱子與蔡仲默帖〉和〈語錄〉的相關材料。以現存最早的《書集傳》，南宋呂遇龍上饒郡刻本參證，即書前的〈書傳問答〉。《輯錄纂註》將朱子對《尚書》的總論，皆歸入「綱領」之中；與各篇相關的材料則分置於「輯錄」。

　　與「輯錄」相關的有一則：

> 是書以朱子爲主，故凡《語錄》諸書，應有與《書經》相關者，靡
> 不蒐輯，倣《輯略》例，名曰「輯錄」，附蔡《傳》之次。或有與蔡
> 《傳》不合，及先後說自相同異處，亦不敢遺，庶幾可備參考。其
> 甚異者，則略之。

由「是書以朱子爲主」的話，可知《輯錄纂註》是朱子學派的著作。「輯錄」收錄朱子解《書經》的材料的原則是，儘量求資料的完備，即使是朱子與《書集傳》的意見不一致，亦儘量收錄，以備參考。至於所說的「其甚異者，則略之」，無法得知其詳情，考《輯錄纂註》在〈禹貢〉「九江孔殷」之「輯錄」說：

> 見後〈九江彭蠡說〉外，銖錄一段，疑朱子未定之說，故不贅輯。

〔註23〕

又〈禹貢〉「岷山導江，東別爲沱，又東至于澧，過九江，至于東陵，東迆北會爲匯，東爲中江入于海。」「輯錄」說：

> 《書說》中又有〈與程泰之書〉，與〈九江彭蠡說〉異，想非定說，故不贅輯。〔註24〕

這或許即是凡例所說的情況。

與「纂註」相關的有三則：

> 增纂諸家傳註，或推蔡氏所本，或發其所未盡，或補其所不及。大約以經文爲序，訓詁居先，釋經義者次之，疏《傳》義及釋音又次之，己說處末，名曰「纂註」，以附於「輯錄」之後。

> 增纂諸家之說，或節取其要語，其有文勢未融貫處，與夫辭旨未條暢處，倣《集註》例，頗加隱括，并用其意足之。

> 經文音釋，大槩如陸氏《釋文》。其有與古註異處，讀蔡《傳》可知，亦有間見蔡《傳》及「輯錄纂註」中。今只於《傳》內，除文理旁音不可求者，案諸家字書反切附註焉。

從第一則可知，「纂註」所收錄的材料，編排的順序大致爲：訓詁、釋經義、疏《傳》義、釋音，並將董鼎自己的意見附於最末。由第二則可知，「纂註」引用諸家之說的體例，是採節取、隱括的方式，而不是全文引錄。第三則則說明了釋音的體例，主要是用來補充《書集傳》傳文和「輯錄纂註」所引諸家之說的不足。像〈禹貢〉：「厥貢璆、鐵、銀、鏤、砮、磬，熊、羆、狐、狸、織皮。」《書集傳》說：

> 織皮者，梁州之地，山林爲多，獸之所走。熊、羆、狐、狸，四獸之皮，製之可以爲裘；其毳毛，織之可以爲罽也。〔註25〕

其中，「罽」字的音義無法從《傳》文之上下文得知，且「纂註」所引「歸軒鄒氏」之說，亦未對此字有所說明，故引《玉篇》：

> 罽，居例反，字正作繼。〔註26〕

以釋。又根據第一則，可知「纂註」的目的有三：一是推《書集傳》所本，

〔註23〕卷2頁13b。
〔註24〕卷2頁30b。
〔註25〕卷2頁17b。
〔註26〕卷2頁17b。

二是發《書集傳》所未盡，三是補充《書集傳》所不及。由第二、三個目的可知，《輯錄纂註》的工作雖近於爲《書集傳》作疏，但內容上並非僅止於作爲《書集傳》的附庸，而有較多發揮的空間。所以「凡例」對其所「輯錄」和「纂註」的工作強調：

> 「輯錄纂註」中，多折衷歸一者。其或同異并存，與姑備一說處，
> 善讀者詳擇焉。

除了「折衷歸一」的部分外，尙有「同異并存」和「姑備一說」的情形。

以〈舜典〉：「愼徽五典，五典克從；納于百揆，百揆時敍；賓于四門，四門穆穆；納于大麓，烈風雷雨弗迷」爲例，經文之後爲《書集傳》之傳文：

> 徽，美也。五典，五常也。父子有親，君臣有義，夫婦有別，長幼
> 有序，朋友有信是也。從，順也。左氏所謂：「無違教也」。此蓋使
> 爲司徒之官也。揆，度也。百揆者，揆度庶政之官。惟唐虞有之，
> 猶周之冢宰也。時敍，以時而敍。左氏所謂：「無廢事也」。四門，
> 四方之門。古者以賓禮親邦國，諸侯各以方至，而使主焉，故曰賓。
> 穆穆，和之至也。左氏所謂：「無凶人也」。此蓋又兼四岳之官也。
> 麓，山足也。烈，迅；迷，錯也。《史記》曰：「堯使舜入山林川澤，
> 暴風雷雨，舜行不迷。」蘇氏曰：「洪水爲害，堯使舜入山林，相視
> 原隰。雷雨大至，眾懼失常，而舜不迷。其度量有絕人者，而天地
> 鬼神，亦或有以相之歟？」愚謂：遇烈風雷雨，非常之變，而不震
> 懼失常，非固聰明誠智，確乎不亂者，不能也。《易》：「震驚百里，
> 不喪匕鬯。」意爲近之。〔註27〕

接著是「輯錄」，共收錄四則材料：

> 人傑問：「『徽五典』，是使之掌教；『納于百揆』，是使之宅百揆；『賓
> 于四門』，是使之爲行人之官；『納大麓』，恐是爲山虞之官。」曰：
> 「若爲山虞，則其職益卑。且合從《史記》說：使之入山，雖遇風
> 雨，弗迷其道也。」

> 「納于大麓」，當以《史記》爲據，謂如治水之類。「弗迷」，謂舜不
> 迷於風雨也。若主祭之說，某不敢信。且雷雨在天，如何解迷？若
> 是舜在主祭，而乃有風雷之變，豈得是好！（義剛）

〔註27〕卷1頁17a。

「烈風雷雨弗迷」，只當從太史公說。若從主祭說，則「弗迷」二字
說不得。弗迷，乃指人而言也。（廣）

顯道問：「『納于大麓，烈風雷雨弗迷』，說者或謂大錄萬機之政，或
謂登封泰山，二說如何？」曰：「《史記》載『使舜入山林，烈風雷
雨，弗迷其道』。當從《史記》。」〔註28〕

有的版本，在「人傑問」和「納于大麓」兩則之前，有「○」。其目的，是用
來對材料的內容作出大致的區分。（即使沒有「○」，還是可以看出，四則材
料的編排規則。）以這個例子來說，第一個「○」的問題，爲討論「大麓」
是否爲官名。第二個「○」則偏重在「烈風雷雨弗迷」的解釋。《書集傳》直
接用了朱子的意見，以《史記》爲解釋的依據。其次，依《輯錄纂註》之習
慣，對「輯錄」中所輯的材料，皆儘量注明發問者或記錄者：如果所輯《語
錄》內容已有「某某問」的，大多不再特別注明，如上引第一則的「人傑問」，
第四則的「顯道問」。如果引文中未加注明，則於所輯材料之後以小字注明記
錄者或出處。如上引第二則注明「義剛」，第三則注明「廣」。據書前〈輯錄
所載朱子門人姓氏〉，「人傑」即「萬人傑」，「顯道」即「包顯道」，「義剛」
即「黃義剛」，「廣」即「輔廣」。「輯錄」之後爲「纂註」：

呂氏曰：「慎徽」二字，當玩味。「慎」有「敬敷」之意，「徽」有「在
寬」之意。

○夏氏曰：「五典」之屬，即「命以位」之事。

○孔氏曰：「麓」，錄也。納舜使大錄萬機之政，陰陽和，風雨時，
各以其節，不有迷錯愆伏，舜之德合於天。

○蘇氏曰：漢以來有「大錄萬機」之說，故章帝始置大傅，錄尚書
事。晉以後，強臣將纂者，多爲之。考其所由，蓋古文「麓」作「纂」，
故誤爾。

○林氏曰：堯時官莫尊於百揆者。大錄萬機之政，非百揆而何？可
證孔《註》之非。

○李氏曰：胡不以《孟子》考之？所謂主事而事治，即「典從」、「揆
敘」、「穆穆」之類是也。所謂主祭而百神享，即「納大麓」、「風雨
弗迷」是也。《孟子》之說，《書》之義疏也。

〔註28〕卷 1 頁 17a。

○新安陳氏曰：主錄萬機之說，姑並存之。

愚謂：此一節與〈堯典〉「以親九族」而「九族睦」，至「協和萬邦」
而「民時雍」，語意氣象相似。分明上句是感，下句是應，見二聖人
隨感隨應，功用神速處。〔註29〕

這一部分，共收錄八則材料，每則材料之前，用「○」予以區隔。所引用的
作者與著作，對照〈纂註引用諸家姓氏〉，除「李氏」不詳爲何人外，〔註30〕
「呂氏」即「呂祖謙《書說》」，「夏氏」即「夏僎《全解》」，「孔氏」即「孔
安國《古註》」，「蘇氏」即「蘇軾《全解》」，「林氏」即「林之奇《全解》」，「新
安陳氏」即「陳櫟《書解折衷》」。最後的「愚謂」，則爲董鼎自己的意見。材
料所對應的問題，以經文爲序，依次爲「愼徽」、「五典」、「大麓」。「愼徽」
的部分，引用呂祖謙對「愼徽」義理的發揮，爲《書集傳》所無，相當於「凡
例」所說，爲「發蔡《傳》所未盡」或「補充蔡《傳》所不及」的工作。「五
典」的部分，引用夏僎異於《書集傳》的解釋，相當於「凡例」所說，「同異
并存」和「姑備一說」的作法。「大麓」的部分，先錄孔安國之說，用以補充
說明「輯錄」中「顯道」所指的「或曰」。接著的蘇軾、林之奇之說，則用以
補充對孔安國說的辨駁。由於《書集傳》採用朱子的意見，所以這裏對「輯
錄」的補充，實即對《書集傳》的補充。最後，所錄的李氏和陳櫟之說，則
是「姑備一說」的作法。

二、陳櫟《纂疏》的體例

《纂疏》六卷，書前有蔡沈〈書集傳序〉、陳櫟泰定 4 年自序、〈書蔡氏
傳疏凡例〉、〈讀尚書綱領〉、朱子注〈孔序〉、〈小序〉。正文六卷的編纂方式
爲，經文之後先收錄《書集傳》，在「傳」文之後則有「纂疏」，收錄陳櫟當
時所見朱子說《尚書》的資料，以及錄歷來的相關註解。陳櫟自己的意見，
則置於「纂疏」之末，以「愚謂」、「愚案」加以區別。「纂疏」的部分，相當
於《輯錄纂註》之「輯錄」和「纂註」的合併，二書所錄的材料亦有相當程
度的重疊。

全書的體例，據〈書蔡氏傳纂疏凡例〉（共五則），與書名相關的有一則：

標題此書云：「尚書蔡氏集傳」，法朱子刊伊川《易傳》，標曰「周易

〔註29〕卷 1 頁 17b。
〔註30〕「纂註」中的李氏不詳爲何人。詳見第四章第二節。

程氏傳」，尊經也。首卷有「朱子訂定」四字，不忘本也。自二卷起，
去四字，紀實也。

這是因爲朱子「改本」只有《書序》、二〈典〉和〈大禹謨〉到「正月朔旦，
率百官若帝之初」爲止的部分。按，董鼎《輯錄纂註》於每卷之前，皆有「朱
子訂定蔡氏集傳」數字，並於〈書蔡氏傳輯錄纂註序〉說：「既嘗親訂之，則
猶其自著也。」在「正月朔旦，率百官若帝之初」下注云：「愚按，朱子親集
《書傳》，自〈孔序〉止此。其他大義，悉口授蔡氏，并親稾百餘段，俾足成
之。」〔註31〕可見董鼎採較寬泛的立場，和陳櫟的標準略有不同。不過，陳
櫟的標示方式，並不能眞正「紀實」，因卷一包含的〈堯典〉、〈舜典〉、〈大禹
謨〉、〈皋陶謨〉、〈益稷〉五篇，陳櫟並未注明朱子「訂傳」終止之處，可能
讓人誤以爲全卷皆經朱子訂定。

　　與「纂疏」的體例有關的，有四則，其中與《語錄》有關的，有三則：
　　　今采朱子《語錄》，不書錄者姓名，法《近思錄》也。倂在「纂疏」
　　　內，依趙氏《四書纂疏》例也。然《語錄》必居諸說之前，尊先師
　　　也。

　　　朱子《語錄》發明此《傳》而不可無者，載之。《傳》意已明，無俟
　　　云云，及非說本章經旨者，皆不汎載，務謹嚴也。

　　　一部《尚書》，朱子於闕疑，諄諄言之，今遇可疑，姑略存舊說，後
　　　明云當闕疑焉。

首先，《纂疏》的編纂，大致沿用朱子學派既有著作的現成體例，所以書名做
朱子刊伊川《易傳》；引用朱子《語錄》不標錄者姓名，仿朱子《近思錄》；
將朱子《語錄》與諸家註解一倂放在「纂疏」中，做趙順孫《四書纂疏》。其
次是所纂的材料，比董鼎《輯錄纂註》簡略。這是因爲遵守「《傳》意已明，
無俟云云，及非說本章經旨者，皆不汎載，務謹嚴也」的原則所致。陳櫟認
爲，所纂的朱子《語錄》，主要用來幫助了解《傳》義，所以，《傳》義已明，
或與經旨無關的材料，皆不錄入。然由於朱子的特殊身份，故對於《書集傳》
的解釋可能有疑問的部分，亦加以標明。至於《語錄》以外，諸家解的部分，
「凡例」僅有極簡單的一則：

　　　所纂諸家解，只書其名於姓下，而不列姓名於篇端。

對諸家解的用意，並未說明。

為了說明方便，此處仍以〈舜典〉：「慎徽五典，五典克從；納于百揆，百揆時敘；賓于四門，四門穆穆；納于大麓，烈風雷雨弗迷」為例。經文之後為《書集傳》之傳文，傳文之後即為「纂疏」：

> 《語錄》：問：「『納大麓』，恐是為山虞之官？」曰：「若此，則其職益卑。且合從《史記》說，雖遇烈風雷雨，弗迷其道也。若主祭之說，某不敢信。若是舜主祭，而乃有風雷之變，豈是好事？」
>
> ○夏氏曰：「徽」、「典」以下，即「命以位」之事。
>
> ○呂氏曰：「慎徽」二字，當玩味。「慎」有「敬敷」意，「徽」有「在寬」意。
>
> ○王氏曰：大麓，泰山之麓也。後世封禪之說，傅會於此。
>
> ○李氏曰：《孟子》謂「使主事而事治」，即「典從」以下是也。「使主事而神享」，即「納大麓」而「弗迷」是也。《孟子》之言，《書》之義疏也。
>
> ○呂氏曰：此處與堯以親至、時雍同。有夫子立斯立，道斯行，綏斯來，動斯和之意。
>
> ○愚按：主祭之說，姑並存之，以備參攷。〔註32〕

共錄七則資料。第一則為朱子《語錄》，即凡例「《語錄》必居諸說之前，尊先師也。」的表現。又所載的《語錄》僅一則，與《輯錄纂註》所收錄的四則材料相較，《纂疏》顯然將朱子相關的材料揉合為一則，且略去了記錄者的姓名。另外六則材料，與《輯錄纂註》相比，不錄孔安國、蘇軾、林之奇、董鼎的意見，加入「王氏」（王安石）、「呂氏」（呂祖謙，《纂疏》此處共收錄兩則呂祖謙的見解）的意見。所錄的材料，亦大致依經文的順序「慎徽五典」、「大麓」安排。所略去的材料，一為蘇軾、林之奇對孔安國的駁正。孔安國之說，在《書集傳》中並未提及，可見《纂疏》的性質較《輯錄纂註》更偏重於為蔡《傳》作疏。二是《輯錄纂註》中，董鼎的意見與呂祖謙相近，陳櫟僅收錄時間較早的呂祖謙之說。至於所增入的王安石之說，則與所引李氏之說相關，而時間較早，故置於李氏之前。

〔註32〕卷 1 頁 20b，總頁 19-448。

三、本論文以《輯錄纂註》爲根據的理由

由上述《輯錄纂註》和《纂疏》體例的說明可知，兩部著作的性質雖然都是爲《書集傳》和朱子的《尚書》說作疏，但《纂疏》要比《輯錄纂註》更加謹守《書集傳》、朱子說的規範；與《輯錄纂註》諸說並存的傾向略有不同。陳櫟較嚴格地限制所收錄的材料內容，自然有其利於初學者的考量；但這樣一來，卻無法較完整地保存原始材料。比較之下，董鼎《輯錄纂註》對所收錄的材料，標注較爲詳盡，資料價值較高。尤其是書中引用朱子之語，皆注明記錄者或出處，對所引錄之文句的改動，相對於《纂疏》亦較少。且據書前的〈輯錄所載朱子門人姓氏〉、〈纂註引用諸書〉和〈纂註引用諸家姓氏〉，其所根據的材料來源，有許多在今日已經亡佚，如周偁所錄的《師說》、黃士毅所集《書說》、湯巾所集《書說》等，皆可補充研究上之不足。（詳第四章第一節。）故本論文以《輯錄纂註》作爲基礎，《纂疏》僅於必要時，作爲輔助之用。

第三節　《輯錄纂註》的編纂經過

董鼎和陳櫟二書不僅體例極爲接近，兩部書的刊行時間，亦相距不遠。若進一步探究，可以發現陳櫟除了編纂《纂疏》一書外，與董鼎《輯錄纂註》的刊刻，亦有十分密切的關係。釐清兩部著作刊行的經過與關聯，有助於理解二書的性質。〔註33〕

一、參與《輯錄纂註》編纂、刊刻的學者

董鼎，正史無傳，相關的記載亦極少；他的著作流傳至今的，除了《輯錄纂註》外，只有《孝經大義》。一般對他的了解，多依據《宋元學案》所說：

> 字季亨，鄱陽人，介軒之族弟也。（雲濠案：一作介軒徒。）其〈自序〉曰：「鼎生也晚，于道未聞，賴族兄介軒親受學于勉齋、槃澗，故再傳而鼎獲私淑焉。」別號深山。所著《尚書輯錄纂註》六卷，草廬極稱之。其采拾諸家極博，不守一師之說，有功于《尚書》也。

〔註33〕關於《輯錄纂註》編纂刊刻經過的研究，目前爲止僅有：許華峰〈從陳櫟《定宇集》論其與董鼎《書傳輯錄纂註》的關係〉和陳恆嵩〈董鼎《書蔡氏傳輯錄纂註》〉對蔡沈《書集傳》的疏釋〉兩篇論文。這一節以較詳細的〈從陳櫟《定宇集》論其與董鼎《書傳輯錄纂註》的關係〉爲基礎，加以補正，說明《輯錄纂註》編纂的相關問題。

〔註34〕

得知他是朱子的三傳弟子，有功於《尚書》。他的生卒年，據其子眞卿爲《輯錄纂註》作的跋說：

> 及悼棄煢孤之三年，會聖天子興賢，有詔命習《書》者惟蔡《傳》
> 是宗，斯文開運，其在斯乎！〔註35〕

〈科舉詔〉在元仁宗皇慶 2 年（1313）11 月，則董鼎約卒於元仁宗至大 4 年（1311）。又據吳澄〈書傳輯錄纂註後序〉說董鼎「年六十八而終」，〔註36〕推知約生於南宋理宗淳祐 4 年（1244）。〔註37〕

《輯錄纂註》的編纂和刊刻，與陳櫟有密切的關聯。陳櫟的《陳定宇先生文集》對此事有約略的記載（以下引用陳櫟之文，未特別注明出處者，皆出自《陳定宇先生文集》）。陳櫟，根據《陳定宇先生文集》的編者清陳嘉基所作的年譜：〔註38〕字壽翁，宋理宗淳祐 12 年（1252）生，元順宗元統 2 年（1334）卒，曾先後編纂過《書解折衷》（以下簡稱《折衷》）和《纂疏》。《折衷》今已不傳，據陳櫟〈書解折衷自序〉說：

> 蔡氏受朱子付託，惜親訂僅三篇。朱子說《書》，謂通其可通，毋強
> 通其難通，而蔡氏於難通罕闕焉。宗師說者固多，異之者亦不少。
> 予因訓子，遂掇朱子大旨及諸家之得經本意者句釋於下，異同之說，
> 低一字折衷之。《語錄》所載，及他可採之說，與夫未盡之蘊，皆列
> 於是。惟以正大明白爲主，一毫穿鑿奇異，悉去之。〔註39〕

〔註34〕頁 2972。文中所引的〈自序〉，即董鼎爲《輯錄纂註》所作的序，由其敘述自己的師傳，較爲可靠。所以《大明一統志》卷 50「饒州府」，「人物」說董鼎是「德興人。自幼力學，受業於勉齋黃榦，得其端緒。嘗著《書傳纂疏》行世。」（頁 808。）又《正德饒州府志》也說：「受學勉齋黃榦，得其端緒。嘗著《書傳》、《詩傳》、《四書疏義》。」（頁 637）清孟慶雲修，楊重雅纂的《德興縣志》也說：「受學於勉齋黃氏，得朱子遺緒。嘗注《詩經》，訓釋《四書釋義》、《孝經大義》等書，尤精於《尚書》，謂安國之傳，不無可疑，穎達之疏，惟詳制度，無當於二帝三王群聖人之用心，因取朱子《集傳》爲宗，蒐集語錄諸注，參稽互訂，以成一書。後人採入大全，世祀於深山書院焉。」（頁 959）謂受學於黃榦，都不正確。

〔註35〕《經義考》卷 85 頁 6b。

〔註36〕《吳文正公集》頁 231。

〔註37〕說見陳恆嵩〈董鼎《書蔡氏傳輯錄纂註》對蔡沈《書集傳》的疏釋〉註 11。

〔註38〕頁 254。

〔註39〕頁 267。

可知原爲訓子而作，內容以朱子爲宗，體例採句釋的方式。所採的材料除了
《書集傳》外，亦用了諸家之說。取材的標準爲「正大明白」不「穿鑿奇異」。
諸說若有異同的情形，則「低一字折衷之」。其中，折衷的對象亦包括《書集
傳》在內，特別是蔡沈異於師說的部分。此書後來擴充爲《纂疏》。陳櫟作於
元泰定 4 年（1327）的〈尙書蔡氏集傳纂疏自序〉說：

> 自有註解以來，三四百家，朱子晚年，始命門人集傳之，惜所訂正，
> 三篇而止。聖朝科舉興行，諸經《四書》，一是以朱子爲宗，《書》
> 宗蔡《傳》，固亦宜然。櫟不揆晚學，三十年前時，科舉未興，嘗編
> 《書解折衷》，將以羽翼蔡《傳》。亡友胡庭芳見而許可之，又勉以
> 即蔡《傳》而纂疏之，遂加博采精究，方克成編。〔註40〕

據陳櫟自述，《纂疏》是由其早年所編，用來「羽翼蔡《傳》」的《折衷》擴充
而成。《纂疏》宗《書集傳》的理由，除了科舉的緣故外，主要是因爲《書集傳》
受朱子之託而作，且有三篇曾經朱子訂正，算是最能代表朱子解《尙書》的著
作。故《書》宗《書集傳》，實是出於宗朱的緣故。就陳櫟自己的說法，《折衷》
與《纂疏》的基本體例與「宗朱」的立場並無太大的差異。〔註41〕

陳櫟之所以將《折衷》擴編爲《纂疏》，主要緣於好友胡一桂的大力推動。
除了〈尙書蔡氏集傳纂疏自序〉之外，《陳定宇先生文集》提及胡一桂對《纂
疏》的關心與促成之處尙有〈與高四叔翁〉第一書：

> 去年婺源胡雙湖數相勉，將蔡氏《書傳》編附錄纂疏，勉從其言，
> 成得三分之一。〔註42〕

和〈送董季眞入閩刊書序〉：

> 予二十年前亦嘗編《書解折衷》，宗朱、蔡，采諸家，附己見，大略
> 相類，第不盡載蔡《傳》於前耳。星源雙湖胡公見予所編，季眞聞
> 之，轉索焉，將會於一。予以相去遠，相見難，未之發也。雙湖敦
> 勉自成，蔡《傳》錄註，至〈商書〉而雙湖不祿，意遂息。〔註43〕

由陳氏所言，可知胡一桂雖勉勵陳櫟將《折衷》擴充成《纂疏》；但尙未及見

〔註40〕 頁 268。
〔註41〕 《總目》認爲陳櫟在延祐開科前後，於對《書集傳》的態度有所不同；但《總
　　　　目》之說，並不正確。詳論文第一章第一節以及許華峰〈論陳櫟《書解折衷》
　　　　與《蔡氏傳纂疏》對《書集傳》的態度〉的相關說明。
〔註42〕 頁 392。
〔註43〕 頁 281。

到《纂疏》完成，便去世了。陳櫟對《纂疏》的編纂工作，亦因而停頓。

胡一桂，據《元史‧儒學傳》說：

> 字庭芳，徽州婺源人。……初，饒州德興沈貴瑤，受《易》於董夢
> 程，夢程受朱熹之《易》於黃榦，而一桂之父方平乃從貴瑤、夢程
> 學。……一桂之學，出於方平，得朱熹氏源委之正。宋景定甲子，
> 一桂年十八，遂領鄉薦，試禮部不第，退而講學，遠近師之，號雙
> 湖先生。所著書有《周易本義附錄纂疏》、《本義啓蒙翼傳》、《朱子
> 詩傳附錄纂疏》、《十七史纂》，並行于世。〔註44〕

生於南宋理宗淳祐 7 年（1247），約卒於元仁宗延祐元年（1314）。〔註45〕陳櫟
《纂疏》編纂工作中斷的時間，大約即在胡一桂的卒年。胡一桂除了鼓勵陳櫟
作《纂疏》，本身亦從事諸經「纂疏」的編纂。他的《周易本義附錄纂疏》和《朱
子詩傳附錄纂疏》皆為「纂疏」體的著作。而且，據《宋元學案》卷 89〈介軒
學案〉，〔註46〕董鼎和胡一桂淵源頗深，他們不僅同為朱子後學，在師承上，胡
一桂的父親胡方平和董鼎同為董夢程的學生，董鼎的兒子董眞卿則是胡一桂的
學生。董眞卿，字季眞，正史無傳。據清同治 11 年刊《德興縣志》說：

> 鼎之子，幼穎悟，潛心學問，尤邃於《易》。鄒季友稱其得家傳，得
> 師傳，且得心傳。槃澗受《易》於朱子，家塾授受，此家傳也。弱
> 冠從雙湖胡公遊，講學不倦，此師傳也。若夫得言忘象，得意忘言，
> 則非見聞所及矣。所著有《周易會通》。〔註47〕

其《周易會通》原名《周易經傳集程朱解附錄纂註》，也是「纂註」體的經學
著作。他們的關係，清納蘭性德《通志堂集》有較詳細的說明。〈周易啓蒙通
釋序〉說：

> （胡）方平字師魯，世所稱玉齋先生，而雙湖胡一桂庭芳父也。……
> 其生平《易》學，本於介軒董夢程，復師毅齋沈貴瑤。二君皆饒之
> 德興人，介軒故受《易》於勉齋黃榦，又為槃澗董銖之猶子，宜其
> 淵源有自來也。〔註48〕

〈鄱陽董氏周易會通序〉說：

〔註44〕頁 4322。
〔註45〕這是根據董眞卿和陳櫟合作刊書的時間約在延祐 2 年（詳後）所作的推測。
〔註46〕頁 2245，頁 2969。
〔註47〕頁 961。
〔註48〕《通志堂集》卷 10 頁 10b。

> 季眞爲深山先生之子，槃澗先生之從子。受學於雙湖胡氏、勿軒熊
> 氏。胡氏之學本於其父玉齋，玉齋師毅齋沈氏，沈氏學於介軒董氏，
> 董學於勉齋黃氏。熊之學本於進齋徐氏，徐學於節齋蔡氏，蔡又爲
> 勉齋之友。當時師弟子授受淵源可攷，皆本於程朱子者也。〔註49〕

所以，董鼎、胡一桂、董眞卿可以視爲朱子後學同一個支派，而且在著作上
有共同作法的學者。

另外，〈鄱陽董氏周易會通序〉所提及的熊禾，亦相當值得注意。他和胡
一桂是好友，同時亦爲董眞卿的老師。熊禾（1247～1312）的師承，據董眞
卿〈周易會通引用諸書臺賢姓氏〉：

> 熊氏禾、去非、勿軒先生，晚號退齋，建安人。登宋咸淳甲戌第，迪
> 功郎、邵武軍司戶。其學得之徐進齋及永嘉劉敬堂經濟之學，有書四
> 篇曰《農禮刑兵藁》，粗定而無傳。今所行世者，《標題四書》及此《易》
> 說數段，又有《詩選正宗》等編。雜文多見《翰墨全書》。〔註50〕

指出熊禾之學得自徐幾（進齋）和劉敬堂。至於《熊勿軒先生文集》卷首託
名爲元許衡作於至元17年之序文說：「自幼有志道學，師事文公高弟輔氏。」
〔註51〕認爲是輔廣的弟子；王梓材於《宋元學案》卷64〈潛庵學案〉說：

> 董丞相槐爲嘉定六年進士。次年甲戌，下至咸淳十年復在甲戌，如
> 先生與丞相同學于潛庵，不當年歲懸絕如是。所謂考亭之門人輔氏，
> 亦謂輔氏之門耳，非親受于潛庵可知。又案：王宗學文貫爲寶慶三
> 年丙戌進士，前于咸淳甲戌者四十八年，已爲潛庵再傳弟子，益知
> 先生之非親受業也。〔註52〕

指出熊禾的年歲，不可能直接受業於輔廣。又，據朱鴻林的研究指出，熊禾
的師承，家學得自於熊慶胄（朱子二、三傳）和熊節（朱子門人）；在家學之
外，則得自劉敬堂（？）、徐幾（朱子二、三傳）。〔註53〕所以，可以算是朱
子的第三或四傳。

熊禾雖然沒有以「纂疏」或「纂註」爲名的著作流傳下來，但他與胡一桂交

〔註49〕 《通志堂集》卷11頁7a。
〔註50〕 《周易會通》頁44。
〔註51〕 〈許序〉頁1a。
〔註52〕 頁2068。
〔註53〕 見朱鴻林〈元儒熊禾的傳記問題〉和〈元儒熊禾的學術思想問題及其從祀孔
　　　　廟議案〉二文。

往甚密，極可能是編纂這一類著作的重要籌劃者之一。他在〈送胡庭芳序〉說：

> 余讀書武夷山中，有胡君庭芳自新安攜一編書來訪，究其業，蓋自朱子而尤粹于《易》。留山中三閱月，相與考訂，推象數之源，極義理之歸。書成，余已爲係語其後矣。又復相與推究文公所論他經大旨，重惟《詩》、《書》二經，訓義已具，獨《三禮通解》猶未完書，而《春秋》則僅發其旨要。白鹿、臨漳所刊，尚有望于後之人。余知非其任而竊有志焉！《春秋》一經，蓋竭精力者九年，而稿本燼于丙子（1276）之厄。俯仰十載，學殖荒落。余交游多矣，論經說理，鮮有如君者。何幸得因切磋究之，相與纂述，以成一家言，豈非宇宙間一大快事乎！胡君曰諾！歸將考隸一經焉。明年春，當齎糧武夷山中，以畢斯業。〔註54〕

〈送胡庭芳後序〉說：

> 重念己丑（元世祖至元 26 年，1289）與庭芳握手歎慨秦漢以下，天下所以無善治者，儒者無正學也。儒者所以無正學者，六經無完書也。六經無完書，則學不可得而講矣。儒者無正學，則道不可得而明矣。……考亭夫子，集正學大成，平生精力在《易》、《四書》、《詩》僅完。《書》開端而未及竟，雖付之門人九峰蔡氏，猶未大暢厥旨。《三禮》雖有通解，缺而未備者尚多，至門人勉齋黃氏、信齋楊氏麤完喪祭二書，而授受損益，精意竟無能續之者。若《春秋》則不過發其大義而已，豈無所俟於來學乎？當吾世不完，則亦愧負師訓多矣。……余與君相與講切纂指，蓋十有七年矣！《易》、《詩》、《書》僅爾就緒，《春秋》更加重纂，則皇帝王伯之道亦麤備矣。惟《三禮》乃文公與門人三世未了之書，所關甚重，且《周官》六典元不亡，當復其舊，而《儀禮》十七篇且欲各附記禮傳義，以爲之兆，當猶有俟也。〔註55〕

可以推想當時胡一桂曾和熊禾商議，爲諸經編纂相關的讀物，並已有了具體的成果。據《新安文獻志》卷 70 所收汪師泰〈胡玉齋（方平）傳（子一桂）〉說胡一桂：

> 嘗入閩博訪諸名士，以求文公緒論。建安熊去非方讀書武夷山中，

〔註54〕《熊勿軒先生文集》卷 1 頁 10a。
〔註55〕《熊勿軒先生文集》卷 1 頁 12a。

與之上下議論，歸則裒集諸家之說，疏朱子之言，為《易本義附錄
纂疏》、《本義啓蒙翼傳》。……去非曰：「更得《詩》、《書》、《春秋》、
《周禮》、《儀禮》，一如《易纂》，以復六經之舊，豈非文公所望於
吾輩者乎！」一桂又為《詩傳附錄纂疏》、《十七史纂》、《人倫事鑒》、
《歷代編年》諸書，竝行于世。〔註56〕

可知熊禾當時與胡一桂計劃編纂的，很可能就是諸經「纂疏」。〈送胡庭芳後
序〉所說的「《易》、《詩》、《書》僅爾就緒」，極可能就是指董鼎、胡一桂所
編的諸經纂疏。從董鼎、董眞卿與胡一桂之間的關係以及熊禾的話來看，胡
一桂勸陳櫟編《纂疏》，不是出於偶然。

　　至於陳櫟，雖在學派的傳承上與董鼎諸人的關係不是那麼密切，但他的
老師黃常甫是朱子學的三傳弟子，所以陳櫟為朱子四傳。何況，從《陳定宇
先生文集》可知，胡一桂和陳櫟亦為好友。

　　由上文的說明可知，這些師承關係密切，且同為朱子第三傳或四傳，乃
至第五傳的學者，在宋末元初，有計劃地編纂了一批《易》、《詩》、《書》諸
經，以「纂疏」、「纂註」為名，且體例相近的著作。

　　茲將這批學者的師承關係圖示如下：

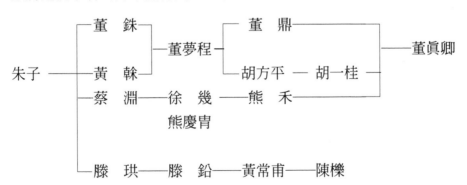

二、陳櫟與《輯錄纂註》的編纂

　　據前文所引的〈送董季眞入閩刊書序〉，在胡一桂勸陳櫟編書之前，董鼎
已經先從事《輯錄纂註》的編纂，董鼎去世之後，編書的工作轉由董眞卿接
手。《輯錄纂註》於〈堯典〉「申命和叔」下之「纂註」，錄「金氏曰」（金燧）：
　　〈堯典〉中星與〈月令〉不同，〈月令〉中星與今日又不同。歲有差

〔註56〕頁 1376-188。

數，先賢故立歲差之法以步之。差法，當以七十三年者爲稍的。堯時，冬至，日在虛七度，昏昴中。至〈月令〉，時該一千九百餘年。〈月令〉，冬至，日在斗二十二度，昏奎中。至本朝初，該一千七百餘年。冬至，日在斗初度，昏壁中。今延祐，又經四十餘年，而冬至日在箕八度矣，昏亦壁中。以此驗之，誠有不同。〔註57〕

由「今延祐」，可知金燧這一則材料，作於延祐時，是在董鼎去世之後，才收入的。董眞卿對《輯錄纂註》，持續編纂，並增收材料。他在延祐戊午（1318）爲《輯錄纂註》作的跋說：

大德甲辰，命眞卿從雙湖胡先生一桂、退齋熊先生禾讀《易》武夷山中，因得刊行先君所著《孝經大義》。時欲并刻此書，眞卿歸而以請，先君乃曰：「有朱、蔡二師在前，編集其可苟乎！吾餘齡暇日，尚須校定。」且謂眞卿曰：「是書將盛行，吾老矣，當不及見。傳之者，汝也。」……晚雖重加校定，尚欲質之同志而未遂。眞卿仰遵先訓，求正於當世儒先，與先君之舊交，如蔡初王先生希旦、雙湖胡先生、定宇陳先生櫟、息齋余先生芑舒，多得所討論，於朱、蔡此書，似爲大備。〔註58〕

可知董眞卿遵照父命，將書稿至少給王希旦、胡一桂、陳櫟和余芑舒四位學者過目，並提供修訂的意見，陳櫟並非唯一參與的學者。這也說明了，雖然《輯錄纂註》的作者，一般都認爲是董鼎，實際上則是成於眾手。董鼎只是其中最重要的編纂者。

董鼎從事《輯錄纂註》編纂的時間，比陳櫟作《折衷》的時間更早。陳櫟〈送董季眞入閩刊書序〉說：

先知爲知，大公爲仁，何謂也？番陽深山董公，三十年前嘗宗蔡氏《書傳》，輯朱子《語錄》，增諸家注解，間以己見發明之。書成，藏於家，其嗣子季眞謀刊以廣其傳。予二十年前亦嘗編《書解折衷》，……季眞乃肯以其先君子全書賜教，予始竭精疲神，會合以成一書。〔註59〕

《輯錄纂註》的初刻，爲延祐6年本，則陳櫟此書當作於延祐2至6年（1315

〔註57〕卷1頁8a。
〔註58〕《經義考》卷85頁6b。
〔註59〕頁281。

～1319）之間。由陳櫟的敘述，可知董鼎著手編纂《輯錄纂註》的時間，大約在元世祖至元 23 至 26 年（1286～1289）之間。陳櫟編纂《折衷》，則約始於元成宗元貞元年至大德 2 年（1295～1298）〔註60〕之間。

胡一桂本來希望將《折衷》的內容匯入《輯錄纂註》中；但因陳櫟「以相去遠，相見難」沒有同意，胡一桂才鼓勵陳櫟將《折衷》擴充為《纂疏》。至元仁宗延祐元年，胡一桂過世，《纂疏》的編纂暫停。至延祐 2 年，〔註61〕董眞卿以書稿來尋求合作，此時陳櫟才同意一起編書。

陳櫟於《輯錄纂註》的編定，主要有兩項工作：一是加入《折衷》的內容，將兩書「合以成一書」。從《輯錄纂註》書前引用書目所列陳櫟之書名仍為《書傳折衷》，可知陳櫟當時或許並未在與董眞卿合作的《輯錄纂註》之外，有再刊行《纂疏》的想法。二是為董書作了刪削的工作。陳櫟對《輯錄纂註》原稿，並不滿意，〈與高四叔翁〉第一書說：

> 去年婺源胡雙湖數相勉將蔡氏《書傳》編附錄纂疏，勉從其言，成得三分之一。繼而海口董養晦又挾雙湖書來，欲借所編，采入其叔父董深山所編中，以不見深山所編，拒之不發。今夏養晦之來，攜乃叔所編四冊見示，遂亦發數篇授之。蓋深山之子季眞將攜入閩板行甚堅，彼中已有刊主矣。近季眞貽書，盡發全書，共十一冊來，誶以刪定，但其所編多汎濫不切，自家議論尤泛，使人不滿。其書先已經王葵初及雙湖刪之矣。葵初丙午生，好見識，遂因其已刪者而痛刪之。〈泰誓〉以後者，與董相參，次第將畢，却將董編參取自〈堯典〉以至〈微子〉，合為一編。蓋此原有《書解折衷》，故成之頗不甚費力。近以十餘篇浼高一哥錄取一本為底本，高一哥亦自錄一本，不審略曾見之

〔註60〕陳櫟作於元泰定帝泰定 4 年（1327）的〈尚書蔡氏集傳纂疏自序〉說：「櫟不揆晚學，三十年前，時科舉未興，嘗編《書解折衷》。」（頁268）若據此前推，則《折衷》當作於元成宗大德 2 年(1298)，《輯錄纂註》開始作於元世祖至元 26 年(1289)。不過，此處所謂的三十年前，很可能只是泛指，未必是精確的時間。

〔註61〕陳櫟與董眞卿合作刊書的時間，據陳櫟〈兩都賦纂釋序〉說：「寅科（延祐元年甲寅），諸省取賦，僉謂湖廣較優。……銀峰金君尚綱，盡一生精力，纂釋二賦。既沒二十年，其嗣子謀刊之，屬董君季眞求予序。予退步也，奚僭之敢！季眞曰：『子知科文事，宜其無讓。』予方與季眞研《書經》精義，不遑他及，浮生半日，安能盡尚綱平生所熟乎？」（頁273）又〈跋朱復齋山居雜興詩四十首〉說：「復齋朱君，余與別於辛亥（至大 4 年，1311）之冬，年已六十有一。……今又加 4 年（1315，即延祐 2 年）矣。……予方即《蔡氏書傳纂錄附注》廣其未及未發者，于詩殊未暇也。」（頁292）推知約在延祐 2 年（1315）。

否？如未見，則高一哥解盟時，必可攜歸共看也。今番此書覺無餘蘊
矣。老來自苦，東坡所謂頗利前賢。予骨朽，後人眼目亦自憐也。因
有餘紙，偶及之。餘需後便，切冀心亮。〔註62〕

又〈答胡雲峰書〉說：

王葵初聞其名矣。董季眞以乃翁所編《蔡傳附錄纂疏》來，竭力與
刪定補註，內其葵初批字刪除處，見其學識不凡，因附書達葵初。
不蒙一字之答，想是季眞匿之。其說甚長，他日有會晤，緣當及之。

〔註63〕

王葵初即王希旦。書稿在陳櫟改定之前，已先經王希旦及胡一桂刪改過。由
陳櫟批評董書「汎濫不切，自家議論尤泛，使人不滿」，故曾予以「痛刪之」、
「刪定」，可知他對於董鼎原書，甚不滿意。這是因爲，胡一桂、董鼎、董眞
卿和陳櫟雖然關係極其密切，但在著作的主張上，並不完全一致。廣泛言之，
這些著作都是用來輔翼朱子的；但董鼎、董眞卿對所收錄的見解，有求其完
備的傾向，和陳櫟偏重在幫助閱讀朱子的經說，而不求完備的作法，仍有差
異。據董鼎爲《輯錄纂註》所作的序文說：

第顧繙閱傳註，盈溢充斥，眾寶眩瞀，遺珠棄玉，或所不能免也。
惟於君心王政，人才民生之所係，諸儒之論可堪警策者，摭抉不遺，
闕者補之，以備臨政願治之觀覽，固不徒爲經生學士之設也。〔註64〕

又董眞卿爲《輯錄纂註》所作的跋說：

蓋先君此書，懼其遺也而靡不錄，覺其煩也而欲簡是從。〔註65〕

可知其編纂原則。董眞卿的作風當與其父董鼎相近，故《四庫全書總目》評
論《周易會通》說：

眞卿以爲，諸家之《易》，途雖殊而歸則同，故兼搜博采，不主一說，
務持象數義理二家之平。即蘇軾、朱震、林栗之書，爲朱子所不取
者，亦竝錄焉。視胡一桂之排斥楊萬里《易傳》，不肯錄其一字者，
所見之廣狹，謂之青出於藍可也。〔註66〕

指出其「不主一說」。陳櫟雖然不像趙順孫《四書纂疏》嚴守不收錄朱子學派

〔註62〕頁 392。
〔註63〕頁 381。
〔註64〕〈書蔡氏傳輯錄纂註序〉（無頁數）。
〔註65〕《經義考》卷 85 頁 6b。
〔註66〕卷 4 頁 21a，總頁 1-110。

以外學者的說法，卻強調這類著作作爲朱子經注的輔助讀物的目標。尤其值得注意的是，據《宋元學案》卷69〈滄洲諸儒學案上〉的記載，較早從事「纂疏」之編纂的趙順孫爲趙雷之子，趙雷則師事朱熹門人滕璘，故趙順孫爲朱熹三傳弟子。〔註67〕滕璘和陳櫟師承中之滕珙爲兄弟。陳櫟倣趙順孫《四書纂疏》之體例作《書蔡傳纂疏》，或許與其師承有關。所以，陳櫟所批評的「汎濫不切」，實即不同意董鼎「采拾諸家極博，不守一師之說」的表現。

至於胡一桂，可能前後有所轉變。他在較早編成的《周易本義輯錄纂疏》，守門戶的界線，不錄非朱子學派的楊萬里之說；〔註68〕但到了他後來所編的《詩集傳輯錄纂疏》，則有較多異於朱子的見解。關於胡一桂的轉變，陳櫟曾於〈又答胡雙湖書〉說：

> 某竊謂文公於六經，惟《易》、《詩》特筆成書，自謂《易》被前輩說得道理多了，恐翻這窠臼不轉；至于《詩》，無復遺恨，後有揚子雲者，必好之，其訓釋亦云當矣。今欲附語錄，纂諸家，述己意，但存他説以互相發明，或發其餘意之未盡者，足矣，不必過求異也。今承來示，謂《詩》解見謄數段去，復注其旁，云不暇錄。惜乎！某不得親見其說，徒以條教大略及所聞于人者，想像蠡測而管窺之，當于何許而考核其真是之所在哉？〔註69〕

認爲附錄纂疏這類著作，當「但存他説以互相發明，或發其餘意之未盡者，足矣，不必過求異」。故陳櫟於〈又答胡雙湖書〉中，對於胡一桂於《易》和《詩》的不同作法，表示：

> 據愚之見，左右于《易》，不十分自立說，其附己見者，不過十之一二耳。今釋《詩》亦須如此。前輩之說灼然未盡未明，而我之說灼然穩當明白者，則出之，不然，不如其已，不必過于求奇以來云云也。兼聞入閩之期已的，恐一刊印後，改正便難，幸聞有熊先生〔峰

〔註67〕頁2250。

〔註68〕《總目》所說胡一桂不引楊氏《易傳》之說，見《陳定宇先生文集》卷7〈答問〉：「問楊誠齋《易傳》大槩如何？」陳櫟説：「此劣舅昔亦喜觀，所以《讀易編》一書祖朱《本義》，附《語錄》，因附程《傳》、王弼《註》、節齋蔡氏《說》，而楊《傳》之可喜不可棄者亦存之。乃自家意見作如此區處。及見星源胡雙湖《本義附錄纂註》，其規模正與我合。但渠本經《周易》，其所見之解多，我所見者不及其博耳。至於楊《傳》，雙湖無半字及之，可見楊《傳》足以聳動文士之觀瞻，而不足以使窮經之士心服也。」（頁330）

〔註69〕頁379。

按，指熊禾〕老成宿儒，相與參定，必無輕易。如見熊公後，千慮
之得倘與之符，願左右勇于刪削，只存其穩當者。稍涉奇異，不契
公論，則棄去之，使正大光明，爲無纖瑕之拱璧，與《本義附錄纂
註》久遠並行，不亦善之善者乎？〔註70〕

認爲胡一桂於《易》的保守作法，比較恰當。不過，陳櫟的建議，似未被胡
一桂所接受，所以陳櫟信中所提出的三個認爲應當維持朱子原說的例子，在
胡一桂《詩集傳附錄纂疏》中仍維持原說。〔註71〕這或可說明胡一桂晚年的
作法與董鼎父子較爲接近。這和《元史・儒學傳》說，陳櫟致力於：

凡諸儒之說，有畔於朱氏者，刊而去之；其微辭隱義，則引而伸之；

而其未備者，復爲說以補其闕，於是朱熹之說大明於世。〔註72〕

是不一樣的。整體而言，陳櫟的作風比較保守，董鼎等人的作法，則較爲開通。

或許因爲學術作風的差異，董眞卿後來並未完全按照原先陳櫟刪定的內
容來刊刻《輯錄纂註》。陳櫟曾對此事表示不滿。如文集〈與高四叔翁〉第二
書說：

《蔡傳集成》亦聞置一部，此名亦大言無當，到何處謂之集大成？
初與約並名而刊，爲改乃父之序文，外面書套之語亦商量寫定，到
後一切反之，今刊者卻是原序，何等猥談！初焉用半年之力。授以
成本之時，震哥云：「彼拐先生耳。至彼必自刊乃父名。」予對以未
必其然。我之忠厚不逮後生之明了遠矣。此不緊要也。愚謂其中有
精切而遭去者無限，逞其懦懾之辭，易其擔當之語，往往有之。奪
吾說以畀新安胡氏者五十許條，雙湖在，必不容其如此。內他人名
字差錯者不少，字畫差錯無限。初授之本外，添熊氏之說，無一而
是。〈禹貢〉中有大亂道之語，由「南而窺北」等是也。與〈禹貢〉
初無毫髮干涉，徒爾大言，以見其博。此子不識，妄加去取，令人
憤悶，不得爲完書也。已改定成六卷，近日方畢，非一紙所能盡其
詳，自述一刊蔡《傳》本末，當攜歸與高一哥一觀，庶怡然賞之。
〔註73〕

〔註70〕頁379。
〔註71〕詳見許華峰〈從陳櫟《定宇集》論其與董鼎《書傳輯錄纂註》的關係〉。
〔註72〕頁4321。
〔註73〕頁392。

又第三書說：

> 十五日迫晚，僮來領惠字，已悉〈虞夏書〉已有，茲不發，盡發〈商
> 周書〉去。董之罪不在畔盟，不並名以刊，而在妄刪節割裂，使看
> 不得，有遺恨。中間胡雙湖實無一字，凡「新安胡氏曰」者，皆吾
> 人之說也。雙湖至公平，使其在也，必不肯如此，董亦不敢如此。
> 因筆及之，仔細將此本與刊本點檢，便可見。楮筆不能盡也。〔註74〕

〈自詠百七十韻〉說：

> 纂疏蔡《書傳》，饒董編區區。厥子以委我，搜羅加補苴。成書付之
> 刻，謬妄刪支離。附益諸異說，秋蘭著鼙菔。四海有具眼，喜想繼
> 以嘻。〔註75〕

皆言及此事。綜合而言，陳櫟不滿之點為：

（一）書名不當作《蔡傳集成》，則《輯錄纂註》最初刻成的時候，曾有
「集成」之名。《輯錄纂註》在刊行之前，有不同的稱呼，像陳櫟〈與徽學屠
教授書〉說：

> 去冬編《蔡書傳附錄增註》已成，已與番陽一董兄謀刊之閩坊矣。
> 〔註76〕

即稱作《蔡書傳附錄增註》。另外尚有《蔡傳附錄纂疏》、《蔡氏書傳纂錄附注》、
《蔡氏書傳通釋》〔註77〕等不同的稱呼。可知廣泛來說，元代以「集成」、「通
釋」、「纂疏」、「纂註」等為名的著作，有密切的關係。惟嚴格而言，「通釋」
與「纂疏」、「纂註」不同；在陳櫟的觀念裏，「集成」亦與「纂疏」、「纂註」
不同，因為「纂註」或「纂疏」的著作目標，在其「疏」的功能，而不在集
諸說之大成。因而，他對《輯錄纂註》基於求全的目的收錄的許多材料，自
然覺得不滿。如所舉〈禹貢〉「由南而窺北」，陳櫟認為的「大亂道之語」，見
〈禹貢〉「荊及衡陽惟荊州」「纂註」所引武夷熊氏曰：

> 荊州之地亦廣，北接雍、豫之境，南逾五嶺，即越之南徼也。雖上古
> 未通，已當在要荒之服。東抵揚州之境，西抵梁州及西南夷等處，皆
> 楚地也。揚州之境，自兩浙為吳越之外，江淮皆楚境。或謂建都於江

〔註74〕頁393。
〔註75〕頁452。
〔註76〕頁385。
〔註77〕此書在刊行前又有一名為《蔡氏書傳通釋》。見〔元〕徐明善《芳谷集》卷上
〈送董季真入建刊《蔡氏書傳通釋》序〉（頁1202-566）。

南者，當以南陽爲正，其北接連中原，東通吳，西接巴蜀，南控蠻粵，
故諸葛亮以爲用武之國，英雄之所必爭，凡自北而攻南，自南而窺北，
未有不先得此而後可以有爲也。此又有國者之所當知也。〔註78〕

此熊氏正是「熊禾」。熊禾之說，主要在發揮，與解經的關係較遠，而且所謂
的「由南而窺北」，有可能觸犯北方元朝政權，因而陳櫟無法接受。考《輯錄
纂註》於「荊及衡陽惟荊州」之「纂註」部分，收「曾氏曰：有兩荊山……」
及武夷熊氏之說；而《纂疏》則只有「曾氏曰：有兩荊山……」之說，便刪
去了熊氏之說。〔註79〕後來刊行的《纂疏》，甚至將《輯錄纂註》所錄熊禾的
意見全數刪去。

（二）未將陳櫟與董鼎並名而刊，而且序文與內容未按照當初商議的結
果刊行，讓陳櫟覺得爲董眞卿所欺騙。或許，這緣於董眞卿爲了將陳櫟《折
衷》的意見一併收入書中，又不願變更董鼎「求全」的編書原則，而欺騙了
陳櫟。

（三）人名之誤和錯字太多，甚至有誤以陳櫟之意見爲胡一桂之意見的
情況。《纂疏》便將絕大多數《輯錄纂註》標爲「新安胡氏」的材料，改標爲
「愚謂」，即陳櫟之意見。

從上文的說明，可知宋末元初，鄱陽、新安、建陽地區有一批朱子後學，
曾有計劃地編纂諸經「纂疏」或「纂註」。這些著作的編纂，大多始於延祐開科
之前。科舉考試對這些書的刊刻與流傳雖然有所影響，却不當認定科舉考試是
這些著作的編纂動機，乃至與內容或體例有直接的關聯。就《尚書》來說，《輯
錄纂註》和《纂疏》編纂的方式雖然極爲相似，却可以反映出陳櫟與胡一桂、
董鼎、董眞卿等人學術立場的差異。陳櫟後來刊行《纂疏》，正是堅持立場的表
現。這一情況，正好與本章第二節經由比較兩書的體例，指出《輯錄纂註》對
資料有求完備的傾向，而《纂疏》則較謹守作疏的分際的差異相符。

〔註78〕 卷 2 頁 13a。
〔註79〕 卷 2 頁 17a，總頁 19-491。

第四章 《輯錄纂註》的引書狀況

　　這一章，探討《輯錄纂註》引用材料的狀況，一方面可以較深入地了解這部書的體例和性質；另一方面，則可以作為論文其他部分研究的基礎。《輯錄纂註》將引用材料之出處，「輯錄」部分列於〈書蔡氏傳輯錄引用諸書〉、〈輯錄所載朱子門人姓氏〉，「纂註」部分則列於〈纂註引用諸書〉、〈纂註引用諸家姓氏〉。下面，即依「輯錄」和「纂註」分為兩節，作基本的整理與分析。

第一節 「輯錄」所引用的材料

　　《輯錄纂註》將所列「輯錄」引用的材料分為〈書蔡氏傳輯錄引用諸書〉和〈輯錄所載朱子門人姓氏〉兩部分。這一節以此為基礎，說明「輯錄」中，朱子論《尚書》相關材料的情況。

一、〈書蔡氏傳輯錄引用諸書〉所列的材料

　　〈書蔡氏傳輯錄引用諸書〉所羅列的材料，計有十八種。屬於朱子著作的有：

　　　　01《文集》（存）
　　　　02《四書集注章句、或問》（存）
　　　　03《詩集傳》（存）
　　　　04《通書解》（存）
　　　　05《楚辭集註》（存）

五種。屬於朱子後學所輯朱子言論的著作有：

01《語類》（存宋黎靖德《朱子語類》以及徽州本《朱子語類》）

02 周悶錄《師說》（佚）

03 楊與立集《語略》（存）

04 黃士毅集《書說》（佚）

05 湯巾集《書說》（佚）

06 葉士龍集《紫陽格言》（存）

07 黃大昌和王迁集《武夷經說》（佚）

七種。其他相關的著作有：

01 董夢程《理纂大爾雅通釋》（佚）

02 董琮《尚書集義》（佚）

03 陳大猷《尚書集傳》（存）

04 眞德秀《讀書記》（存）

05 葉紹翁《四朝聞見錄》（存）

06 不著撰人的《名儒傳道精語》（佚）

六種。十八種著作中，已經亡佚的有七種。爲了說明方便，將這些材料在「輯錄」中的實際引用情形，加以列表，並根據相關的材料，作了大致的繫年。表格的體例如下：

〔01〕若在黎靖德《朱子語類》（簡稱「黎本」）中可以找到的材料，皆注明出現的位置。「輯錄」所據的著作尚存的，亦儘量還原其出處。

〔02〕現存朱子的「語錄」或「語類」的材料，除通行的「黎本」外，較重要的有：

《晦庵先生朱文公語錄》存 7 卷（卷 27〜31，37、38），宋李道傳，宋嘉定乙亥池州刊本。（簡稱「池一」）

《晦庵先生朱文公語錄》存 10 卷（卷 2、5、6、13、29〜33、38，書末附卷 12 殘卷），宋李道傳，明烏絲欄鈔本。（簡稱「池二」）

《朝鮮古寫徽州本朱子語類》140 卷（卷 118 至卷 121 闕落部分用朱吾弼萬曆刊本補寫），其中卷之 78、79 專論《尚書》。（簡稱「徽本」）中文出版社 1982 年 7 月影印。

這三種版本所載之記錄者或記錄時間若有助於繫年之判斷，於表中一併注明。

〔03〕屬於朱子所著書的材料，據王懋竑《朱熹年譜》標明著作完成時間。

《文集》部分，若《朱文公文集》或《朱熹集》中本來就注明時間的，依所注時間標注。書信部分，參考陳來《朱子書信編年考證》之繫年，但以〔 〕標明，以供參考。

〔04〕相關的著作或記錄時間，以西元標示。其中，無法斷定確切時間的，以「～」表示大致的範圍。如～1175，表示在 1175 年之前；1175～，表示在 1175 年之後；1193～1194，表示在 1193 至 1194 年之間。若有疑問，則標「有疑」二字。

（表 1-1-1）引用《文集》

書　　名	引用名稱、次數	著作時間	引用次數
《文集》	〈答任尚書〉：1〔註1〕	1163	
	〈答徐元聘〉：6〔註2〕	4則：〔1166〕 1則：1197 1則：不詳	
	〈答鄭景望〉：1〔註3〕	〔1169〕	
	〈答鄭景望書〉：1〔註4〕	〔1169〕	
	〈答吳晦叔〉：1〔註5〕	〔1171〕	
	〈答何叔京〉：2〔註6〕	1則：〔1172〕 1則：～1175	
	〈通鑑紀事本末後序〉：1〔註7〕	1175	
	〈說夏唐老九疇圖〉：1〔註8〕	1179～	
	〈答潘文叔〉：1〔註9〕	〔1186〕	65
	〈答李時可〉：2〔註10〕	1則：〔1189～〕 1則：不詳	
	〈皇極辨〉：1〔註11〕	1190～1196	
	〈答李堯卿〉：1〔註12〕	〔1191〕	
	〈書東萊書說後〉：1〔註13〕	1192	
	〈九江彭蠡說〉：1〔註14〕	1196	
	〈答潘子善〉：22〔註15〕	〔1198〕	
	〈武成日月譜〉：1〔註16〕	1198～	
	《文集》：9〔註17〕	～1199	
	〈與蔡仲默帖〉：2〔註18〕	1199	
	〈學校貢舉私議〉：1〔註19〕		

〈象刑說〉：1〔註 20〕	
〈答范伯崇〉：1〔註 21〕	
〈答孫季和〉：1〔註 22〕	
〈答梁文叔〉：1〔註 23〕	
〈答陳體仁〉：1〔註 24〕	不詳
〈答項平父〉：1〔註 25〕	
〈答嚴時亨〉：1〔註 26〕	
〈答或人〉：1〔註 27〕	
〈答或人書〉：1〔註 28〕	

【表 1-1-1 附註】

註號	《輯錄纂註》	內容提示	《朱熹集》頁 數	說 明	時 間
註 1	01 小序/頁 2a	帝舜申之之說	1262	《朱熹集》作〈答汪尚書〉，「輯錄」之「任」當為「汪」之訛。據題下所注「癸未六月九日」，知作於孝宗隆興元年。	1163
註 2	01 泰誓上/卷 4 頁 3b	文武無伐紂之	1793	陳來（頁 38）。	〔1166〕
	02 泰誓上/卷 4 頁 3b	因說文王事商	無	《朱熹集》無。黎本頁 946，記錄者林夔孫。	1197〜
	03 泰誓上/卷 4 頁 4a	伊川謂無觀政	1793	陳來（頁 38）。	〔1166〕
	04 金縢/卷 4 頁 50a	周公東征不必	1793		
	05 金縢/卷 4 頁 50a	問罪人斯得或	無	此則當為佚文。	不詳
	06 君奭/卷 5 頁 32b	召公不悅蓋以	1793	陳來（頁 38）。	〔1166〕
註 3	01 大禹謨/卷 1 頁 45a	向蒙面誨堯舜	1640	陳來（頁 58）。	〔1169〕
註 4	01 舜典/卷 1 頁 24a	云云夫豈一於	1642	《朱熹集》作〈答鄭景望〉。陳來（頁 59）。	〔1169〕
註 5	01 伊訓/卷 3 頁 14a	臣下不匡之刑	1966	陳來（頁 83）。	〔1171〕
註 6	01 皐陶謨/卷 1 頁 56a	問日宣三德至	1877	何叔京卒於 1175 年，可知作於此年之前。「輯錄」有何叔京所問的問題，《朱熹集》則只有朱子答語。	〜1175
	02 金縢/卷 4 頁 50a	罪人斯得前書	1878	陳來：「未詳，疑在壬辰前後。」（頁 93）	〔1172〕
註 7	01 綱領/頁 1a	古史之體可見	4171	《朱熹集》作〈跋通鑑紀事本末〉。據文末「淳熙二年秋七月甲寅，新安朱熹書于雲谷之晦菴云」，知成於孝宗淳熙 2 年。	1175

註 8	01 洪範/卷 4 頁 43a	三衢夏唐老作	無	《朱熹集》無。 黎本記錄者作「謨」（周謨）。（頁 2049）	1179
註 9	01 綱領/頁 3b	尚書只是虛心	2407	陳來（頁 245）。	〔1186〕
註 10	01 綱領/頁 5a	元祐說命無逸	2783		不詳
	02 微子/卷 3 頁 53b	延平先生說三	2782	陳來：「此書未可詳考，當亦在己酉後。」（頁 293）	〔1189～〕
註 11	01 洪範/卷 4 頁 31b	洛書九數而五	3743	淳熙本《晦庵先生文集》（約刊於 1189～1190 年，見《朱熹集·版本考略》（頁 5862））所載〈皇極辨〉與今本不同。今本〈皇極辨〉，文末有「馮當可字時行……慶元丙辰臘月甲寅，東齋南窗記」之語。慶元丙辰為寧宗慶元 2 年，可知今本〈皇極辨〉成於 1190 至 1196 之間。	1190～1196
註 12	01 微子/卷 3 頁 54a	問比干之中方	2888	陳來（頁 333）。	〔1191〕
註 13	01 綱領/頁 5b	後數年再會於	4271	《朱熹集》作〈跋呂伯恭書說〉。據文末「紹熙壬子歲除日，新安朱熹書」，知成於光宗紹熙 3 年。	1192
註 14	01 禹貢/卷 2 頁 27a	嶓冢導漾止東	3735	《朱熹集》作〈九江彭蠡辨〉。「輯錄」於〈禹貢〉（卷 2 頁 30b）有《經說》：「始余讀〈禹貢〉，即有所疑於此數條。復見鄭漁仲所論，以『東為北江，入于海』者為衍文，初亦意其有理。既而思之，去其所謂北江者，則下文之中江者無所措矣。晚以蒙恩假守，二年於彭蠡之上，乃得究觀其山川地理之實，而知經文之不能無誤也。至於以九江為洞庭，則惟近世晁以道之說為然。晁氏則本於胡秘監之說也。細以地理遠近之勢度之，宜從二公為是。久欲略疏其語，以破古今之曲說，而因循不暇。慶元丙辰月既望，諸生偶有問者，始得為之。時方臥病，神思昏塞，甚恨文之不達吾意。」又〈益稷〉（卷 1 頁 66b）有「先生慶元丙辰著〈九江彭蠡說〉以示諸生。」知〈九江彭蠡說〉成於慶元丙辰。	1196
註 15	01 綱領/頁 3b	問某讀書至盤	3138		〔1198〕
	02 大禹謨/卷 1 頁 42a	問戒之用休董	3133		
	03 大禹謨/卷 1 頁 43b	問念茲在茲釋			

	04 皋陶謨/卷1頁53b	問允迪厥德謨			
	05 皋陶謨/卷1頁55b	亦行有九德泛			
	06 皋陶謨/卷1頁56b	問夙夜浚明至	3134		
	07 皋陶謨/卷1頁58b	問聰明明畏不			
	08 益稷/卷1頁63a	問以納五言			
	09 五子之歌/卷2頁41a	問關石和鈞恐			
	10 胤征/卷2頁44a	先時者殺無赦	3135		
	11 太甲上/卷3頁16a	問古註及諸家			
	12 太甲上/卷3頁16b	問諸家皆於庸			
	13 武成/卷4頁12a	問武成一篇諸	3136	陳來（頁462）。	
	14 武成/卷4頁12a	漢志引武成篇	3144		
	15 洪範/卷4頁22a	問洪範之書林	3137		
	16 召誥/卷5頁3b	據召誥文只說			
	17 洛誥/卷5頁10a	洛誥之文有不	3147		
	18 立政/卷5頁51b	茲乃三宅無義			
	19 立政/卷5頁53b	司徒司馬司空			
	20 顧命/卷6頁14a	問奠麗陳教則	3148		
	21 顧命/卷6頁14b	問非幾幾字多			
	22 康王之誥/卷6頁22b	問康王釋喪服			
註16	01 武成/卷4頁20a	武成日月譜一	3453	詳第二章。	1198～
註17	01 金縢/卷4頁46b	金縢之作在周			
	02 金縢/卷4頁49a	既克商二年止	3438		
	03 金縢/卷4頁49b	武王既喪此以			
	04 金縢/卷4頁49b	管叔及其羣弟		《朱熹集》作〈金縢說〉。詳第二章。	～1199
	05 金縢/卷4頁49b	周公乃告二公			
	06 金縢/卷4頁50a	周公居東二年			
	07 金縢/卷4頁51b	于後公乃爲詩	3439		
	08 金縢/卷4頁52a	秋大熟止我勿			
	09 金縢/卷4頁52b	王執書止歲則			
註18	01 綱領/頁6a	書說未有分付	5205	陳來頁488。	〔1199〕
	02 金縢/卷4頁50b	弗辟之說只從	5207	詳第二章。	1199
註19	01 綱領/頁4a	諸經皆以註疏	3638		不詳
註20	01 舜典/卷1頁25a	聖人之心未感	3517	《朱熹集》作〈舜典象刑說〉。	不詳
註21	01 泰誓上/卷4頁1b	文王之事紂惟	1810		不詳
註22	01 孔序/頁7a	小序決非孔門	2690		不詳
註23	01 洪範/卷4頁29a	自皇建其有極	2101		不詳
註24	01 舜典/卷`1頁33b	詩之作本言志	1673		不詳
註25	01 洪範/卷4頁28a	皇極一章乃九	2698		不詳
註26	01 微子/卷3頁54a	中間所解三仁	3198		不詳
註27	01 說命下/卷3頁46b	惟后非賢不乂	3396		不詳
註28	01 綱領/頁4b	尚書頃嘗讀之	3386	《朱熹集》作〈答或人〉。	不詳

（表 1-1-2）引用朱子的專書

書　　名	引用名稱	著作時間	引用次數
《通書解》	《通書解》：1	1173	01〔註 1〕
《詩集傳》	《詩傳》：3		03〔註 2〕
《四書集注章句、或問》	《語註》：4	1177	17〔註 3〕
	《孟註》：8		
	《大學章句》：2	1189	
	《大學或問》：1		
	《中庸章句》：1		
	〈中庸序〉：1		
《楚辭集註》	《楚辭集註》：2	1199	02〔註 4〕

【表 1-1-2 附註】

註 1	《輯錄纂註》	內容提示	《通書解》頁數	說　　明
	01 皋陶謨/卷 1 頁 57a	幾者理雖已萌	卷 2 頁 6（總頁 32）	

註 2	《輯錄纂註》	內容提示	《詩集傳》頁數	說　　明
	01 胤征/卷 2 頁 43b	日月一歲凡十	528	
	02 金縢/卷 4 頁 51b	管蔡流言使成	不詳	
	03 金縢/卷 4 頁 51b	蔡流言以謗周	376	

註 3	《輯錄纂註》	內容提示	《四書集注章句、或問》頁數	說　　明
	01 大禹謨/卷 1 頁 49b	允執厥中堯之	14	中庸序
	02 大禹謨/卷 1 頁 52a	號泣于旻天對	302	孟註
	03 伊訓/卷 3 頁 11b	趙氏曰太丁湯	309	孟註
	04 太甲上/卷 3 頁 15b	伊尹之志公天	4	孟註
	05 太甲上/卷 3 頁 16a	餘見大學章句		大學章句附錄
	06 太甲上/卷 3 頁 17a	儉節制也	51	語註
	07 說命上/卷 3 頁 37a	諒陰天子居喪	159	語註
	08 泰誓中/卷 4 頁 7b	馬氏曰亂治也	107	語註
	09 泰誓中/卷 4 頁 8a	言武王威武奮	269	孟註
	10 武成/卷 4 頁 15a	商紂之世文王	222	孟註
	11 武成/卷 4 頁 16b	商人而曰我周	269	孟註
	12 武成/卷 4 頁 17b	杵或作鹵楯也	365	孟註
	13 武成/卷 4 頁 17b	一戎衣言一著	26	中庸章句
	14 康誥/卷 4 頁 63b	孔氏小序以康	24	大學或問
	15 康誥/卷 4 頁 67a	鼓之舞之之謂	5	大學章句
	16 多士/卷 5 頁 24a	奄東方之國	271	孟註
	17 畢命/卷 6 頁 27b	衽衣衿也左衽	153	語註

註4	《輯錄纂註》	內容提示	《楚辭集註》頁數	說　明
	01 堯典/卷 1 頁 5a	在地之位一定	52	
	02 武成/卷 4 頁 14a	楚辭集註答天	52	

（表 1-1-3）引用朱子後學與其他相關著作所輯朱子的意見

書　　名	引用名稱	引用次數
《語類》		詳　後
《師說》周僴		
《語略》楊與立	《語略》：4	04〔註 1〕
《書說》黃士毅	《書說》：46	46〔註 2〕
《書說》湯巾		
《紫陽格言》葉士龍	《格言》：24	24〔註 3〕
《武夷經說》黃大昌、王迁	《經說》：9	09〔註 4〕
《理纂大爾雅通釋》董夢程	《大爾通釋》：1	05〔註 5〕
	介軒《理纂》：4	
《尚書集義》董琮	復齋《集義》：9	09〔註 6〕
《尚書集傳》陳大猷	東齋《集傳》：40	40〔註 7〕
《讀書記》眞德秀	西山《乙記》：1	01〔註 8〕
《四朝聞見錄》葉紹翁	葉紹翁《四朝聞見錄》：2	02〔註 9〕
《名儒傳道精語》	《精語》：15	15〔註 10〕

【表 1-1-3 附註】

註1	《輯錄纂註》	內容提示	「黎本」頁數	「黎本」記錄者	《語略》頁數	說　明	時　間
	01 堯典/卷 1 頁 2a	堯欽明文思是	無		卷 17 頁 1		
	02 舜典/卷 1 頁 30a	舜之命契不過	269	楊道夫	卷 16 頁 1		1189〜
	03 舜典/卷 1 頁 30a	古人爲政一本	2689	楊若海（道夫之子）			
	04 大禹謨/卷 1 頁 40a	長孺問先生須	2672	無		文中之長孺，即汪德輔。	1192

註2	《輯錄纂註》	內容提示	「黎本」頁數	「黎本」記錄者	說　明	時　間
	01 綱領/頁 1a	聖人千言萬語	187	周明作		1192〜
	02 綱領/頁 1b	尚書初讀甚難	無			
	03 堯典/卷 1 頁 8b	天道左旋日月	無			

04 大禹謨/卷 1 頁 38b	吳氏曰此書不	無		出於《朱熹集》頁 3430〈大禹謨〉訂傳。詳第二章。	1200
05 大禹謨/卷 1 頁 39a	德者言其德化	無			
06 大禹謨/卷 1 頁 39a	无告困窮也帝	無			
07 大禹謨/卷 1 頁 40a	都嘆美之辭也	無			
08 大禹謨/卷 1 頁 40a	書中迪字或解	2007	無		
09 大禹謨/卷 1 頁 40b	徹古文作敬開	無		出於《朱熹集》頁 3430〈大禹謨〉訂傳。詳第二章。	1200
10 大禹謨/卷 1 頁 49b	人心不全是不	2010	蕭佐		1194
11 禹貢/卷 2 頁 1a	因說禹貢云禹	2023	董銖		1196〜
12 禹貢/卷 2 頁 11b	薛常洲作地志	2027	包揚		1183〜1185
13 禹貢/卷 2 頁 23a	或問禹貢地理	2026	潘時舉		1193〜
14 禹貢/卷 2 頁 30b	〈與程泰之書〉			「輯錄」提及，但不錄其內容。爲朱子早年之作。	
15 說命上/卷 3 頁 37a	郭淑雲問諒陰	無		《朱熹集》頁 3294〈答郭子從（淑雲）〉。	
16 武成/卷 4 頁 17b	血流漂杵孟子	1457	葉賀孫		1191〜
17 召誥/卷 5 頁 4a	此數句者	無		出於《朱熹集》頁 3441〈召誥〉解。詳第二章。	〜1190
18 召誥/卷 5 頁 5a	此一節間	無			
19 召誥/卷 5 頁 5b	已陳夏商敬德	無			
20 召誥/卷 5 頁 6a	言王來居洛	無			
21 召誥/卷 5 頁 6a	稱周公言	無			
22 召誥/卷 5 頁 7b	王之初服	無			
23 召誥/卷 5 頁 7b	天無一物	無			
24 召誥/卷 5 頁 8b	書說其惟王（此則未明引）	無			
25 召誥/卷 5 頁 8b	以小民如以	無			
26 洛誥/卷 5 頁 11a	周公不欲斥言	無		出於《朱熹集》頁 3447〈洛誥〉解。詳第二章。	〜1190
27 洛誥/卷 5 頁 12a	拜受公言	無			
28 洛誥/卷 5 頁 12b	自此以下	無			
29 洛誥/卷 5 頁 13a	此本其攝政	無			
30 洛誥/卷 5 頁 13a	今王乃命日	無			
31 洛誥/卷 5 頁 14a	周公言既如此	無			
32 洛誥/卷 5 頁 14a	戒成王歸宗周	無			
33 洛誥/卷 5 頁 14b	周公言已矣乎	無			
34 洛誥/卷 5 頁 14b	享朝而以幣	無			
35 洛誥/卷 5 頁 15a	周公戒成王	無			
36 洛誥/卷 5 頁 15b	居師營洛	無			

37 洛誥/卷 5 頁 16a	穆穆和敬	無		
38 洛誥/卷 5 頁 16a	公之功輔導	無		
39 洛誥/卷 5 頁 16b	上文王曰	無		
40 洛誥/卷 5 頁 16b	迪順也	無		
41 洛誥/卷 5 頁 17a	周公在後監	無		
42 洛誥/卷 5 頁 17a	此王與公	無		
43 洛誥/卷 5 頁 17b	此王歸後	無		
44 蔡仲之命/卷 5 頁 39a	安卿問周公誅	1304	黃義剛	文中有「陳淳（安卿）」。	1199
45 顧命/卷 6 頁 13a	顧命排得三公	1994	吳必大	黎本文中有「萬人傑（正淳）」。	1188～1189
46 文侯之命/卷 6 頁 46a	舊讀罔或耆壽	2022	萬人傑		1180～

註3	《輯錄纂註》	內容提示	「黎本」頁數	「黎本」記錄者	《格言》頁數	說　明	時　間
	01 綱領/頁 2a	學者須是有業	2740	無		黎本文中有「廖德明」、「張顯父（?)」。	1173～
	02 堯典/卷 1 頁 2a	敬是徹上徹下	126	葉賀孫	卷 4 頁 13a		1191～
	03 堯典/卷 1 頁 6a	伊川曰測景以	2482	李閎祖	卷 18 頁 6a	池二：1194。	1194
	04 堯典/卷 1 頁 7a	中星自堯時至	3209	林夔孫			1197～
	05 堯典/卷 1 頁 9a	如何見得天有	12	甘節			1193～
	06 堯典/卷 1 頁 10a	中氣只在本月	26	萬人傑			1180～
	07 舜典/卷 1 頁 18a	陸師農點乃言	2227	葉賀孫	卷 8 頁 8a		1191～
	08 舜典/卷 1 頁 30a	今人說寬政多	2689	萬人傑			1180～
	09 舜典/卷 1 頁 33b	道夫問所論樂	2337	楊道夫			1189～
	10 大禹謨/卷 1 頁 46b	程子曰人心人	2010	董銖		黎本：「銖。（潘）時舉錄同。」池二：1196。	1196
	11 大禹謨/卷 1 頁 47a	危者欲陷未陷	2010	李方子		黎本此則附於上一則之中，據池二，錄於1188。	1188
	12 大禹謨/卷 1 頁 48a	中只是個恰好	2016	黃義剛		黎本文中有「林恭甫（?)」。	1193～
	13 禹貢/卷 2 頁 2a	冀都正是天地	29	陳淳		黎本：「淳。（黃）義剛同。」	1199
	14 禹貢/卷 2 頁 15a	問周公定豫州	27	沈僩			1198～
	15 禹貢/卷 2 頁 25b	逆河是開渠通	無				
	16 伊訓/卷 3 頁 11a	春秋書元年春	398	葉賀孫			1191～

	《輯錄纂註》	內容提示					
	17 伊訓/卷3頁13b	因論尚書須是	2612	錢木之			1197
	18 太甲中/卷3頁19a	古者天子尊師	2330	黃義剛	卷9頁12b		1193～
	19 太甲下/卷3頁21a	治道別無說若	2678	葉賀孫			1191～
	20 泰誓上/卷4頁2b	問子丑寅之建	597	金去偽			1175
	21 洪範/卷4頁21a	洪範一篇首尾	2048	葉賀孫	卷16頁6b		1191～
	22 康誥/卷4頁62b	胡氏於皇王大	1979	黃𩥉		黎本文中有「伯豐（？）」。	1188
	23 召誥/卷5頁2a	豐鎬去洛邑三	2217	萬人傑	卷18頁9b		1180～
	24 召誥/卷5頁2a	或問周都豐鎬	2205	金去偽	卷13頁4a		1175

註4	《輯錄纂註》	內容提示	「黎本」頁數	「黎本」記錄者	說　明	時　間
	01 堯典/卷1頁2a	允恭克讓從張	1989	廖德明		1173～
	02 堯典/卷1頁12b	堯問疇咨若時	1993	廖德明		
	03 大禹謨/卷1頁47b	問人心道心既	1478	沈僴		1198～
	04 禹貢/卷2頁30b	始余讀禹貢即	無		朱子自注「慶元丙辰」。此則爲佚文。	1196
	05 洪範/卷4頁21a	讀洪範且各還	2959	鄭可學	黎本文中有「滕璘」。	1191～
	06 洪範/卷4頁21b	伊川說周書惟	2038	童伯羽	黎本所錄與「輯錄」意同，可能是同一條之異文。	〔1190〕
	07 洪範/卷4頁28b	極有湊會之義	無			
	08 君奭/卷5頁38a	襄我二人周公	無			
	09 多方/卷5頁46b	或謂性相近習	無			

註5	《輯錄纂註》	內容提示	「黎本」頁數	「黎本」記錄者	說　明	時　間
	01 堯典/卷1頁9b	歷家只算所退	13	李閎祖	介軒理纂。池二：1197。	1197
	02 堯典/卷1頁10a	問經星左旋緯	16	沈僴		1198～
	03 堯典/卷1頁10a	問日是陽如何	19	胡泳	介軒理纂。	1198
	04 堯典/卷1頁10a	又云便是那這	無			
	05 大禹謨/卷1頁46b	可欲之謂善欲	無		大爾雅通釋。	

註6	《輯錄纂註》	內容提示	「黎本」頁數	陳大猷《書集傳》頁　數	說　明	時　間
	01 禹貢/卷2頁1b	此書多句爲文	無	卷3頁1a（總頁37）		
	02 禹貢/卷2頁2b	既者已事之辭	無	卷3頁2b（總頁37）		
	03 禹貢/卷2頁3a	他所舉山川皆	無	卷3頁3a（總頁38）		
	04 禹貢/卷2頁3b	從覃懷致功而	無	卷3頁3b（總頁38）		
	05 禹貢/卷2頁5a	冀實帝都亦曰	無	卷3頁5a（總頁39）		
	06 禹貢/卷2頁7b	貢者諸侯貢天	無	卷3頁6b（總頁39）		
	07 禹貢/卷2頁18a	西傾雖在雍州	無			
	08 禹貢/卷2頁23b	流沙在合黎之	無			

	09 禹貢/卷 2 頁 23b	自導弱水至導	無	缺頁		
註 7	《輯錄纂註》	內容提示	陳大猷《書集傳》頁數		說 明	時 間
	01 禹貢/卷 2 頁 4a	常出者爲正閭	卷 3 頁 3b（總頁 38）		陳大猷《書集傳》殘頁。	
	02 禹貢/卷 2 頁 5a	碣石山負海當	卷 3 頁 5a（總頁 39）			
	03 禹貢/卷 2 頁 7a	兗州水患最深	卷 3 頁 6b（總頁 39）			
	04 禹貢/卷 2 頁 8b	萊夷及揚之島	卷 3 頁 8a（總頁 40）			
	05 禹貢/卷 2 頁 21b	每州各言境內			陳大猷《書集傳》缺頁。	
	06 禹貢/卷 2 頁 24a	黑水從雍梁西				
	07 禹貢/卷 2 頁 25b	釋水云河千里				
	08 禹貢/卷 2 頁 33b	里者乃道途遠	卷 3 頁 24a（總頁 47）			
	09 禹貢/卷 2 頁 33b	近麤而遠精近	卷 3 頁 24b（總頁 47）			
	10 禹貢/卷 2 頁 34a	第二之百里爲	卷 3 頁 25a（總頁 47）			
	11 禹貢/卷 2 頁 34a	三百里謂自三	卷 3 頁 25a（總頁 47）			
	12 禹貢/卷 2 頁 34a	侯服惟言邑國	卷 3 頁 25a（總頁 47）			
	13 湯誥/卷 3 頁 9a	賁若言草木之	〈書集傳或問〉上.40a（總頁 196）			
	14 洪範/卷 4 頁 22b	鯀禹皆治水天	卷 7 頁 2b（總頁 94）			
	15 洪範/卷 4 頁 23b	初一次二此讀	卷 7 頁 2b（總頁 94）			
	16 洪範/卷 4 頁 23b	五氣運行而人	卷 7 頁 3a（總頁 95）			
	17 洪範/卷 4 頁 23b	德雖應變無方	卷 7 頁 4b（總頁 95）			
	18 洪範/卷 4 頁 24b	一五行者次第	卷 7 頁 5a（總頁 96）			
	19 洪範/卷 4 頁 24b	潤下潤濕而下	卷 7 頁 6b（總頁 96）			
	20 洪範/卷 4 頁 26a	乂謂理治	卷 7 頁 8a（總頁 97）			
	21 洪範/卷 4 頁 26a	恭作肅至睿作	卷 7 頁 8b（總頁 97）			
	22 洪範/卷 4 頁 34b	龜歲久則靈蓍	卷 7 頁 15a（總頁 101）			
	23 洪範/卷 4 頁 35a	衍推忒變也上	卷 7 頁 15a（總頁 101）			
	24 洪範/卷 4 頁 35b	卜筮處末者占	卷 7 頁 15b（總頁 101）			
	25 洪範/卷 4 頁 35b	心者人之神明	卷 7 頁 15b（總頁 101）			
	26 洪範/卷 4 頁 36a	此條惟君謀配	卷 7 頁 16a（總頁 101）			
	27 洪範/卷 4 頁 36a	此條惟卿士謀	卷 7 頁 16a（總頁 101）			
	28 洪範/卷 4 頁 36a	此條惟民謀配	卷 7 頁 16b（總頁 101）			
	29 洪範/卷 4 頁 36a	此條龜筮一從	卷 7 頁 16b（總頁 101）			
	30 洪範/卷 4 頁 36a	此條龜筮皆逆	卷 7 頁 16b（總頁 101）			
	31 洪範/卷 4 頁 37b	自五行而下得	卷 7 頁 17a（總頁 102）			
	32 洪範/卷 4 頁 37b	六者庶徵之目	卷 7 頁 17b（總頁 102）			
	33 洪範/卷 4 頁 37b	五者備敍則庶	卷 7 頁 17b（總頁 102）			
	34 洪範/卷 4 頁 37b	舊說謂五者以	卷 7 頁 17b（總頁 102）			
	35 洪範/卷 4 頁 39a	人主之行事與	卷 7 頁 19a（總頁 103）			
	36 洪範/卷 4 頁 40b	此覆說時之徵	卷 7 頁 19b（總頁 103）			
	37 洪範/卷 4 頁 41a	庶民眾多眾星	卷 7 頁 19b（總頁 103）			
	38 洪範/卷 4 頁 41a	二十八宿環繞	卷 7 頁 20a（總頁 103）			
	39 洪範/卷 4 頁 42a	休咎徵於天則	卷 7 頁 20b（總頁 103）			

	40 洪範/卷 4 頁 43a	六極以人所有	卷 7 頁 21b（總頁 104）			
註8	《輯錄纂註》	內容提示	《乙記》頁數		說　明	時　間
	01 說命中/卷 3 頁 41b	伊尹傅說之言	不詳			
註9	《輯錄纂註》	內容提示	《四朝聞見錄》頁數		說　明	時　間
	01 綱領/頁 6a	先生嘗觀書說	3			
	02 酒誥/卷 4 頁 75	朱子謂南軒酒	3			
註10	《輯錄纂註》	內容提示	「黎本」頁數	「黎本」記錄者	說　明	時　間
	01 堯典/卷 1 頁 1b	看二典之書堯	2401	廖德明		1173～
	02 堯典/卷 1 頁 7a	今之造曆者無	25	沈僴		1198～
	03 堯典/卷 1 頁 7b	堯時昏旦星中	13	廖德明		1173～
	04 堯典/卷 1 頁 7b	太史公曆書說	25	萬人傑		1180～
	05 堯典/卷 1 頁 10a	一歲之閏六陰	無			
	06 舜典/卷 1 頁 19b	曆法要當先論	26	楊道夫		1189～
	07 舜典/卷 1 頁 20b	覲是正君臣之	2198	黃義剛		1193～
	08 舜典/卷 1 頁 21b	問先生建牧立	無			
	09 舜典/卷 1 頁 30a	禮樂所以成教	無			
	10 舜典/卷 1 頁 34a	樂律自黃鍾至	2337	李閎祖	池二：1197。	1197
	11 舜典/卷 1 頁 34a	樂聲黃鍾九寸	2337	萬人傑		1180～
	12 舜典/卷 1 頁 34a	律管只以九寸	2336	萬人傑		
	13 舜典/卷 1 頁 34a	禮記註疏五聲	2337	萬人傑		
	14 舜典/卷 1 頁 34a	十二律自黃鍾	2337	楊道夫		1189～
	15 舜典/卷 1 頁 34a	因論律呂先生	2338	潘植		1193

二、〈輯錄所載朱子門人姓氏〉所列的材料

〈輯錄所載朱子門人姓氏〉所列，總計有五十八人。這些人記錄朱子言論的時間，於「黎本」的〈朱子語錄姓氏〉，多有注明；但「黎本」所注，甚為簡略，有些在池州本《朱子語錄》中，明確記載記錄時間與地點的材料，「黎本」皆未注出。（詳後）但因材料的限制，「黎本」的〈朱子語錄姓氏〉仍是我們了解這些記錄者的記錄時間最主要的依據。為了討論方便，下面同樣將「輯錄」引用的情況加以列表，並作初步的整理與補充。體例如下：

〔01〕於「黎本」中可以找到的材料，皆注明「黎本」出現的位置。若記錄者與「輯錄」相同，則於附註中之「黎本記錄者」欄注明「同」。若記錄者不同，亦予以標注。

〔02〕「池一」、「池二」及「徽本」卷 78、79 所載之記錄者或記錄時間若有助於繫年之判斷，於注釋表格中的說明欄一併注明。

〔03〕「輯錄」所錄條文末有記錄者姓名，則將該條歸於該記錄者之下。

　　若條文末沒有注明記錄者，而於條文開端有「某某問」的，則歸入開端之姓氏下。若條文末有記錄者，文中亦有姓氏，則歸入文末記錄者。若皆未標明，則另外歸於「未注明姓氏者」的表格中。

〔04〕條文中若出現其他人名，有助於判斷記錄時間的，亦列於註釋表格中的說明欄。

〔05〕編排的順序，先據〈朱子語類姓氏〉所載的記錄時間先後安排，若不可考，則依筆劃安排。註釋部分，則依《尚書》篇章順序安排，並將每則材料重新考訂出的時間，標注於「時間」一欄。

〔06〕相關的著作或記錄時間，以西元標示。標示方式，與（表 1-1-1）、（表 1-1-2）、（表 1-1-3）相同。

（表 1-2-1）記錄時間只有一年，且明確者

姓　　名	引用次數		〈朱子語類姓氏〉所載的記錄時間	附　　註
	注於開頭	注於條末		
黃氏（犖、子耕）	0	01〔註1〕	1188	
童氏（伯羽、蜚卿）	0	02〔註2〕		
劉氏（砥、用之）	0	0	1190	「用之」，「黎本」作「字履之」。「黎本」另有「劉礪，字用之」。
鄭氏（可學、子上）	01	07〔註3〕	1191	
滕氏（璘、德粹）	0	01〔註4〕		
蔡氏（懋、行父）	0	0	1192	「黎本」作「蔡懋錄，字行夫。」
鄭氏（南升、文鎮）	0	01〔註5〕	1193	「文鎮」，「黎本」作「字文相」
龔氏（蓋卿、夢錫）	0	01〔註6〕	1194	
孫氏（自脩、敬夫）	0	01〔註7〕		
吳氏（琮、仲方）	0	0		
楊氏（長孺、伯子）	0	0		
潘氏（履孫、坦翁）	0	0		
湯氏（泳、敬叔）	0	11〔註8〕	1195	「敬叔」，「黎本」作「字叔永」。

曾氏（祖道）	01	04〔註9〕	1197	「黎本」：「字擇之」。
胡氏（泳、伯量）	0	0	1198	
郭氏（友仁、德元）	0	01〔註10〕		
李氏（儒用、仲秉）	0	02〔註11〕	1199	
呂氏（燾、德昭）	0	01〔註12〕		

【表1-2-1附註】

註號	《輯錄纂註》	內容提示	「黎本」頁數	「黎本」記錄者	說　明	時間
註1	01 大禹謨/卷1頁47b	道心爲主則人	無		《朱熹集》頁2515〈答黃子庚・別紙〉	
註2	01 大禹謨/卷1頁47a	自人心而收之	2012	楊驤（子昂）又「人心如卒徒，道心如將」之記錄者爲童伯羽。	徽本：記錄者作「近之」，當爲誤字。（頁1163）又徽本：「人心如卒徒，道心如將」之記錄者爲童伯羽。（頁1163）	1190左右
	02 大禹謨/卷1頁47b	問人心道心曰	2011	同		1190
註3	01 綱領/頁1b	先生問可學近	1983	同		1191
	02 綱領/頁3a	語德粹云尚書	1984	同	文中有「滕璘（德粹）」。	
	03 舜典/卷1頁33b	聲依永律和聲	2006	同		
	04 大禹謨/卷1頁47a	子上以書來云	1487	余大雅		
	05 大禹謨/卷1頁48b	舜功問人多要	2015	同	文中有「符舜功（？）」。	
	06 洪範/卷4頁23a	洛書本文只有	2041	同		
	07 無逸/卷5頁29a	舜功問徽柔懿	2059	同	文中有「符舜功（？）」。黎本又引滕璘所錄異文。	
	08 小序/頁3a	問湯升自陑先	2028	同		
註4	01 武成/卷4頁15a	周自積累以來	945	同		1191
註5	01 大禹謨/卷1頁42a	詔與武今皆不	635	同		1193
註6	01 無逸/卷5頁25b	萍卿柳兄言東	2058	同	文中有「萍鄉柳兄（？）」。池一：1194。池二：1194。	1194
註7	01 洪範/卷4頁22b	問鯀既被誅禹	2040	同	池一：1194。池二：1194。	1194
註8	01 孔序/頁6b	孔安國解經最	1985	同		1195
	02 舜典/卷1頁33b	古人以樂教胄	2005	同		
	03 湯誥/卷3頁7b	惟皇上帝降衷	2030	同	池二：1195。	
	04 伊訓/卷3頁13b	與人不求備檢	2031	同		
	05 洪範/卷4頁28a	今人將皇極作	2046	滕璘	滕璘爲1191所錄，湯泳爲1195所錄。	有疑

	06 洪範/卷 4 頁 28b	極盡也先生指	2046	同	池二：1195。	1195
註9	07 洪範/卷 4 頁 29b	有猷有爲有守	2047	滕璘	滕璘爲 1191 所錄，湯泳爲 1195 所錄。	有疑
	08 洪範/卷 4 頁 30a	有能有爲是有	2047	滕璘	滕璘爲 1191 所錄，湯泳爲 1195 所錄。	
	09 洪範/卷 4 頁 31a	會其有極歸其	2047	無		
	10 洪範/卷 4 頁 37b	問八庶徵曰時	無		《朱熹集》頁 3137〈答潘子善〉。	1198
	11 洪範/卷 4 頁 38b	一極備凶一極	2050	同		1195
註9	01 綱領/頁 4b	林書儘有好處	1988	同	池一：1197。	1197
	02 舜典/卷 1 頁 33b	或問詩言志歌	2005	同		
	03 舜典/卷 1 頁 36b	稷棄皋陶夔龍	2006	黃義剛		
	04 說命上/卷 3 頁 37b	高宗夢傳說分	863	金去僞	金去僞爲 1175 所錄，曾祖道爲 1197 所錄。	有疑
	05 武成/卷 4 頁 18a	祖道曰看來湯	638	同	池一：1197。	1197
註10	01 舜典/卷 1 頁 26b	或問欽哉欽哉	2002	萬人傑	徽本：郭友仁。（頁 1157）	1198
註11	01 孔序/頁 2b	典謨之書恐是	1981	萬人傑	徽本：李儒用。（頁 1148）	1199
	02 湯誓/卷 3 頁 1a	湯武固是反之	1474	同		
註12	01 太甲中/卷 3 頁 19b	能視遠謂之明	1382	無		1199

（表 1-2-2）超過一年，但年數明確者

姓　　名	引用次數		〈朱子語類姓氏〉所載的記錄時間	附　　註
	注於開頭	注於條末		
包氏（揚、顯道）	04	0〔註 1〕	1183～1185	
張氏（洽、元德）	02	01〔註 2〕	1187、1193	
吳氏（必大、伯豐）	01	02〔註 3〕	1188～1189	
陳氏（淳、北溪、安卿）	02	05〔註 4〕	1190、1199	
楊氏（至、至之）	0	0	1193～1194	

【表 1-2-2 附註】

註號	《輯錄纂註》	內容提示	「黎本」頁數	「黎本」記錄者	說　　明	時間
註1	01 堯典/卷 1 頁 2b	顯道問堯典自	1990	萬人傑	文中有「包揚（顯道）」。徽本：萬人傑。（頁 1151）	1183～1185
	02 舜典/卷 1 頁 17b	顯道問納于大	1990	萬人傑	文中有「包揚（顯道）」。徽本：萬人傑。（頁 1151）	
	03 盤庚上/卷 3 頁 26b	顯道曰商書又	1980	黃義剛	黃義剛爲 1193～所錄，包揚爲 1183～1185 所錄。	有疑
	04 泰誓上/卷 4 頁 2a	顯道問先儒將	1980	黃義剛	黃義剛爲 1193～所錄，包揚爲 1183～1185 所錄。	

註2	01 大禹謨/卷1頁49a	程子曰人心人	2014	同	1187、1193
	02 益稷/卷1頁61b	元德問惟幾惟	2021	萬人傑	1193
	03 益稷/卷1頁64b	元德問工以納	2021	萬人傑	
註3	01 綱領/頁4b	因論書解必大	1986	同	1188～1189
	02 綱領/頁5a	必大問尚書欲	1984	同	
	03 孔序/頁4b	伯豐問尚書古	1978	黃黌	1188
註4	01 綱領/頁6a	李丈稟白書解	2832	同	文中之李丈即李唐咨（堯卿）。詳第二章。	1200
	02 孔序/頁3a	淳問周誥辭語	2057	同	黎本有黃義剛錄異文。	1199
	03 堯典/卷1頁9b	淳問天道左旋	13	同	黎本：「淳。（黃）義剛同。」	
	04 舜典/卷1頁26b	問吳才老云是	2002	董銖	
	05 湯誥/卷3頁8a	詩書所說便是	63	同	1190、1199
	06 洪範/卷4頁35a	易占不用龜而	1639	周謨	
	07 大誥/卷4頁57a	印字即我字沈	2061	黃義剛	文中有「安卿」。徽本：「淳。義剛錄〔同〕。」（頁1186）	1199

（表1-2-3）年數不明者

姓　名	引用次數		〈朱子語類姓氏〉所載的記錄時間	附　註
	注於開頭	注於條末		
廖氏（德明、槎漢、子晦）	0	09〔註1〕	1173～	
何氏（鎬、叔京）	0	0	～1175	
余氏（大雅、公晦）	0	09〔註2〕	1178～	「公晦」，「黎本」作「字正叔」。
周氏（謨、舜弼）	0	03〔註3〕	1179～	
萬氏（人傑、正淳）	01	24〔註4〕	1180～	
竇氏（從周、文卿）	0	01〔註5〕	1186～	
李氏（閎祖、守約）	0	02〔註6〕	1188～	
陳氏（文蔚、才卿）	01	04〔註7〕		
李氏（方子、果齋、正叔）	0	07〔註8〕		「正叔」，「黎本」作「字公晦」。
楊氏（道夫、仲思）	02	14〔註9〕	1189～	「仲思」，「黎本」作「字仲愚」。
徐氏（寓、居父）	0	04〔註10〕	1190～	

葉氏（賀孫、味道）	01	25〔註11〕	1191～		
黃氏（義剛、毅然）	09	24〔註12〕			
甘氏（節、吉父）	01	12〔註13〕	1193～		
潘氏（時舉、子善）	03	04〔註14〕			
輔氏（廣、漢卿）	0	74〔註15〕			
王氏（過、拙齋、幼觀）	01	0〔註16〕	1194～		
林氏（學蒙、正卿）	0	03〔註17〕			
林氏（賜、聞一）	0	04〔註18〕	1195～		
董氏（銖、槃澗、叔重）	11	07〔註19〕	1196～		
林氏（夔孫、子武）	0	02〔註20〕	1197～		
沈氏（僴、莊仲）	0	38〔註21〕	1198～	「莊仲」，「黎本」作「杜仲」。	

【表1-2-3附註】

註號	《輯錄纂註》	內容提示	「黎本」頁數	「黎本」記錄者	說　明	時間
註1	01 堯典/卷1頁2b	克明俊德是明	1989	同		
	02 堯典/卷1頁3b	羲和主曆象授	1991	同		
	03 舜典/卷1頁27b	問舜不惟德盛	2003	同		1173～
	04 大禹謨/卷1頁48a	程子曰人心人	2018	同		
	05 咸有一德/卷3頁23b	終始惟一時乃	318	同		
	06 說命上/卷3頁36b	問傅說版築亦	1362	同	黎本文中有「寶從周」。	1186～
	07 洪範/卷4頁24b	自水曰潤下至	2042	同		
	08 洪範/卷4頁28b	問先生言皇極	2045	同		1173～
	09 呂刑/卷6頁34a	東坡解呂刑王	2061	同		
註2	01 孔序/頁6a	又問林少穎說	1978	同		
	02 堯典/卷1頁9a	期三百有六旬	1992	同		
	03 禹貢/卷2頁11b	書中極有難考	2176	同		
	04 胤征/卷2頁42b	問東坡疑胤征	2028	同		
	05 咸有一德/卷3頁24b	問德無常師四	2033	同		1178～
	06 洪範/卷4頁22b	比看箕子為武	2047	同		
	07 洪範/卷4頁24b	問如何是金曰	2042	同		
	08 洪範/卷4頁31a	曰王道蕩蕩又	2047	同		
	09 酒誥/卷4頁74b	徐孟寶問楊子	2056	同	文中有「徐孟寶（？）」。	
註3	01 綱領/頁1b	某嘗患尚書難	1982	同		1179～
	02 綱領/頁3a	尚書中盤庚五	1981	潘時舉		1193～
	03 泰誓上/卷4頁3a	氣質之性古人	1386	同	黎本有金去偽、萬人傑所錄異文。	1180～

註4	01 堯典/卷1頁2b	任道問堯典以	1990	同	文中有「任道（?）」。	1180~
	02 堯典/卷1頁3a	平章百姓只是	1990	同		
	03 堯典/卷1頁4b	問寅賓出日寅	1991	同		
	04 堯典/卷1頁13b	問四岳是十二	1993	同	黎本：「人傑。必大（吳必大）錄別出。」	1188~1189
	05 舜典/卷1頁16b	舜典自虞舜側	1996	同		1180~
	06 舜典/卷1頁17a	人傑問徽五典	1996	同		
	07 舜典/卷1頁20b	問輯五瑞既月	1998	同		
	08 舜典/卷1頁28b	問明四目達四	2003	同		
	09 舜典/卷1頁28b	柔遠能邇柔遠	2003	同		
	10 舜典/卷1頁31a	三就只當從古	2003	同		
	11 舜典/卷1頁32a	問伯夷典禮而	2005	同		
	12 舜典/卷1頁29b	問亮采惠疇先	2004	同		
	13 大禹謨/卷1頁41b	問水火金木土	2008	同		
	14 大禹謨/卷1頁43b	念茲在茲釋茲	2008	同		
	15 大禹謨/卷1頁45a	罪疑惟輕豈有	2009	同	黎本有輔廣異文。徽本：萬人傑。（頁1161）	1194~
	16 大禹謨/卷1頁48a	問堯舜禹大聖	2014	同		1180~
	17 皋陶謨/卷1頁55b	據文勢解之當	2019	同		
	18 皋陶謨/卷1頁55b	九德凡十八種	2019	吳必大	輯錄與黎本文字不同，當為同條之異文。徽本文字與輯錄同：萬人傑。（頁1165）。	〔1188~1189〕
	19 盤庚上/卷3頁26b	元德問盤庚如	2022	同	文中有「張洽（元德）」。	1187、1193
	20 泰誓上/卷4頁2b	泰誓序十有一	2039	同	黎本文中有「石洪慶（?）」。	1180~
	21 泰誓上/卷4頁3a	亶聰明作元后	2039	同		
	22 洪範/卷4頁28a	皇指人君極便	2044	黃𩒻		1188
	23 大誥/卷4頁54b	因論點書曰人	2057	楊道夫		1189~
	24 召誥/卷5頁6b	召誥完其初說	2045	黃𩒻		1188
	25 小序/頁1b	方設居方逐方	2006	同		1180~
註5	01 大禹謨/卷1頁48b	人心惟危是知	2013	楊至	徽本：竇從周。（頁1161）	1193~1194
註6	01 舜典/卷1頁19b	書正義璿璣玉	1997	同	池二：1188。	1188
	02 皋陶謨/卷1頁55b	九德分得細密	2019	同	池二：1197。	1197
註7	01 舜典/卷1頁28a	堯崩百姓如喪	2003	同		1188~
	02 舜典/卷1頁33a	文蔚問禮書學	2189	同		
	03 大禹謨/卷1頁48b	問人心惟危道	2013	同		
	04 伊訓/卷3頁13b	湯工夫全在敬	387	同		
	05 泰誓中/卷4頁8a	莊仲問天視天	2039	同	文中有「莊仲（?）」。	

註 8	01 孔序/頁 2b	尚書諸命皆分	1981	無	徽本：李方子。（頁 1148）	1188～
	02 舜典/卷 1 頁 27b	林少穎解殂落	2003	林夔孫		1197～
	03 舜典/卷 1 頁 28a	堯舜之廟雖不	1997	同	池二：1188。	1188
	04 大禹謨/卷 1 頁 47a	道心惟微者難	2010	同	徽本：李方子。（頁 1162）黎本有異文，徽本與輯錄所引一致。	
	05 禹貢/卷 2 頁 2b	予決九川距四	2027	同	黎本有林學蒙異文。又黎本文中有「李得之（?）」。	1194～
	06 說命中/卷 3 頁 40b	口非欲起羞而	2036	黎本「惟甲冑」以下記錄者爲「甘節」。之前則未注明。		1193～
	07 立政/卷 5 頁 54a	文王惟克厥宅	2059	同	池二：1188。	1188
註 9	01 綱領/頁 4a	道夫請先生點	1981	同		1189～
	02 綱領/頁 5b	向在鵝湖見伯	1988	黃薈	黃薈爲 1188 所錄，楊道夫爲 1189～所錄。	有疑
	03 孔序/頁 2b	至之問書斷自	1977	同	文中有「楊至（至之）」。	1193～1194
	04 孔序/頁 3a	書有兩體有極	1980	同		
	05 舜典/卷 1 頁 19b	書疏載在璿璣	1981	同		
	06 大禹謨/卷 1 頁 44a	法家者流往往	2009	同		
	07 湯誥/卷 3 頁 8a	天地自有箇无	60	同		
	08 咸有一德/卷 3 頁 24b	德無常師四句	2033	同		
	09 咸有一德/卷 3 頁 25a	問善字不知主	2263	同		
	10 說命中/卷 3 頁 42a	南軒云非知之	2036	同		1189～
	11 西伯戡黎/卷 3 頁 49a	殷始咎周周人	636	同		
	12 洪範/卷 4 頁 23b	民之有福君所	無		徽本：楊道夫。（頁 1179）	
	13 洪範/卷 4 頁 26a	伯謨云老蘇著	2044	同	文中有「方士繇（伯謨）」。	
	14 酒誥/卷 4 頁 80b	因論點書曰人	2057	同		
	15 康王之誥/卷 6 頁 20a	伏生以康王之	2060	同		
	16 小序/頁 1b	道夫問張子以	2006	同		
註 10	01 大禹謨/卷 1 頁 48b	舜禹相傳只是	2015	同		
	02 湯誥/卷 3 頁 9b	楊尹叔問簡在	1215	同	文中楊尹叔，黎本僅作「楊」。（?）	1190～
	03 微子/卷 3 頁 54a	箕子比干都是	1194	同	黎本有陳淳所錄異文。	1190
	04 武成/卷 4 頁 15a	問使文王更在	945	同		1190～

註11	01 堯典/卷1頁2a	堯是初頭出治	206	童伯羽	童伯羽爲1190所錄，葉賀孫爲1191～所錄。	有疑
	02 大禹謨/卷1頁42a	劉潛夫問戒之	2008	同	文中有「劉炎（潛夫）」。	1194～
	03 大禹謨/卷1頁43a	劉潛夫問書中	2008	同		
	04 大禹謨/卷1頁44a	聖人亦不曾徒	2009	同		
	05 禹貢/卷2頁5a	禹當時治水也	2023	同		1191～
	06 禹貢/卷2頁6b	問齊威塞九河	2024	同		
	07 禹貢/卷2頁27a	禹治江不見甚	2024	同		
	08 仲虺之誥/卷3頁4a	問矧予之德言	無		《朱熹集》頁3135〈答潘子善〉。	1198
	09 仲虺之誥/卷3頁6a	問禮義本諸人	2029	同		1191～
	10 湯誥/卷3頁7b	蔡行父問書所	2029	同	文中有「蔡愿錄（行父）」。	1192
	11 太甲上/卷3頁17a	諸家多訓虞爲	無		《朱熹集》頁3136〈答潘子善〉。	1198
	12 太甲中/卷3頁19b	並其有邦止后	2032	李閎祖	徽本無記錄者。（頁1172）	1191～
	13 太甲中/卷3頁19b	視不爲惡色所	2032	甘節		1193～
	14 咸有一德/卷3頁23a	爰革夏正只是	2032	同		
	15 咸有一德/卷3頁23b	賀孫因說如逢	2032	同		
	16 盤庚上/卷3頁26a	盤庚更沒理會	2052	同		
	17 說命下/卷3頁44a	易日君子以虛	2931	同		
	18 武成/卷4頁15a	問取之而燕民	1229	同	黎本文中有「居之」（?）。	
	19 洪範/卷4頁21a	說洪範日看來	2041	楊道夫	徽本：葉賀孫。（頁1176）	1191～
	20 洪範/卷4頁26a	恭作肅恭屬水	2912	同		
	21 洪範/卷4頁28b	漢儒說中字只	2048	同	黎本文中有「符舜功（?）」	
	22 洪範/卷4頁38b	今人讀書粗心	2048	同		
	23 金縢/卷4頁48b	周公以身代武	2159	同		
	24 金縢/卷4頁53a	書中可疑諸篇	2052	同		
	25 呂刑/卷6頁33a	呂刑一篇如何	2053	同		
	26 呂刑/卷6頁36b	率乂于民棐彝	2054	同		
註12	01 綱領/頁3b	陳安卿問書何	1981	同	文中有「陳淳（安卿）」。	1199
	02 孔序/頁1b	義剛問同前先	1978	同	黎本文中有「陳仲蔚（?）」。	1193～
	03 孔序/頁6b	書序恐不是孔	1984	同		
	04 堯典/卷1頁3b	羲和即是那四	1991	同		
	05 堯典/卷1頁9a	義剛言伯靜在	15	同	文中有「蔡淵（伯靜）」。詳第二章。	1199～
	06 堯典/卷1頁12b	顯道問朱先稱	1993	同	黎本：「義剛。（林）夔孫錄略。」	1197～
	07 堯典/卷1頁13b	問堯既知鯀如	1993	同	文中有「包揚（顯道）」。	

	08 舜典/卷 1 頁 17a	納于大麓當以	1996	同		1193～
	09 舜典/卷 1 頁 22a	又曰卒乃復者	1999	同		
	10 舜典/卷 1 頁 23a	五載一巡守此	1999	輔廣	池二：1196～1197。	1196～1197
	11 舜典/卷 1 頁 23b	蔡仲默集註尚	2000	同	詳第二章。	1199～
	12 舜典/卷 1 頁 27a	放驩兜于崇山	2002	同		1193～
	13 舜典/卷 1 頁 29b	禹以司空宅百	2004	同	徽本同。但徽本另有夔孫所錄，疑為同條之異文。（頁 1158）若是如此，則此條記錄於 1197～。	1197～
	14 舜典/卷 1 頁 30a	義剛問堯德化	2004	同	徽本：「義剛。夔孫錄同。」（頁 1158）	
	15 舜典/卷 1 頁 30b	義剛問蠻夷猾	2004	同		1193～
	16 舜典/卷 1 頁 31a	五刑三就用五	2004	林夔孫	徽本：「夔孫。義剛錄同，惟末句作：『便不割傷人，胡亂死了人。』」（頁 1158）詳第二章。	1199～
	17 舜典/卷 1 頁 32a	惟寅故直惟直	2005	同		
	18 舜典/卷 1 頁 35b	納言似今中書	2006	同		
	19 大禹謨/卷 1 頁 40b	當无虞時須是	2007	同		
	20 大禹謨/卷 1 頁 43a	地平天成是包	2008	同		
	21 皋陶謨/卷 1 頁 53b	庶明勵翼庶明	2019	同		
	22 皋陶謨/卷 1 頁 57b	因其生而第之	2019	同		
	23 皋陶謨/卷 1 頁 58a	要五禮有庸五	2020	同		1193～
	24 益稷/卷 1 頁 59b	義剛問益稷篇	2020	同		
	25 益稷/卷 1 頁 62b	義剛問點尙書	2022	同		
	26 胤征/卷 2 頁 43b	義剛問生明生	2055	同		
	27 武成/卷 4 頁 14a	義剛問生明生	2055	同		
	28 武成/卷 4 頁 17b	中庸一戎衣解	2060	同		
	29 康誥/卷 4 頁 64a	惟三月哉生魄	2055	同		
	30 君奭/卷 5 頁 32a	顯道問召公不	2059	同	文中有「包揚（顯道）」。包揚爲 1183～1185 所錄，黃義剛爲 1193～。	有疑
	31 呂刑/卷 6 頁 33b	蔡仲默論五刑	2062	同	詳第二章。	1199～
	32 呂刑/卷 6 頁 33b	義剛問鄭敷文	2062	同		1193～
	33 小序/頁 7a	又問文王如何	907	同	黎本文中有「范益之（？）」。	
註 13	01 舜典/卷 1 頁 30a	敬敷五教在寬	2041	同		
	02 舜典/卷 1 頁 33b	詩言志歌永言	2006	同		
	03 大禹謨/卷 1 頁 46b	節問人心惟危	2012	同		1193～
	04 大禹謨/卷 1 頁 47a	道心人心之理	2012	同		
	05 益稷/卷 1 頁 61b	止守也惟幾當	2021	同		

	06 禹貢/卷 2 頁 14a	江陵之下岳州	2025	同		
	07 禹貢/卷 2 頁 27a	東匯澤爲彭蠡	2026	同		
	08 伊訓/卷 3 頁 11b	問伊尹祠于先	2031	輔廣	池二：1194。	1194
	09 伊訓/卷 3 頁 12a	伊尹祠于先王	2031	同		
	10 咸有一德/卷 3 頁 24a	論其難其愼日	2033	同		
	11 說命中/卷 3 頁 40b	惟口起羞如	2036	同		1193～
	12 洪範/卷 4 頁 23b	凡數自一至五	2041	同		
	13 多方/卷 5 頁 46b	艾軒云文字只	2059	同	文中有「艾軒（？）」。	
註14	01 綱領/頁 2b	二典三謨其言	1983	董銖	徽本：董銖。（頁 1149）	1196～
	02 綱領/頁 3a	問書當如何看	1988	同		1193～
	03 堯典/卷 1 頁 2a	潘子善問欽明	無		《朱熹集》頁 3132〈答潘子善書〉。	1198
	04 堯典/卷 1 頁 6a	潘子善問平秩	無			
	05 舜典/卷 1 頁 19b	先生一日論及	19	董銖		1196～
	06 咸有一德/卷 3 頁 23b	臣爲上爲德爲	無		《朱熹集》頁 3136〈答潘子善書〉。	1198
	07 旅獒/卷 4 頁 44b	問時庸展親諸	無			
註15	01 綱領/頁 4b	荊公不解洛誥	1987	同	池二：1196～1197。	1196～1197
	02 綱領/頁 5b	或問諸家書解	1986	同	池二：1194。	1194
	03 孔序/頁 3a	書難曉者只是	1981	同		
	04 孔序/頁 6b	尚書孔安國傳	1984	同		
	05 孔序/頁 7a	書小序亦非孔	1985	同		
	06 堯典/卷 1 頁 2a	林少穎解放勳	1989	同		
	07 堯典/卷 1 頁 2a	安安只是簡重	1989	同		
	08 堯典/卷 1 頁 2b	克明俊德只是	1990	同		
	09 堯典/卷 1 頁 2b	九族且從古註	1990	同		
	10 堯典/卷 1 頁 3a	平章百姓只是	1990	同	池二：1196～1197。	
	11 堯典/卷 1 頁 3b	曆是古時一件	1991	同		
	12 堯典/卷 1 頁 3b	曆是書象是器	1991	同		
	13 堯典/卷 1 頁 4b	古字宅度通用	1991	同		
	14 堯典/卷 1 頁 5a	平秩東作之類	1992	同		1196～1197
	15 堯典/卷 1 頁 6a	敬致只是冬夏	1992	同		
	16 堯典/卷 1 頁 7a	朔易亦是時候	1992	同		
	17 堯典/卷 1 頁 12b	自疇咨若時登	1992	同		
	18 堯典/卷 1 頁 12b	胤子朱古註與	無		徽本：輔廣。（頁 1153）池二：1196～1197。黎本無此則。	
	19 堯典/卷 1 頁 13a	共工驩兜看得	1993	同		
	20 堯典/卷 1 頁 13a	滔天二字羨文	1993	同		
	21 堯典/卷 1 頁 13b	异哉是不用亦	1994	同	池二：1196～1197。	
	22 堯典/卷 1 頁 13b	庸命方命之命	1995	同		
	23 堯典/卷 1 頁 14b	先儒多疑舜乃	1995	同		

24 堯典/卷 1 頁 14b	烝烝東萊說亦	1995	同		
25 堯典/卷 1 頁 14b	帝曰我其試哉	1995	吳必大	黎本吳必大所錄，意思相同。但應該不是同時所錄。	1194～
26 堯典/卷 1 頁 14b	釐則訓治釐降	1990	同		
27 舜典/卷 1 頁 16a	東萊謂舜典止	1996	同		1196～1197
28 舜典/卷 1 頁 16b	濬哲文明溫恭	1996	同	池二：1196～1197。	
29 舜典/卷 1 頁 17b	烈風雷雨弗迷	1997	同		
30 舜典/卷 1 頁 18a	堯命舜曰三載	1997	同		
31 舜典/卷 1 頁 18a	舜居攝時不知	1997	同		
32 舜典/卷 1 頁 19a	孔註謂舜察天	1997	同		1194～
33 舜典/卷 1 頁 20a	類只是祭天之	1997	同	池二：1196～1197。	1196～1197
34 舜典/卷 1 頁 22a	協時月正日只	1998	同		
35 舜典/卷 1 頁 22a	人傑問舜之巡	1999	同	黎本有董銖異文。徽本：「廣。（萬）人傑錄同。」（頁 1156）池二：1196。	1196
36 舜典/卷 1 頁 23b	肇十有二州冀	2000	同		
37 舜典/卷 1 頁 27a	殛鯀于羽山想	2002	同		
38 舜典/卷 1 頁 27b	四凶只緣堯舉	2002	同		
39 舜典/卷 1 頁 28b	惇德允元只是	2004	同		
40 舜典/卷 1 頁 29b	禹以司空行宰	2004	同	池二：1196～1197。	
41 舜典/卷 1 頁 30b	五服三就若大	2004	同		
42 舜典/卷 1 頁 31b	孟子說益烈山	2005	同		1196～1197
43 舜典/卷 1 頁 32a	問夙夜惟寅直	2005	同		
44 舜典/卷 1 頁 33b	直而溫只是說	2005	同		
45 舜典/卷 1 頁 34b	夔曰於予擊石	無		徽本：輔廣。（頁 1159）黎本無此則。池二：1196～1197。	
46 舜典/卷 1 頁 35b	聖只訓疾較好	2006	同	池二：1196～1197。	
47 舜典/卷 1 頁 35b	殄行是傷人之	2006	同		
48 舜典/卷 1 頁 35b	納言之官如今	2006	萬人傑		1194～
49 舜典/卷 1 頁 37a	舜生三十徵庸	2006	同	池二：1196～1197。	
50 大禹謨/卷 1 頁 39a	自后克艱厥后	2007	同	池二：1196～1197。徽本無記錄者，頁 1160。	1196～1197
51 大禹謨/卷 1 頁 52a	舞干羽之事想	2018	同		1194～
52 益稷/卷 1 頁 65b	明庶以功恐庶	2022	同		
53 益稷/卷 1 頁 66b	苗頑弗即功此	2022	同	池二：1196～1197。	1196～1197

	54 禹貢/卷 2 頁 7b	洪水之患意者	2027	同		1194～
	55 禹貢/卷 2 頁 13a	禹治水時想亦	2027	同		
	56 伊訓/卷 3 頁 10a	商書幾篇最分	2030	同		1196～1197
	57 伊訓/卷 3 頁 10a	伊尹書及說命	2030	同	池二：1196～1197。	
	58 伊訓/卷 3 頁 11b	問外丙二年仲	1361	同		
	59 伊訓/卷 3 頁 14a	具訓于蒙士吳	2031	同		
	60 武成/卷 4 頁 14b	問文王不稱王	1556	同		
	61 大誥/卷 4 頁 53b	大誥一篇不可	2053	同		
	62 康誥/卷 4 頁 63b	康誥三篇此是	2054	同		
	63 康誥/卷 4 頁 66a	庸庸祗祗威威	2056	黃罃	黃罃爲 1188 所錄，輔廣爲 1194～所錄。	有疑
	64 康誥/卷 4 頁 67a	問惠不惠懋不	無		《朱熹集》頁 3452〈洛誥〉解。	～1190
	65 康誥/卷 4 頁 67b	不典式爾古註	無			
	66 康誥/卷 4 頁 68b	非汝封刑人殺	2056	同	池二：1196～1197。	1196～1197
	67 康誥/卷 4 頁 68b	非汝封刑人殺	無		《朱熹集》頁 3451〈洛誥〉解。	～1190
	68 康誥/卷 4 頁 70b	惟弔茲惟痛憫	無		《朱熹集》頁 3452〈洛誥〉解。	
	69 康誥/卷 4 頁 73b	殄享世享皆享	無			
	70 蔡仲之命/卷 5 頁 40a	周公使三叔監	2054	同		1194～
	71 呂刑/卷 6 頁 33a	問贖刑所以寬	2062	同	池二：1196～1197。	1196～1197
	72 費誓/卷 6 頁 47b	費誓秦誓亦皆	2063	同		
	73 秦誓/卷 6 頁 51b	民訖自若是多	2063	同		
	74 小序/頁 2a	大禹謨序帝舜	2007	同	徽本無記錄者。（頁 1160）池二：1196～1197。	
註 16	01 堯典/卷 1 頁 3a	過問堯典平章	1991	同		1194～
註 17	01 綱領/頁 5b	東坡書解却好	1986	同		
	02 大禹謨/卷 1 頁 47a	或問人心道心	2009	同		1194～
	03 禹貢/卷 2 頁 2b	論形勢先識大	2028	同	黎本有李方子異文。黎本文中有「李得之（？）」。	
註 18	01 說命下/卷 3 頁 43b	而今人只管說	153	林夔孫	黎本有黃義剛所錄異文。	1197～
	02 說命下/卷 3 頁 44b	因說敎學半或	2037	同	輯錄：「賜參用（沈）僩錄」。黎本有林夔孫異文。池一：1198。	1198
	03 說命下/卷 3 頁 45a	惟學遜志止罔	153	林夔孫	黎本有黃義剛所錄異文。	1197～
	04 金縢/卷 4 頁 49b	問周公代武王	2051	錢木之	黎本文中有「林聞一（？）」。	1197

註19	01 皋陶謨/卷 1 頁 53b	鉄問此一句是	2018	同	池二：1196。	1196
	02 禹貢/卷 2 頁 11b	先生說三江之	2025	同		1196～
	03 禹貢/卷 2 頁 21b	問味別地脈之	2025	同		
	04 禹貢/卷 2 頁 13b	鉄錄一段疑朱子未定之說，故不贅輯。				
	05 仲虺之誥/卷 3 頁 6a	以義制事以禮	1983	同		1196～
	06 仲虺之誥/卷 3 頁 6a	問莫是攝心之	1983	同		
	07 伊訓/卷 3 頁 11b	鉄問書序言成	無		《朱熹集》頁 2487〈答董叔重〉。陳來頁 260。	〔1187〕
	08 太甲上/卷 3 頁 15b	伊尹之言極痛	2032	無		1196～
	09 咸有一德/卷 3 頁 23a	鉄問咸有一德	無		《朱熹集》頁 2487〈答董叔重〉。陳來（頁 260）。	〔1187〕
	10 盤庚中/卷 3 頁 34a	鉄問盤庚言其	無		《朱熹集》頁 2487〈答董叔重〉。陳來（頁 260）。	
	11 西伯戡黎/卷 3 頁 48b	鉄問西伯戡黎	無		《朱熹集》頁 2488〈答董叔重〉。陳來（頁 260）。	
	12 微子/卷 3 頁 52b	鉄問微子篇詔	無		《朱熹集》頁 2484〈答董叔重〉。陳來（頁 260）。	
	13 旅獒/卷 4 頁 43b	先生日近諸孫	2051	同		1196～
	14 旅獒/卷 4 頁 44b	鉄問人不易物	2051	同		
	15 旅獒/卷 4 頁 45b	鉄問志以道寧	2051	同		
	16 金縢/卷 4 頁 50b	鉄問金縢我之	無		《朱熹集》頁 2483〈答董叔重〉。陳來（頁 260）。	〔1187〕
	17 康王之誥/卷 6 頁 21a	鉄問太保稱成	2060	楊至	楊至爲 1193～1194 所錄，董鉄爲 1196～所錄。	有疑
	18 冏命/卷 6 頁 31b	問格其非心之	2061	同		1196～
註20	01 大禹謨/卷 1 頁 40b	聖賢言語自有	2007	同		1197～
	02 仲虺之誥/卷 3 頁 3a	問仲虺之誥似	2029	同		
註21	01 綱領/頁 2a	問尚書難讀蓋	1982	葉賀孫	徽本：葉賀孫。（頁 1149）	1198～
	02 孔序/頁 5b	因論伏生書多	1978	同		
	03 舜典/卷 1 頁 24b	象者象其人所	2000	同	池一：1198。池二同卷之卷首、卷尾殘缺，但與池一比對，內容相同，可知錄於 1198。以下，池二與池一之異同，不再說明。	1198

04 大禹謨/卷 1 頁 47a	問人心道心之	2011	同	池一：1198。	
05 大禹謨/卷 1 頁 47a	又曰飢欲食渴	2011	無	徽本：沈僩。（頁 1163） 池一：1198。	
06 大禹謨/卷 1 頁 48a	因論惟精惟一	2014	同		
07 皋陶謨/卷 1 頁 58a	許多典禮都是	2020	同		
08 皋陶謨/卷 1 頁 58a	同寅協恭是君	2020	同「同寅協恭是君臣上下一於敬」，黎本另起一則，記錄者為楊方。	楊方為 1170 所聞，但黎本謂「間有可疑」，故不取。	1198～
09 益稷/卷 1 頁 66b	問禹稷三過其	1355	同	池一：1198。	1198
10 湯誥/卷 3 頁 8b	自天而言則謂	410	同	黎本文中有「劉礪（用之）」和「郭友仁（德元）」。	1198～
11 湯誥/卷 3 頁 9a	賁若草木兆民	無		《朱熹集》頁 3135〈答潘子善〉。	
12 太甲上/卷 3 頁 16a	古註云顧謂常	316	同		
13 說命上/卷 3 頁 37b	高宗夢傅說據	2035	同		
14 說命中/卷 3 頁 40b	惟天聰明至惟	2035	同	池一：1198。 池二：1198。	
15 說命下/卷 3 頁 42b	予小子舊學于	2036			
16 說命下/卷 3 頁 44a	惟學遜志止厥	2037	同		
17 說命下/卷 3 頁 44b	惟斅學半蓋已	2037	同		1198
18 說命下/卷 3 頁 44b	因說斅學半或	2037	同	輯錄：「賜參用僩錄」。黎本記錄者林賜，又引林夔孫異文。 池一：1198。 池二：1198。	
19 西伯戡黎/卷 3 頁 48b	西伯戡黎便是	2038	同	池一：1198。 徽本無記錄者。（頁 1174）	
20 泰誓上/卷 4 頁 3b	問諸儒之說以	1554	同		
21 武成/卷 4 頁 12b	問武成一篇編	2040	同	與〈考定武成〉時間相近。	1198～
22 洪範/卷 4 頁 23a	問洪範諸事日	2041	同		
23 洪範/卷 4 頁 25b	自外而言之則	無			
24 洪範/卷 4 頁 24b	問視聽言動比	2043	林夔孫		1198～
25 洪範/卷 4 頁 33b	沈潛剛克高明	2050	同		
26 洪範/卷 4 頁 35b	衍疑是過多剩	2050	同		
27 洪範/卷 4 頁 40a	王省惟歲言王	2050	同		

28 洪範/卷 4 頁 40a	問王省惟歲三	2050	同		
29 洪範/卷 4 頁 41a	問庶民惟星一	2050	同		
30 洪範/卷 4 頁 41a	問箕星好風畢	2050	同		
31 洪範/卷 4 頁 43a	五福六極也是	無			
32 旅獒/卷 4 頁 44b	人不易物惟德	2051	同		
33 大誥/卷 4 頁 53b	因言武王既克	2053	同		
34 大誥/卷 4 頁 54a	書中弗弔字只	2053	同		
35 大誥/卷 4 頁 58a	忱諶字只訓信	2054	同		1198～
36 康誥/卷 4 頁 67a	鼓之舞之之謂	319	同		
37 酒誥/卷 4 頁 74b	當初周公使管	2113	同		
38 梓材/卷 4 頁 84a	梓材一篇有可	2055	楊道夫	「徽本」無記錄者。（頁 1182）	

（表 1-2-4）時間不詳者

姓　　名	引用次數		〈朱子語類 姓氏〉所載 的記錄時間	附　　註
	注於 開頭	注於條末		
吳氏（雉、和仲）	02	03〔註1〕	不詳	「和仲」，「黎本」作 「字和中」。
黃氏（士毅、子洪）	01	0〔註2〕		
黃氏（卓、先之）	0	08〔註3〕		
李氏（處謙、）	0	02〔註4〕		「黎本」：「李壯祖， 字處謙」。
范氏（念德、伯崇）	0	0		
方氏（士繇、伯謨）	0	0		「黎本」無此人。
周氏（䏓、伯莊）	0	03〔註5〕		
林氏（礪、用之）	0	0		「黎本」無此人。 「黎本」另有「劉 礪，字用之」。
符氏（敘、舜功）	0	0		
陳氏（仲蔚）	0	0		「黎本」無此人。
胡氏（叔器）	01	0〔註6〕		

■氏（庚、）	0	05〔註7〕	「黎本」無此人。 元刊本缺字，《四庫全書薈要》本作「王氏」，《四庫全書》本作「李氏」，《通志堂經解》本，誤植於陳師凱《書蔡傳旁通》書前之〈輯錄所載朱子門人姓氏〉作「蘇氏」。
■氏（任道、）	0	0	「黎本」無此人。 元刊本缺字處，《四庫全書薈要》本作「程氏」，《四庫全書》本作「朱氏」，《通志堂經解》本，誤植於陳師凱《書蔡傳旁通》書前之〈輯錄所載朱子門人姓氏〉作「趙氏」。
未注明姓氏者	73〔註8〕		
林武子	01	0〔註9〕	
陶安國	01	0〔註10〕	「黎本」無此人。

【表1-2-4附註】

註號	《輯錄纂註》	內容提示	「黎本」頁數	「黎本」記錄者	說　　明	時間
註1	01 舜典/卷1頁20a	雉問六宗先生	1997	同		
	02 禹貢/卷2頁12b	孟子言瀹濟漯	2026	同		
	03 禹貢/卷2頁27a	因說禹貢先生	2026	同		
	04 武成/卷4頁14b	雉問先生近定	2058	同	與〈考定武成〉時間相近。	1198～
	05 洛誥/卷5頁10a	因讀尚書先生	2058	同		
註2	01 大禹謨/卷1頁46b	士毅問先生說	1486	同		
註3	01 綱領/頁3b	周公不知其人	2109	同		
	02 孔序/頁6b	尚書孔安國註	1984	同		
	03 大禹謨/卷1頁48a	問人心道心惟	2012	同	黎本有葉賀孫異文。	1191～
	04 泰誓上/卷4頁4b	佛經云佛爲一	230	同	黎本：「卓。（沈）儞同。」池一：1198。	1198

	05 武成/卷 4 頁 17b	觀武王興兵初	2040	同	黎本有江彝叟（疇）（?）。
	06 梓材/卷 4 頁 82b	又說梓材是洛	2057	無	
	07 洛誥/卷 5 頁 16b	先生云史丞相	1988	同	黎本文中有「劉氏」，不知爲何人。
	08 小序/頁 7a	江彝叟問武王	2040	同	文中有「江彝叟（疇）」。
註 4	01 康誥/卷 4 頁 64a	問殷地武王既	1986	同	黎本文中有「徐彥章（?）」。
	02 梓材/卷 4 頁 82b	吳材老辨梓材	1986	同	黎本文中有「徐彥章（?）」。
註 5	01 堯典/卷 1 頁 1a	死諡周道也史	2233	僅注明「僩」	
	02 舜典/卷 1 頁 26b	今之法家多惑	2711	僅注明「僩」	董鼎：「參用《格言》。」（葉錄卷 12 頁 22b）徽本亦僅注明「僩」。
	03 洪範/卷 4 頁 39a	問休徵咎徵諸	無		《朱熹集》頁 3146〈答潘子善〉。 〔1198〕
註 6	01 洪範/卷 4 頁 35a	胡叔器問內卦	1637	黃義剛	黎本文中有「胡叔器（?）」。 1193~
註 7	01 孔序/頁 6b	又曰只是魏晉	1984	無	徽本：庚。（頁 1150）
	02 禹貢/卷 2 頁 1b	禹之治水乃是	2024	無	黎本次一則注：「疑與上條同聞。」次一則之記錄者爲「陳文蔚」。徽本：庚。（頁 1169） 1188~
	03 泰誓中/卷 4 頁 7b	或問天視自我	2039	無	徽本：庚。（頁 1175）
	04 君奭/卷 5 頁 32a	召公不悅這意	2059	無	徽本：庚。（頁 1185）
	05 周官/卷 6 頁 1a	問司徒司馬司	無		
註 8	01 綱領/頁 2b	尙書前五篇	2041	甘節	徽本：甘節。（頁 1176） 1193~
	02 孔序/頁 4b	又問尙書未有	1979	黃㽦	黎本有吳必大（伯豐）。 1188
	03 孔序/頁 7a	又曰書序不可	1986	無	
	04 堯典/卷 1 頁 2a	曰若稽古帝堯	1989	吳振	
	05 堯典/卷 1 頁 2a	曰若稽古元城	無		
	06 堯典/卷 1 頁 2b	九族以三族言	1190	吳振	
	07 堯典/卷 1 頁 3a	又曰昭明只是	1991	黃㽦	1188
	08 堯典/卷 1 頁 3a	論忠恕一貫之	676	徐寓	1190~
	09 堯典/卷 1 頁 5a	東作只是言萬	1992	廖德明	1173~
	10 堯典/卷 1 頁 9a	問周天之度是	13	胡泳	1198
	11 堯典/卷 1 頁 9a	天道與日月五	14	楊至	1193~1194
	12 堯典/卷 1 頁 10a	問曆法何以推	25	萬人傑	1180~
	13 堯典/卷 1 頁 13a	方鳩僝功語未	無		

14 舜典/卷 1 頁 22a	巡守亦非舜創	2000	輔廣	池二：1196～1197。	1196～1197
15 舜典/卷 1 頁 22a	註家以至岱宗	1998	楊道夫	黎本文中有「汪季良（？）」。	1189～
16 舜典/卷 1 頁 22a	問修五禮吳才	1998	董銖		1196～
17 舜典/卷 1 頁 27b	殛非殺也今洪	無			
18 舜典/卷 1 頁 33b	樂聲是土金木	2340	萬人傑		
19 舜典/卷 1 頁 33b	音律如尖塔樣	2337	萬人傑		1180～
20 舜典/卷 1 頁 35b	納言之官如漢	2022	萬人傑		
21 大禹謨/卷 1 頁 42a	功以九敘故樂	無			
22 大禹謨/卷 1 頁 43b	舜命禹宅百揆	無		《朱熹集》頁 3434〈大禹謨〉訂傳。	1199～
23 大禹謨/卷 1 頁 47b	但謂之人心則	無			
24 大禹謨/卷 1 頁 47b	須是知將道心	2011	黃義剛	黎本文中有「廖德明」。	1193～
25 大禹謨/卷 1 頁 47b	人心亦未全是	2009	滕璘	黎本文中有「（符）舜功」。	1191
26 大禹謨/卷 1 頁 48a	人心是飢而思	無			
27 大禹謨/卷 1 頁 49a	雖聖人不能无	無			
28 大禹謨/卷 1 頁 49b	人心是此身有	1488	余大雅		1178～
29 皋陶謨/卷 1 頁 55b	九德凡十八種	無			
30 皋陶謨/卷 1 頁 55b	簡而廉廉者隅	2019	吳壽昌		1186
31 益稷/卷 1 頁 66b	先生慶元丙辰	無			
32 湯誥/卷 3 頁 8a	問降衷于下民	409	沈僴	黎本文中有「郭友仁（德元）」。	1198
33 湯誥/卷 3 頁 8a	又曰此蓋指大	411	董銖		1196～
34 伊訓/卷 3 頁 12a	古書錯繆甚多	2031	吳雉		
35 咸有一德/卷 3 頁 23b	問左右何所指	2032	董銖		1196～
36 咸有一德/卷 3 頁 24b	此言於天下之	無			
37 咸有一德/卷 3 頁 25a	問橫渠之言如	2034	董銖		1196～
38 說命中/卷 3 頁 42a	南軒答朱元晦	無		此則為張栻之文，非朱子之言。	
39 說命下/卷 3 頁 43b	經籍古人言學	2036	無		
40 說命下/卷 3 頁 46b	伊尹告太甲便	1982	周謨		1179～
41 泰誓上/卷 4 頁 3a	湯武征伐皆先	2029	吳必大		1188～1189
42 泰誓中/卷 4 頁 7b	天視自我民視	315	葉賀孫		1191～
43 洪範/卷 4 頁 24b	金曰從革一從	2043	沈僴	徽本無記錄者。（頁1177）	1198～
44 洪範/卷 4 頁 24b	從革作辛是其	2043	林夔孫		1197～
45 洪範/卷 4 頁 25b	洪範五事以思	無			

	46 洪範/卷 4 頁 25b	貌則切近明白	無			
	47 洪範/卷 4 頁 25b	貌言視聽思皆	無			
	48 洪範/卷 4 頁 31a	無有作好無有	2047	吳必大		1188~1189
	49 洪範/卷 4 頁 35a	問貞悔不止一	1637	王過		1194~
	50 洪範/卷 4 頁 35a	貞訓正事方正	1637	吳雉		
	51 洪範/卷 4 頁 37b	問吳斗南說如	2043	胡泳	黎本有沈僩異文。徽本無記錄者。（頁1177）	1198
	52 洪範/卷 4 頁 43a	五福六極曾子	2051	沈僩	徽本：沈僩。（頁1180）	1198~
	53 旅獒/卷 4 頁 46a	問不矜細行與	1161	萬人傑		1180~
	54 金縢/卷 4 頁 48a	乃立壇墠一節	48	沈僩	黎本有劉礪。徽本：沈僩。（頁46）	1199
	55 金縢/卷 4 頁 52b	成王方疑周公	2052	萬人傑		
	56 大誥/卷 4 頁 54a	王若曰周公若	2053	沈僩	徽本：沈僩。（頁1182）	1198~
	57 大誥/卷 4 頁 60a	如周誥諸篇不	1984	吳必大		1188~1189
	58 大誥/卷 4 頁 60a	書亦難點如大	1981	楊道夫	徽本：楊道夫。（頁1149）	1189~
	59 康誥/卷 4 頁 67a	恫瘝當如疾痛	無		《朱熹集》3452〈洛誥〉解。詳第二章。	~1190
	60 康誥/卷 4 頁 67a	天畏棐忱猶曰	無			
	61 康誥/卷 4 頁 68a	若有疾刑人如	無			
	62 康誥/卷 4 頁 70b	元惡大憝詳文	無		《朱熹集》頁3452〈洛誥〉解。詳第二章。	~1190
	63 康誥/卷 4 頁 71b	乃非德用乂言	無			
	64 康誥/卷 4 頁 71b	文王之敬忌忌	無			
	65 康誥/卷 4 頁 73a	蔽時忱陳說陋	無			
	66 梓材/卷 4 頁 83a	吳才老考究得	1979	黃罃		1188
	67 梓材/卷 4 頁 83a	又曰梓材後半	1986	無		
	68 梓材/卷 4 頁 83b	亦厥君先敬勞	1993	無		
	69 無逸/卷 5 頁 29a	又曰柔易於暗	2059	滕璘		1191
	70 君奭/卷 5 頁 33b	諸誥多是長句	1980	黃義剛	黎本有包顯道。	1193~
	71 康王之誥/卷 6 頁 23a	康王釋斬衰而	2060	無	錢穆《朱子新學案》據「黎本」相鄰一則之記錄者楊道夫，判斷此則亦為楊道夫所錄。不可信。	
	72 小序/頁 2a	小序不是漢人	1983	董銖	徽本：董銖。（頁1149）	1196~
	73 小序/頁 7a	又曰史記載紂	2040	葉賀孫	徽本無記錄者。（頁1176）	1191~
註9	01 大禹謨/卷 1 頁 47a	武子問人心惟	2013	黃義剛	徽本無記錄者。（頁1162）	1193~
註10	01 湯誥/卷 3 頁 8a	陶安國問降衷	409	董銖	徽本：董銖。（頁263）	1196~

〈輯錄所載朱子門人姓氏〉中，劉砥（用之）、蔡懋（行父）、吳琮（仲方）、楊長孺（伯子）、潘履孫（坦翁）、胡泳（伯量）、楊至（至之）、何鎬（叔京）、范念德（伯崇）、方士繇（伯謨）、林礪（用之）、符敘（舜功）、陳仲蔚、■氏〔註1〕（任道）共十四人，依論文的整理標準，都不算「輯錄」所注明的記錄者。不過，這些人有些爲「輯錄」之引文所提及，有些則在「黎本」中爲記錄者。另外，「林武子」和「陶安國」雖在「輯錄」有引用，卻不曾出現在〈輯錄所載朱氏門人姓氏〉中。

三、綜合說明

綜合上列表格，對「輯錄」引用朱子《尚書》說的材料問題，作如下的說明：

（一）「輯錄」引用朱子《尚書》說共約六九四則。

（二）「輯錄」所引的《語類》，最有可能是「蜀類」。（《朱子語類》的版本，除了「黎本」外，尚有「蜀類」、「徽類」）理由如下：

01 從〈書蔡氏傳輯錄引用諸書〉所列的材料之（表1-1-3）可知，「輯錄」注明引自《語類》之外的材料，除了出自朱子《文集》、專著和董琮《尚書集義》、陳大猷《書集傳》的材料外，大多見於「黎本」之中。如引自葉士龍集《紫陽格言》、楊與立《語略》、董夢程《理纂大爾雅通釋》及不著撰人的《名儒傳道精語》諸材料，大多可以在「黎本」中找到。引自黃大昌和王迀集《武夷經說》的材料，也有一半可以在「黎本」中找到來源。另外，黃士毅、湯巾所輯語錄方面的材料，也大多可以在「黎本」中找到來源。這意味著「輯錄」的編者，當時所用的《語類》不是「黎本」，因爲若當時所用的《語類》已收錄這些材料，便無需如此轉引。

02 有一些材料，據「輯錄」引用的情況看，應當出自《語類》，其內容亦可以在「黎本」找到；但「輯錄」所注明的記錄者卻和「黎本」不一致。將這些記錄者不一致的材料，與「徽本」卷78、79比較，發現「輯錄」的記錄者異於「黎本」的，有許多例子和「徽本」的記錄者一致。如：

〈孔序〉「典謨之書恐是」條，「輯錄」與「徽本」之記錄者皆作「李儒用」，而「黎本」則作「萬人傑」。〔註2〕

〔註1〕 ■氏，諸本並不一致。詳見（表1-2-4）之說明。
〔註2〕 頁2b。詳（表1-2-1）。

〈大誥〉「印字即我字沈」條，「輯錄」和「徽本」之記錄者皆作「陳淳」，而「黎本」則作「黃義剛」。〔註3〕

〈小序〉「又曰史記載紂」條，「輯錄」和「徽本」皆不著記錄者，而「黎本」則作「葉賀孫」。〔註4〕

這證明了「輯錄」與「黎本」相異的記錄者，並非訛誤，而是另有來源。不過，「輯錄」亦未與「徽本」完全一致，有些情況是「黎本」和「徽本」一致，卻異於「輯錄」。如：

〈綱領〉「二典三謨其言」條，「輯錄」所注明的記錄者爲「潘時舉」，而「黎本」和「徽本」皆作「董銖」。〔註5〕

〈舜典〉「今之法家多惑」條，「輯錄」之記錄者爲「周僩」，而「黎本」和「徽本」皆僅注明「僩」。〔註6〕

甚至有三者皆不相同的情況。如：

〈梓材〉「梓材一篇有可」條，「輯錄」的記錄者爲「沈僩」，「黎本」爲「楊道夫」，「徽本」則不著記錄者。〔註7〕

可見，「輯錄」所引的《語類》應當不是黎靖德本，也不是「徽本」。

03「輯錄」所引的《語類》，與「徽本」的材料來源，可能比較相近，所以「輯錄」有些引文，在文句上與「黎本」相差較大，而與「徽本」較爲一致。如〈小序〉「皋陶矢厥謨」，「輯錄」引《語類》說：

《小序》不是漢人作，只是周秦間低手人作。……〔註8〕

「徽本」亦作：

某看得《書小序》不是漢人作，只是周秦間低手人作。……〔註9〕

而「黎本」則作：

某看得《書小序》不是孔子自作，只是周秦間低手人作。……〔註10〕

「輯錄」所引，不著記錄者。「徽本」和「黎本」則都注明爲董銖所錄；但內

〔註3〕 卷4頁57a。詳（表1-2-2）。
〔註4〕 頁7a。詳（表1-2-4）。
〔註5〕 頁2b。詳（表1-2-3）。
〔註6〕 卷1頁26b。詳（表1-2-4）。
〔註7〕 卷4頁48a。詳（表1-2-3）。
〔註8〕 頁2a。
〔註9〕 頁1149。
〔註10〕 頁1983。

容上，「輯錄」卻與「徽本」一致，而與「黎本」有所差異。又如〈洪範〉「八庶徵」，「徽本」有：

> 問：「形質屬土否？」曰：「從前如此說。」問：「吳斗南說如何？」曰：「舊來謂雨屬木，暘屬金，及與五事相配，皆錯亂了。吳說謂：雨屬水，暘屬火，燠屬木，寒屬金，風屬土。雨看來只屬得水自分曉，怎生屬得木？」問：「寒如何屬金？」曰：「他引證甚佳，《左傳》『厖涼冬殺、金寒玦離』是也。」又曰：「貌、言、視、聽、思，皆只以次第相屬。」問：「貌如何屬水？」曰：「容貌光澤，故屬水。言發於氣，故屬火。」〔註11〕

不著記錄者。「輯錄」所引，作：

> 問：「吳斗南說如何？」曰：「舊謂雨屬木，暘屬金，燠屬火，寒屬水，與五行相配，皆錯亂了。……雨只屬水自分曉，怎生屬得木？」問：「寒如何屬金？」曰：「他引《左傳》『金寒』之證甚佳。」又曰：「貌、言、視、聽、思，皆只以次第相屬。」〔註12〕

亦不著記錄者。「黎本」則作：

> 問五行所屬。曰：（偶錄云：「問：『形質屬土？』曰：『從前如此說。』」）「舊本謂雨屬木，暘屬金，及與五事相配，皆錯亂了。吳斗南說雨屬水，暘屬火，燠屬木，寒屬金，風屬土。看來雨只得屬水自分曉，如何屬木？」問：「寒如何屬金？」曰：「他討得證據甚好。左傳云：『金寒玦離。』又，貌言視聽思，皆是以次相屬。」問：「貌如何屬水？」曰：「容貌須光澤，故屬水；言發於氣，故屬火；眼主肝，故屬木；金聲清亮，故聽屬金。」問：「凡上四事，皆原於思，亦猶水火木金皆出於土也。」曰：「然。」又問：「禮如何屬火？」曰：「以其光明。」問：「義之屬金，以其嚴否？」曰：「然。」〔註13〕

記錄者爲胡泳，又列了沈僴的異文。沈僴的異文，與「徽本」所錄相近。「輯錄」所引，雖略有省略，但可以看出，與「徽本」的文句極爲接近，而「黎本」所錄胡泳的材料，顯然不是「輯錄」的引用依據。

04 胡適〈《朱子語類》的歷史〉說：淳祐十二年壬子（1252），徽州有翻

〔註11〕頁1177。
〔註12〕卷4頁37b。
〔註13〕頁2043。

刻「蜀類」出來，有蔡抗的後序，序中並沒有說徽州本有增改的地方，但後來編纂《朱子語類大全》的黎靖德指出「徽類雖翻蜀本，已增入饒錄九家」。〔註14〕是「徽本」主要是翻刻「蜀類」，並增入「饒錄」九家。據本文所依據的「徽本」：《朝鮮古寫徽州本朱子語類》〔註15〕所載，這增入的九家爲：何鎬（叔京）、滕璘（德粹）、胡泳（伯量）、程端蒙（正思）、游倪、呂燾（德昭）、吳壽昌（大年）、吳琮（仲方）、楊長孺（伯子）。進一步考察「輯錄」與「黎本」論《尚書》的部分（同爲卷 78、79）的異同，發現「黎本」約有一〇四則材料未被「輯錄」引用。這一〇四則材料的記錄者計三十五人：

人　　名	條 數	《尚書》篇名	內容提示	「黎本」頁數
呂燾（饒）1199	6	01 綱領	書序是得書於	1985
		02 綱領	先生因說古人	1987
		03 洪範	彊弗友以剛克	2050
		04 洪範	庶民惟星庶民	2050
		05 洪範	問五福六極日	2051
		06 洪範	凶短折兩事惡	2051
李儒用（池、饒）1199	1	01 洪範	箕子爲武王陳	2042
沈僩（池）1198	3	01 綱領	尚書注并序某	1984
		02 湯誥	問天道福善禍	2030
		03 說命下	問爲學遜志以	2037
林夔孫（池）1197～	4	01 綱領	尚書小序不知	1985
		02 舜典	敬敷五教在寬	2004
		03 大禹謨	問人心道心恰	2012
		04 大禹謨	問道心惟微曰	2012
董銖（池、饒）1196～	5	01 綱領	易是荊公舊作	1987
		02 舜典	問象以典刑如	2001
		03 舜典	問五流有宅五	2004
		04 禹貢	問銖理會得彭	2026
		05 咸有一德	至之問四爲字	2033
李杞（饒後）1194	1	01 大禹謨	漢卿問惟精一	2014
吳琮（饒）1194	1	01 說命上	問高宗夢說如	2035

〔註14〕頁 7。
〔註15〕頁 11。

潘履孫（池）1194	1	01 堯典	堯舜之道如平	1991
襲蓋卿（池）1194	1	01 大禹謨	道心是義理上	2011
輔廣（池）1194～	4	01 堯典	格至也格於上	1989
		02 堯典	女于時觀厥刑	1995
		03 舜典	五玉三帛二生	1999
		04 舜典	五流所以寬五	2002
林恪（池）	1	01 呂刑	國秀問穆王去	2063
甘節（池）1193～	7	01 綱領	讀尚書只揀其	1983
		02 大禹謨	人心者氣質之	2013
		03 大禹謨	既惟精惟一允	2018
		04 說命中	惟甲胄起戎蓋	2036
		05 說命中	惟甲胄起戎如	2036
		06 說命中	惟厥攸居所居	2036
		07 說命下	遜志則無所墜	2037
黃義剛（池、饒）1193～	9	01 綱領	傳之子孫以貽	1985
		02 堯典	四岳只是一人	1993
		03 舜典	問贄用生物恐	1999
		04 舜典	巡守只是去回	2000
		05 皋陶謨	或問聖賢教人	2019
		06 禹貢	禹貢西方南方	2025
		07 禹貢	問岷山之分支	2026
		08 武成	顯道問紂若改	2040
		09 洪範	天下道理只是	3042
潘時舉（池、饒）1193～	1	01 太甲上	近日蔡行之送	2031
游敬仲（饒）1191	1	01 大誥	棐字與匪字同	2054
黃升卿（饒）1191	1	01 咸有一德	協于克一協猶	2035
鄭可學（饒）1191	1	01 大禹謨	問動於人心之	2012
滕璘（饒）1191	2	01 舜典	古者教人多以	2005
		02 大禹謨	符舜功問學者	2015
葉賀孫（池）1191～	1	01 綱領	或問讀尚書日	1982
陳淳（饒）1190、1199	2	01 舜典	古人贖金只是	2002
		02 洪範	中不可解作極	2046
楊道夫（池）1189～	5	01 綱領	呂伯恭解書自	1988

		02 舜典	汪季良問五載	1999
		03 大禹謨	精是識別得人	2014
		04 洪範	視曰明是視而	2044
		05 召誥	王敬作所不可	2058
吳必大（饒）1188～1189	2	01 綱領	孔氏書不類漢	1985
		02 金縢	問周公作鴟鴞	2052
黃螢（饒）1188	7	01 綱領	諸家注解其說	1986
		02 綱領	胡氏鬭得吳才	1988
		03 綱領	薛士龍書解其	1989
		04 舜典	聲只有五并二	2006
		05 皋陶謨	同寅協恭是言	2020
		06 洪範	東坡書傳中說	2047
		07 梓材	尙書句讀有長	2057
李閎祖（池）1188～	1	01 洪範	皇極如以爲民	2046
陳文蔚（池）1188～	2	01 大禹謨	問人心道心如	2012
竇從周（池）1186～	1	01 大禹謨	問曾看無垢文	2017
包揚（饒後）1183～1185	8	01 綱領	孔安國尙書序	1985
		02 堯典	堯知鯀不可用	1994
		03 舜典	舜巡狩恐不解	2000
		04 大禹謨	問惟精惟一日	2014
		05 禹貢	禹治水大率多	2024
		06 禹貢	地理最難理會	2027
		07 說命上	夢之事只說到	2035
		08 泰誓上	同安人杜君言	2039
萬人傑（池、饒）1180～	3	01 綱領	孔壁所出尙書	1978
		02 大禹謨	問允執厥中日	2018
		03 洪範	五皇極只是說	2044
余大雅（池）1178～	2	01 綱領	某嘗疑孔安國	1985
		02 大禹謨	問精一執中之	2014
廖德明（池、饒）1173～	1	01 洪範	問鯀則殛死禹	2040

楊方（饒後）1170	2	01 大禹謨	惟精惟一舜告	2014
		02 皋陶謨	天工人其代之	2020
林子蒙（饒後）	1	01 舜典	同律度量衡修	1998
吳振（饒後）	10	01 綱領	東坡書解文義	1986
		02 綱領	曾彥和熙豐後	1988
		03 綱領	李經叔易伯紀	1988
		04 堯典	安安若云止其	1989
		05 堯典	允恭克讓程先	1989
		06 堯典	克明俊德只是	1990
		07 堯典	嬪于虞帝曰欽	1996
		08 舜典	流放竄不是死	2003
		09 禹貢	禹貢地理不須	2025
		10 洛誥	周公曰王肇稱	2058
黃士毅（蜀）	1	01 大禹謨	人心亦未是十	2009
黃卓（饒後）	1	01 洪範	先生問曹尋常	2045
不著姓名	4	01 綱領	胡安定書解未	1988
		02 堯典	問序云聰明文	1989
		03 禹貢	禹貢集義今當	2024
		04 洪範	洪範卻可理會	2050

　　這三十五人中，屬「饒後錄」的為李杞、林子蒙、吳振、黃卓、包揚、楊方六人。「輯錄」於此六人，僅錄有「包揚」的材料四則，且這四則材料，「黎本」合為兩條，記錄者分別為萬人傑和黃義剛，而不是包揚；「徽本」則只有與「黎本」萬人傑所錄的一則相同。〔註16〕可見「輯錄」的編者未使用「黎本」、「饒後錄」，也未用「徽本」。

　　又，這三十五人中，與「徽本」增入「蜀類」九家之記錄者相同的，只有滕璘、呂燾、吳琮、胡泳四人。（何鎬、程端蒙、游倪、楊長孺四人，「黎本」卷78、79和「輯錄」皆不曾引用，可以不討論。另外，吳壽昌，「黎本」卷78、79引用一則，且其內容雖亦為「輯錄」所引，〔註17〕但「輯錄」所引，

〔註16〕 「黎本」〈朱子語錄姓氏〉於包揚下注云：「間有疑誤」，正好符合上述情況。
〔註17〕 「輯錄」卷1頁55b。

無記錄者姓名，「徽本」亦不錄，可知不是引自「徽本」。）胡泳，「黎本」卷78、79只引了一則。據上文所引證，顯非「輯錄」取材的依據。滕璘、呂燾、吳琮三人，「輯錄」只引了滕璘和呂燾的材料各一則。根據前面表格的整理，「輯錄」所引呂燾的材料，「徽本」根本不錄，「黎本」則未注明記錄者，當另有來源。「輯錄」所引滕璘的材料，雖然於「黎本」和「徽本」都找得到，但從其他諸家的情況類推，「輯錄」這一則滕璘的材料，極可能另有來源，不是引自「徽本」。

　　上面種種情況表明了，「輯錄」當時所根據的《語類》，最有可能是「蜀類」。

　　（三）表格中，我們發現了許多內容相同或相近，但記錄者卻不同的情況。據黃士毅〈朱子語類後序〉對「蜀類」的編纂原則的說明：

> 或病諸家所記，互有重覆，乃類分而考之。蓋有一時之所同聞，退各抄錄，見有差等，則領其意者，斯有詳略。或能盡得於言，而首尾該貫；或不能盡得於言，而語脈間斷；或就其中粗得一二而止。今惟存一家之最詳者，而它皆附於下。至於一條之內，無一字之不同者，必抄錄之際，嘗相參校，不則非其聞，而得於傳錄，則亦惟存一家，而注與某人同爾。〔註18〕

朱子死後，弟子們私人的所記語錄，漸漸流傳開來。但有許多來源不同的語錄，內容卻出現重覆。其原因，黃士毅提出兩種理由：第一種是由於朱子的學生眾多，對於朱子所說的話，可能同時有多位學生在場，而且也都作了記錄。雖然可能因記錄者的差異造成異文，但這些材料記錄了同一次的談話內容。第二種情況是記錄者雖然不同，但所記的文字卻完全一致。造成這種情況的原因有二，一是記錄者為求謹慎，在記錄之餘，曾作討論，統一內容。二是輾轉傳抄別人的語錄，並不是親自聽來的。就這些情況來說，對繫年可能造成困擾的，為第二種情況的第二種原因——輾轉傳抄。不過，如果傳抄者之語錄中標明語錄的來源，或語錄中有當時與朱子交談的人名，輾轉傳抄便不致造成困擾。整體而言，就繫年的目標來說，不同的記錄者，正好可以提供重要佐證——藉由「黎本」〈朱子語類姓氏〉所標明的記錄時間，配合這些記錄者的相關材料，判斷朱子某段談話的大致時間（即本節諸表格的工作）。以陳淳為例，〈朱子語類姓氏〉僅簡略地說明記錄的時間為「庚戌（1190）、

〔註18〕「黎本」頁6。

己未（1199）所聞。」〔註19〕單從陳淳這個記錄者，無法判斷材料到底是錄於1190年或是1199年。「輯錄」標明爲陳淳所錄的材料，共七則。其中有四則，可以通過記錄者的對比，判斷出記錄於1199年：

〈孔序〉「淳問周誥辭語」條，〔註20〕同條見於「黎本」，〔註21〕記錄者亦爲陳淳。但「黎本」所錄，有黃義剛之異文。據〈朱子語類姓氏〉，黃義剛的記錄時間爲「癸丑（1193）以後所聞。」〔註22〕可見這一則，是1199年所錄。

〈堯典〉「淳問天道左旋」條，〔註23〕同條見於「黎本」，〔註24〕記錄者亦爲陳淳。「黎本」於記錄者說：「淳。義剛同。」表示黃義剛所錄，與陳淳相同。可見這一則，是1199年所錄。

〈舜典〉「問吳才老云是」條，〔註25〕同條見於「黎本」，〔註26〕記錄者爲董銖。據〈朱子語類姓氏〉，董銖的記錄時間爲「丙辰（1196）以後所聞。」〔註27〕可見這一則，是1199年所錄。

〈大誥〉「印字即我字沈」條，〔註28〕「徽本」於記錄者說「淳。義剛錄〔同〕。」〔註29〕同條見於「黎本」，〔註30〕記錄者爲黃義剛，但文中有「安卿問」字。可見這一則，是1199年所錄。

根據這種方式，便可以爲「輯錄」中的材料，以大致的記錄時間作初步的劃分。如果不要求作精確的繫年，這種整理可以提供我們相當重要的參考。

本節整理的結果發現，朱子對《尚書》的討論，時間可考的材料，集中地出現在他一生中的最後十年，特別是1196年之後。由於「黎本」〈朱子語類姓氏〉於記錄者所標明的記錄時間，往往只注明「某某年以後所聞」，所以實

〔註19〕「黎本」頁16。
〔註20〕頁3a。
〔註21〕頁2057。
〔註22〕頁14。
〔註23〕卷1頁9b。
〔註24〕頁13。
〔註25〕卷1頁26b。
〔註26〕頁2002。
〔註27〕頁13。
〔註28〕卷4頁57a。
〔註29〕頁1186。
〔註30〕頁2061。

際上，應當有更多的材料是出於 1190 年之後。換言之，朱子到了晚年，才對
《尚書》有較密集的討論。

　　（四）「黎本」和《朱熹集》無法找到的材料中，以引自董琮《尚書集義》
（九則）和陳大猷《東齋集傳》（四十則）最多，算是朱子論《尚書》的佚文。
陳大猷《書集傳》尚存，可以覆按；董琮《尚書集義》雖然已佚，但「輯錄」
所引的相關內容，大多數（六則）可於陳大猷的《書集傳》中找到。「輯錄」所
引陳大猷《書集傳》和董琮《尚書集義》的材料，來源可能並不相同。而且陳
大猷的《書集傳》成書應在前，董琮《尚書集義》成書應在後，所以「纂註」
引用「復齋董氏」的意見二十二則，皆不見於陳大猷《書集傳》（詳本章第二節）。
其他記錄時間不詳的材料中，除了可能有些屬未被檢出出處的情況，應和董琮
《尚書集義》、陳大猷《東齋集傳》的材料一樣，屬於佚文。這些佚文表示「黎
本」《朱子語類》和《朱熹集》中所載的朱子《尚書》說，並非全璧。

　　（五）「輯錄」實際引用的情況裏，《語類》和周僩錄《師說》的材料，
皆未標出書名。如「輯錄」中，註明為周僩所錄的三則材料（詳後），皆只標
記錄者周僩的姓名。這當是緣於「輯錄」引用這兩種材料時，只注明記錄者
或發問者的姓名，所以實際上已經歸入〈輯錄所載朱子門人姓氏〉之中。

　　關於周僩，陳榮捷《朱子門人》說：

> 周僩，《淵源錄》二三 4 列為門人。恐重十八 3 沈僩而誤。《實紀》
> 八 20 亦列為門人，然只舉其姓名而已。蓋抄錄《淵源錄》。〔註31〕

按，「黎本」無周僩，記錄者著錄為「僩」的，自來多以為是沈僩。但《輯
錄纂註》之〈輯錄所載朱子門人姓氏〉有「沈氏僩、莊仲」和「周氏僩、伯
莊」，〔註32〕又元董真卿《周易會通》書前〈周易會通引用諸書羣賢姓氏·
朱子門人〉有：「周氏澗、伯莊，永嘉人，文公亦稱莊仲。」及「沈氏僩、
莊仲」〔註33〕可知二人名字相近，「黎本」可能因而誤將周僩和沈僩混而為
一。如「黎本」：

> 問：「以功用謂之鬼神，以妙用謂之神。」曰：「鬼神者，有屈伸往
> 來之迹。如寒來暑往，日往月來，春生夏長，秋收冬藏，皆鬼神之
> 功用，此皆可見也。忽然而來，忽然而往，方如此又如彼，使人不

〔註31〕頁 139。
〔註32〕頁 1b。
〔註33〕頁 25。

可測知，鬼神之妙用也。」〔註34〕

條末注明的記錄者僅注錄爲「僩」，而葉士龍編《晦庵老人語錄》卷7所錄，則注明爲「周僩問」。又「輯錄」注明周僩的材料共三則，當是出於周僩所錄的《師說》。這三則材料，可於「黎本」中找到二則，但「黎本」的記錄者亦皆僅注明爲「僩」。至於「黎本」所無的一則，出於《朱熹集・答潘子善》。這若不是「輯錄」誤載，便是周僩《師說》的內容，可能除了語錄，也有文集中的材料。從引書的體例來說，「輯錄」凡引用沈僩的材料，皆僅注明「僩」；引用「周僩」的材料，則注明「周僩」，並未相混，可證「輯錄」所引的周僩，應實有其人，並非沈僩之誤。不過，「輯錄」引周僩的材料雖有所本，像束景南《朱熹佚文輯考》將「輯錄」中，註明爲「僩」所記錄的材料，全部歸於「周僩」所錄，〔註35〕仍與事實不符。

（六）黃士毅集《書說》和湯巾集《書說》，在「輯錄」的引用中皆只注明《書說》而未加以區分。宋陳振孫《直齋書錄解題》著錄黃士毅《晦庵書說》說：

> 朱熹門人黃士毅集其師說之遺，以爲此書。……今惟〈二典〉、〈禹謨〉、〈召誥〉、〈洛誥〉、〈金縢〉有解，及「九江」、「彭蠡」、「皇極」有辨，其他皆《文集》、語錄中摘出。〔註36〕

今「輯錄」中註明爲《書說》的四十六則材料，的確絕大多數出自《朱熹集》之〈訂傳〉和書信中，其他則可在「黎本」中找到，與陳振孫所說一致。這意味著，湯巾《書說》與黃士毅《書說》，資料來源相去不遠。兩種《書說》的著作雖然都已經亡佚了，但其主要內容應仍保存在現存朱子的文集和語錄中，實際上並沒有亡佚。

第二節　「纂註」所引用的材料

「纂註」引用的材料，據《輯錄纂註》所列，〈纂註引用諸書〉有十七種，〈纂註引用諸家姓氏〉有一四四種。經實際檢證發現，其中有二十一種，實際上未被引用，亦有少數材料，雖有引用，卻未被列入。以下，將「纂註」

〔註34〕頁 1685。
〔註35〕頁 525～頁 530。
〔註36〕頁 32。

引用的材料的實際狀況列表。爲說明方便，依「纂註」引用的次數的多寡排列，並注明存佚情況。

（表2-1）引用零次：

書名、作者	引用次數	說　　明
01 王弼《易解》		存
02 王道《書傳音釋》		佚
03 牟應龍《九經音攷》		佚
04 余九成《書說》		佚
05 余鑰《曆象管窺》		佚
06 吳澄《尚書纂言》		存
07 李子才《全解》		佚
08 李次僧《洪範精義》		佚
09 金履祥《尚書表註》		存
10《國語》		存
11 張栻《文集、語孟解》	0	存 「輯錄」中引用 1 次，但「纂註」未引用。
12 許謙《尚書叢說》		存
13 陳師凱《蔡傳旁通》		存
14 章約齋《禹貢告成書》		佚
15 楊雄《法言》		存
16 程直方《蔡傳辨正》		佚
17 程葆舒《蔡傳訂誤》		佚
18 程實之〈答柴中行問〉		佚
19 賈誼		不詳所引何書
20 鄒季友《書傳音釋》		存
21 鄭元寶《禹治水譜》		佚

（表2-2）引用一次

書名、作者	引用名稱	引用次數		說　　明
01 上官公裕《解說》	上官氏		禹貢	佚
02《公羊傳》	《公羊傳》		泰誓下	存
03 孔光	孔光		高宗肜日	佚

04 方回《文集》	方氏	禹貢	存
05 司馬光《文集》	司馬公詩	舜典	存
06 史仲午《書說》	史氏仲午	伊訓	佚
07 伏勝《五行傳》	伏生五行傳	洪範	佚
08 任淵	任氏	說命下	佚
09 《地志》	地志	堯典	不詳所引何書
10 朱方大	朱氏方大	無逸	佚
11 朱震《易解》	漢上朱氏	召誥	存
12 《老子》	老子	泰誓中	存
13 吳亨壽《聞講》	吳氏亨壽	堯典	佚
14 吳泳	吳氏泳	甘誓	佚
15 宋遠孫《語錄》	宋氏	秦誓	佚
16 李白《文集》	李白比干廟碑	微子	存
17 李樗《詩解》	李氏樗	多方	佚
18 李謹思《經論》	養吾李氏	秦誓	佚
19 沈括《文集》、《筆談》	沈存中	洪範	存
20 許月卿《雜說》	新安許氏	大誥	佚
21 侯甫《經說》	侯氏	君陳	佚
22 《南史》	南史	無逸	存
23 姜如晦《小傳》	姜氏	大禹謨	佚
24 施氏	施氏	五子之歌	佚
25 柳宗元《文集》	箕子碑	微子	存
26 胡伸《解義》	胡氏伸	小序	佚
27 夏侯勝	夏侯氏	堯典	佚
28 家復禮《經說》	家氏復禮	畢命	佚
29 《家語》	家語	微子	存
30 徐氏	徐氏	盤庚上	佚
31 馬子嚴	東陽馬氏	益稷	佚
32 高堂隆	高堂隆	高宗肜日	佚
33 張文蔚《經說》	張氏文蔚	說命上	佚
34 張行成《經說》	張氏行成	金縢	佚
35 張沂《經說》	張氏沂	費誓	佚

36 張庭堅《經義》	張氏庭堅	微子	佚
37 張景《書說》	張氏景	洪範	佚
38 張綱《全解》	張氏綱	益稷	佚
39 陳普《閩講》	陳氏普	堯典	存 收於《石堂遺集》。
40 陳賓《經說》	陳氏賓	秦誓	佚
41 陸佃	陸氏佃	甘誓	不詳所引何書
42 彭汝礪	彭氏	說命下	不詳所引何書
43 馮時可《易說》	馮氏	洪範	佚
44 黃榦《書說》	勉齋黃氏	洪範	佚
45 楊氏	楊氏	大誥	不詳所引何書
46 楊萬里《易傳》	楊氏易傳	孔氏序	存
47 葛興仁	葛氏	仲虺之誥	佚
48 《詩疏》	孔氏詩疏	益稷	存
49 賈逵	賈逵	伊訓	佚
50 鄒補之《書說》	鄒氏補之	益稷	佚
51 劉一正《經說》	劉氏一正	皋陶謨	佚
52 劉向	劉向	舜典	不詳所引何書
53 劉禹錫《文集》	劉氏禹錫	說命上	存
54 劉敞《經說》	劉氏敞	堯典	存（《七經孟子小傳》）
55 歐陽修〈泰誓論〉	歐陽氏	武成	存
56 潘衡《書說》	潘氏	康誥	佚
57 滕和叔《尚書大意》	滕氏	呂刑	佚
58 《穀梁傳》	穀梁傳	梓材	存
59 鄭氏	永嘉鄭氏	堯典	不詳所引何書
60 鄭景望	鄭氏景望	君陳	不詳所引何書
61 蕭滋	蕭滋	盤庚上	不詳所引何書
62 顏師古《史註》	顏師古	禹貢	存
63 韻書	韻書	盤庚上	不詳所引何書
64 蘇洵〈洪範論〉	蘇氏洵	洪範	存
65 蘇轍《經論》	蘇氏轍	洪範	存

（表2-3）引用兩次

書名、作者	引用名稱		引用次數	說　明
01 成申之《集四百家解》	成四百家		舜典，禹貢	佚
02 呂大臨《經解、語錄》	芸閣呂氏		小序，堯典	存
03 沈貴瑤《雜著》	毅齋沈氏		五子之歌，呂刑	佚
04 邵雍《經世書、語錄》	皇極經世		舜典，顧命	存
05 皇甫謐	皇甫謐		小序，說命上	佚
06 胡安國《春秋傳》	胡氏安國		伊訓，秦誓	存
07 胡宏《皇王大紀》	五峰胡氏		舜典，微子	存
08 范祖禹《講義、解說》	太史范氏		仲虺之誥，說命上	佚
09 范純仁《雜著》	范氏		無逸，顧命	存 《范忠宣集》卷9
10 孫覺《全解》	孫氏覺	2	堯典，舜典	佚
11 袁默《全解》	袁氏		小序，召誥	佚
12 高閌《經說》	高氏		洪範2	佚
13 張載《正蒙、理窟》	張子		皋陶謨，君奭	存
14 陳梅叟《書說》	陳氏梅叟		盤庚上，金縢	佚
15 董夢程《雜著》	介軒董氏		泰誓上，洪範	佚
16 劉彞《講業》	劉氏		舜典，酒誥	佚
17 《禮記》	禮記、中庸、王制		禹貢，顧命	存
18 魏了翁《師友雅言》	魏氏		盤庚上，蔡仲之命	存
19 顧氏	顧氏		泰誓上，顧命	不詳所引何書

（表2-4）引用三至十次

書名、作者	引用名稱		引用次數	說明
01 王肅《訓解》	王氏肅		說命下，微子，顧命	佚
02 周惇〔註37〕頤《通書》	周子		堯典，皋陶謨，說命下	存
03 胡旦《解說》	胡氏旦	3	小序，堯典，皋陶謨	佚
04 程大昌《禹貢論》	程氏		禹貢3	存
05 楊時	龜山楊氏		舜典，呂刑，秦誓	存

〔註37〕 「惇」，《輯錄纂註》誤作「端」。

06《漢書》	前漢書		皋陶謨，說命上，洪範	存
07《廣韻》	廣韻		益稷1，禹貢2	存
08 顧臨	顧氏臨		堯典，禹貢，洪範	不詳所引何書
01 李舜臣《小傳》	李氏舜臣		小序2，皋陶謨1，君陳1	佚
02《周禮》	周禮 周禮註釋		舜典1，禹貢2，洪範1	存
03 金燧《閨講星說》	金氏		堯典4	佚
04 張震《小傳》	張氏震		大禹謨，蔡仲之命，周官，費誓	佚
05 鄒近仁《禹貢集說》	歸軒鄒氏		小序1，禹貢3	佚
06《爾雅》	爾雅	4	禹貢，康誥，梓材，顧命	存
07《說文》	說文		堯典2，梓材1，顧命1	存
08 齊夢龍《雜著》	節初齊氏		舜典，皋陶謨，五子之歌，洪範	佚
09 劉安世《語錄》	馬永卿問劉元城 元城劉氏		孔序2，堯典1，召誥1	存
10《釋文》	釋文、釋音		小序，甘誓，微子，旅獒	存
01 一說	一說		舜典1，皋陶謨1，大誥1，洛誥1，康王之誥2	書目未列
02 史漸《書說》	史氏漸		洪範1，大誥1，酒誥2，洛誥1，畢命1	佚
03《春秋左傳》	左傳	6	小序，益稷，五子之歌，胤征，伊訓，梓材	存
04 注音（未注明出處）			堯典1，舜典1，禹貢4	書目未列
05 唐聖任《全解》	唐氏		堯典，舜典，仲虺之誥，泰誓上，洪範，酒誥	佚
06 馬廷鸞《蔡傳會編》	碧梧馬氏		孔序1，小序2，禹貢1，泰誓上1，金縢1	佚
01 王日休《全解》	王氏日休	7	舜典，大禹謨，武成，旅獒，金縢，康誥，酒誥	佚
02 李氏	李氏		舜典1，甘誓2，說命中1，說命下1，武成1，君陳1	不詳所引何書 書目未列

03 程若庸《講義》	徽庵程氏		洪範 7	佚
04 蔡元定〈洪範解〉	西山蔡氏		洪範 7	佚
01《史記》	史記 史記殷本紀	8	禹貢 1，湯誓 1，盤庚上 1，說命上 2，泰誓 1，微子之命 1，蔡仲之命 1	存
02 陳傅良《書抄》	陳氏傅良		小序，仲虺之誥，盤庚下，酒誥，多士，蔡仲之命，周官，康王之誥	佚
01 李杞〔註38〕	李氏杞	9	小序 2，盤庚上 1，洪範 2，康誥 1，無逸 2，費誓 1	佚
02 或曰	或曰		孔序 1，舜典 1，益稷 2，金縢 1，召誥 1，洛誥 1，文侯之命 1，秦誓 1	書目未列
03 程頤《經說、遺書》	程子		小序 2，堯典 1，舜典 3，大禹謨 1，泰誓上 1，洛誥 1	存
04 蔡元度《全解》	蔡氏元度		皐陶謨 1，益稷 1，禹貢 1，咸有一德 1，武成 1，康誥 2，立政 1，費誓 1	佚
01 曾氏	曾氏	10	舜典 2，禹貢 7，盤庚上 1	不詳所引何書

（表 2-5）引用十次以上

書名、作者	引用名稱		引用次數	說明
01《玉篇》	玉篇	11	益稷 2，禹貢 7，甘誓 1，梓材 1	存
01 王希旦《書說》	葵初王氏	13	益稷 1，洪範 1，金縢 1，大誥 1，酒誥 1，梓材 1，洛誥 2，無逸 1，立政 2，君陳 1，文侯之命 1	佚
02 馬融《訓解》	馬氏		皐陶謨 2，禹貢 3，甘誓 1，高宗肜日 1，金縢 1，大誥 1，酒誥 1，梓材 1，召誥 1，多士 1	佚
01 王十朋《全解》	王氏十朋	14	舜典 2，大禹謨 1，益稷 1，五子之歌 1，仲虺之誥 2，伊訓 1，西伯戡黎 1，旅獒 3，洛誥 1，秦誓 1	佚
01 薛肇明《全解》	薛氏	17	小序 1，舜典 1，大禹謨 1，胤征 1，伊訓 1，盤庚上 1，金縢 1，大誥 2，康誥 1，酒誥 2，召誥 1，多士 1，無逸 1，顧命 1，文侯之命 1，	佚

〔註38〕　《鐵琴銅劍樓藏書目錄》，初刻本「李氏」下有「杞」字（頁194）。

01 吳棫《裨傳》	吳氏		小序 2，舜典 1，大禹謨 3，皐陶謨 1，益稷 1，伊訓 1，盤庚中 1，泰誓上 1，洪範 2，微子之命 1，康誥 3，酒誥 1，洛誥 1	佚
02 孫氏	孫氏	19	堯典 2，舜典 1，大禹謨 1，益稷 3，禹貢 2，伊訓 3，盤庚上 2，說命中 1，泰誓上 1，牧誓 1，洪範 1，旅獒 1	不詳所引何書
03 鄭玄《訓解》	鄭氏		舜典 3，益稷 2，禹貢 2，湯誓 1，仲虺之誥 1，微子 1，金縢 1，康誥 2，君奭 1，周官 1，君陳 1，顧命 3	佚
01 熊禾《書說》	武夷熊氏	20	堯典 2，舜典 1，禹貢 12，甘誓 1，說命中 1，說命下 1，微子 1，金縢 1	佚
01 董琮《集義》	復齋董氏	22	舜典 1，禹貢 1，仲虺之誥 1，武成 1，洪範 2，金縢 1，大誥 1，康誥 1，洛誥 1，多士 1，君奭 1，立政 2，周官 1，顧命 3，康王之誥 2，冏命 2	佚
01 余芑舒《讀蔡傳疑》	息齋余氏	27	大禹謨 1，胤征 1，說命下 1，微子 1，泰誓上 1，洪範 4，微子之命 1，康誥 2，酒誥 1，召誥 1，洛誥 2，多士 2，君奭 3，蔡仲之命 1，多方 2，立政 1，呂刑 1，費誓 1	佚
01 葉少蘊《全解》	葉氏	36	小序 3，舜典 2，皐陶謨 1，益稷 3，禹貢 1，太甲上 1，說命下 1，西伯戡黎 1，武成 1，大誥 2，康誥 1，召誥 4，洛誥 3，君奭 1，蔡仲之命 1，多方 3，立政 1，周官 1，康王之誥 1，畢命 1，君牙 1，呂刑 1，秦誓 1	佚
01 陳鵬飛《全解》	陳氏	55	小序 1，舜典 5，大禹謨 1，皐陶謨 1，益稷 1，禹貢 4，太甲下 1，說命中 1，高宗肜日 1，泰誓上 1，牧誓 2，武成 3，洪範 2，旅獒 2，大誥 2，微子之命 1，康誥 2，酒誥 2，梓材 1，召誥 2，多士 1，君奭 3，多方 3，立政 2，周官 1，君陳 2，顧命 2，畢命 1，呂刑 4	佚
01 眞德秀《讀書記》	眞氏	56	堯典 1，舜典 1，大禹謨 2，皐陶謨 4，益稷 3，五子之歌 1，仲虺之誥 1，湯誥 1，伊訓 2，太甲上 3，太甲下 2，說命中 1，說命下 3，泰誓下 1，洪範 1，大誥 4，微子之命 4，康誥 3，酒誥 5，召誥 3，洛誥 2，無逸 3，君奭 1，立政 1，君陳 2，顧命 1	存
01 夏僎《全解》	夏氏	60	孔氏序 1，堯典 1，舜典 5，大禹謨 3，皐陶謨 1，益稷 3，禹貢 1，甘誓 1，盤庚上 1，牧誓 1，武成 1，洪範 2，大誥 1，康誥 3，酒誥 1，洛誥 2，多士 1，無逸 1，君奭 3，蔡仲之命 2，多方 1，君陳 4，顧命 8，畢命 3，呂刑 6，文侯之命 1，費誓 1，秦誓 1	存

02 陳經《全解》	陳氏經		小序 3，舜典 4，大禹謨 6，皋陶謨 3，益稷 1，五子之歌 1，仲虺之誥 1，伊訓 2，太甲上 1，太甲中 1，盤庚上 2，說命上 1，說命中 1，說命下 3，高宗肜日 1，西伯戡黎 1，微子 3，泰誓上 4，洪範 3，旅獒 1，金縢 1，大誥 1，康誥 1，酒誥 1，召誥 1，多士 1，君奭 2，蔡仲之命 1，多方 2，畢命 3，冏命 1，呂刑 2	存
01 王炎《全解》	王氏炎	61	小序 1，舜典 3，大禹謨 3，皋陶謨 2，益稷 5，禹貢 17，甘誓 1，盤庚上 2，盤庚下 1，說命上 1，說命中 1，微子 2，泰誓上 1，牧誓 1，洪範 2，旅獒 1，微子之命 1，酒誥 1，洛誥 2，多士 1，君奭 2，周官 1，君陳 1，顧命 1，畢命 1，呂刑 1，秦誓 2	佚
01 董鼎	愚按 愚謂	67	孔氏序 4，小序 6，堯典 3，舜典 4，大禹謨 2，皋陶謨 1，益稷 2，禹貢 1，甘誓 1，五子之歌 1，胤征 1，湯誓 1，仲虺之誥 3，太甲上 1，太甲中 1，太甲下 1，盤庚下 1，說命中 1，泰誓中 1，泰誓下 1，牧誓 1，武成 2，洪範 4，旅獒 1，金縢 1，大誥 2，酒誥 2，召誥 1，多士 1，無逸 1，君奭 1，蔡仲之命 1，立政 1，周官 2，君陳 2，畢命 1，君牙 1，呂刑 2，文侯之命 1，費誓 1，秦誓 1	作者
01 胡一桂《書說》	新安 胡氏	69	孔氏序 1，小序 3，堯典 1，舜典 3，大禹謨 1，皋陶謨 1，益稷 1，禹貢 3，甘誓 1，五子之歌 1，仲虺之誥 1，湯誥 1，伊訓 2，太甲上 1，太甲中 1，太甲下 1，說命上 2，泰誓上 1，泰誓中 2，武成 1，大誥 1，康誥 1，酒誥 1，梓材 2，召誥 6，洛誥 4，多士 1，無逸 1，君奭 2，立政 1，周官 4，君陳 2，顧命 3，康王之誥 2，畢命 1，君牙 1，呂刑 3，費誓 1，秦誓 3	佚
01 王安石《全解》	王氏	70	小序 1，堯典 4，舜典 3，大禹謨 3，皋陶謨 2，益稷 4，禹貢 2，胤征 1，太甲上 1，盤庚上 1，說命中 2，說命下 1，高宗肜日 1，泰誓中 1，牧誓 1，武成 2，洪範 5，大誥 2，微子之命 1，康誥 1，酒誥 2，召誥 4，洛誥 3，多士 3，君奭 1，多方 5，立政 6，周官 1，顧命 3，畢命 1，冏命 1，呂刑 1	佚
01 蘇軾《全解》	蘇氏	84	小序 5，堯典 3，舜典 4，大禹謨 3，皋陶謨 4，益稷 2，禹貢 7，胤征 1，太甲上 1，盤庚下 1，說命下 1，高宗肜日 1，西伯戡黎 1，微子 1，牧誓 1，洪範 6，旅獒 1，金縢 1，大誥 1，微子之命 1，康誥 1，酒誥 2，梓材 1，召誥 4，洛誥 4，多士 2，無逸 2，蔡仲之命 1，立政 2，周官 1，顧命 3，康王之誥 1，君牙 1，冏命 1，呂刑 8，費誓 2	存

01 張九成《全解》	張氏	86	小序 3，堯典 1，舜典 3，大禹謨 4，皋陶謨 1，禹貢 1，五子之歌 1，湯誓 2，伊訓 2，太甲中 1，咸有一德 3，盤庚上 3，盤庚下 1，說命下 1，西伯戡黎 1，微子 2，泰誓中 2，泰誓下 1，洪範 4，金縢 2，大誥 1，微子之命 1，康誥 3，洛誥 3，多士 1，無逸 2，君奭 2，蔡仲之命 2，多方 2，立政 2，周官 3，君陳 1，康王之誥 2，畢命 2，君牙 2，冏命 3，呂刑 8，文侯之命 3，費誓 1，秦誓 3	佚
01 孔穎達《註疏》	唐孔氏	122	孔氏序 6，小序 7，堯典 9，舜典 9，大禹謨 4，皋陶謨 2，益稷 4，禹貢 9，胤征 1，太甲上 1，盤庚上 2，微子 3，泰誓上 1，泰誓中 1，武成 4，洪範 8，金縢 1，大誥 1，微子之命 1，康誥 3，酒誥 2，梓材 2，召誥 6，洛誥 1，多士 1，無逸 2，君奭 1，蔡仲之命 1，多方 3，立政 2，君陳 1，顧命 6，畢命 3，君牙 1，呂刑 7，費誓 5，秦誓 1	存
01 孔安國《古註》	孔氏	164	小序 12，堯典 10，舜典 11，大禹謨 6，皋陶謨 3，益稷 5，禹貢 18，甘誓 2，胤征 2，仲虺之誥 1，湯誥 1，盤庚上 3，說命上 2，高宗肜日 1，微子 6，牧誓 1，武成 1，洪範 7，金縢 2，大誥 4，康誥 8，酒誥 4，梓材 2，召誥 4，洛誥 2，多士 4，無逸 3，君奭 3，蔡仲之命 1，多方 6，立政 5，周官 2，君陳 3，顧命 2，康王之誥 1，畢命 1，呂刑 7，文侯之命 1，費誓 3，秦誓 4	存
01 林之奇《全解》	林氏	182	孔氏序 1，小序 1，堯典 4，舜典 8，大禹謨 3，皋陶謨 6，益稷 5，禹貢 21，甘誓 1，五子之歌 4，胤征 1，仲虺之誥 4，湯誥 1，太甲上 1，太甲中 1，太甲下 1，咸有一德 2，盤庚上 7，西伯戡黎 1，泰誓上 4，泰誓中 3，泰誓下 2，牧誓 1，武成 2，洪範 8，旅獒 4，金縢 6，大誥 8，微子之命 1，康誥 13，酒誥 9，召誥 11，洛誥 1，多士 3，無逸 4，君奭 1，蔡仲之命 1，多方 6，立政 3，周官 3，君陳 1，顧命 3，康王之誥 3，畢命 1，冏命 1，呂刑 2，文侯之命 1，費誓 1	存
01 陳大猷《集傳》	陳氏大猷	199	小序 2，堯典 3，舜典 8，大禹謨 8，皋陶謨 5，益稷 10，禹貢 13，甘誓 2，五子之歌 4，仲虺之誥 1，伊訓 3，太甲上 2，太甲中 1，太甲下 2，咸有一德 4，盤庚上 7，盤庚下 1，說命上 1，說命中 2，說命下 4，微子 1，泰誓上 1，牧誓 1，洪範 9，旅獒 5，大誥 4，微子之命 1，康誥 12，酒誥 6，梓材 5，召誥 8，洛誥 3，多士 4，無逸 6，君奭 3，蔡仲之命 2，多方 4，立政 8，周官 5，君陳 5，顧命 6，畢命 2，君牙 1，冏命 2，呂刑 9，秦誓 3	存

| 01 呂祖謙《書說》 | 呂氏 | 247 | 小序 5，堯典 8，舜典 10，大禹謨 10，皐陶謨 3，益稷 8，禹貢 9，甘誓 1，五子之歌 2，湯誓 2，仲虺之誥 2，伊訓 4，太甲上 1，太甲中 1，盤庚上 3，盤庚中 1，說命上 1，說命中 3，說命下 4，高宗肜日 1，西伯戡黎 2，微子 5，泰誓上 1，泰誓中 1，牧誓 1，武成 3，洪範 3，旅獒 5，金縢 3，大誥 4，微子之命 3，康誥 6，酒誥 6，梓材 1，召誥 7，洛誥 5，多士 5，無逸 11，君奭 8，蔡仲之命 3，多方 11，立政 17，周官 14，君陳 7，顧命 8，康王之誥 4，畢命 4，君牙 1，冏命 3，呂刑 10，文侯之命 3，費誓 2，秦誓 1 | 存 |
| 01 陳櫟《書解折衷》 | 新安陳氏 | 303 | 孔氏序 1，小序 15，堯典 6，舜典 13，大禹謨 8，皐陶謨 6，益稷 10，禹貢 13，甘誓 2，五子之歌 2，胤征 2，湯誓 3，仲虺之誥 5，湯誥 3，伊訓 2，太甲上 5，太甲中 3，太甲下 3，咸有一德 4，盤庚上 5，盤庚中 4，盤庚下 3，說命上 3，說命中 5，說命下 3，高宗肜日 1，西伯戡黎 2，微子 4，泰誓上 2，泰誓中 2，泰誓下 1，武成 4，洪範 16，旅獒 3，金縢 7，大誥 8，微子之命 4，康誥 14，酒誥 12，梓材 4，召誥 11，洛誥 15，多士 6，無逸 3，君奭 5，蔡仲之命 2，多方 5，立政 10，周官 8，君陳 4，顧命 4，康王之誥 2，畢命 2，君牙 1，呂刑 9，文侯之命 1，秦誓 2 | 佚 |

「纂註」引用材料的相關問題，說明如下：

（一）根據（表 2-1），「纂註」所引用的材料，虛列的著作達二十一種之多。其中的十三種，當是書商所列入的不實材料。據《鐵琴銅劍樓藏書目錄》描述延祐 6 年刊本的〈纂註引用諸家姓氏〉說：

此本刻書之年，距自序時甚近，是為此書第一刻本，而此又為初印致佳者，通志堂本宜即從之出。而覈《纂註》引用諸家姓氏中，「李氏」下脫去「杞」字，「謙齋」下衍一「子」字，「馬氏子嚴」下「東陽」二字作「古洲建安」四字，「陳氏大猷」下「東齋」誤「更齋」，「沈氏貴瑤」後增「余氏九成《書說》」、「程氏實之〈答柴中行問〉」，「許氏月卿」下增「太空」二字，「齊氏夢龍」後增「李氏次僧《洪範精義》」、「章氏約齋《禹貢告成書》」、「鄭元寶《禹治水譜》」、「金氏履祥《尚書表註》」、「吳氏澂《尚書纂言》」，「胡氏一桂」後增「許氏謙《尚書叢說》」，「程氏葆舒」後增「陳氏師凱《蔡傳旁通》」、「金

氏燦」後增「余氏鏞《曆象管窺》」、「牟氏應龍《九經音考》」、「王氏道《書傳音釋》」、「鄒氏季友《書傳音釋》」，後有「建安後學余安定編校」一行，亦與此本不同。攷此書音釋甚略，間或有音，僅引《玉篇》、《廣韻》，凡例所云：「案諸家字書反切註焉」者是也。而牟氏應龍、王氏道、鄒氏季友等書，均未一及。又〈堯典〉「以閏月定四時」，「纂註」引金氏說不見於《表註》，蓋金氏燦〈閏講星說〉之文。是通志堂所據之本，後人已有竄入，非復延祐初刻矣。〔註39〕

是延祐 6 年刊本的〈纂註引用諸家姓氏〉中，沒有余九成《書說》、程實之〈答柴中行問〉、李次僧《洪範精義》、章約齋《禹貢告成書》、鄭元寶《禹治水譜》、金履祥《尚書表註》、吳澄《尚書纂言》、許謙《尚書叢說》、陳師凱《蔡傳旁通》、余鏞《曆象管窺》、牟應龍《九經音考》、王道《書傳音釋》、鄒季友《書傳音釋》共十三種著作。其中所指出〈堯典〉「以閏月定四時」，「纂註」引用「金氏曰」當為金燦〈閏講星說〉的例子，考《輯錄纂註》全書引「金氏曰」四次，皆出現在〈堯典〉之中，內容都與天文有關。這四則材料皆不見於金履祥《尚書表注》，應該都是引自金燦的著作。可知「纂註」並未引用金履祥的說法。

上述十三種著作，是後來的刊書者加上去的。以現在尚存，且著作時間尚可考的吳澄、陳師凱二人的著作做進一步的檢證：吳澄的《書纂言》，據危素《臨川吳文正公年譜》所載，成於延祐 5 年戊午 11 月。〔註40〕據第三章第一節所指出，《輯錄纂註》初刻本之〈說書綱領〉板心有「延祐己未正月印」字樣，由此可推知其雕板「訖工於戊午之冬」。吳澄雖為《輯錄纂註》作〈書傳輯錄纂註後序〉，但由這篇序文說：「季享父篤行信於鄉里，年六十八而終。子眞卿來遊京師，出父書以示。」〔註41〕知吳澄與董眞卿相見的時間在董鼎卒後，相見的地點則在京師。董鼎約卒於至大 4 年（1311），而《臨川吳文正公年譜》載吳澄於皇慶元年（1312）「正月移疾去職，三月至眞州，七月至建康，冬還家。」〔註42〕一直要到至治 3 年（1323）5 月才又至京師，是二人相見當在至治 3 年之後，《輯錄纂註》理當不及引用。《書蔡傳旁通》，據陳師凱作於至治元年（1321）4 月 6 日的〈書蔡傳旁通序〉說：

〔註39〕頁 194。
〔註40〕《吳文正公集》頁 24。
〔註41〕《吳文正公集》頁 232。
〔註42〕《吳文正公集》頁 23。

《傳》即成矣，後之讀者，將不能究朱子之所傳，不能領蔡氏之所
受，又不能如其行輩之所講明，則雖有《傳》，猶未能備知也。此都
陽董氏之所以有《輯錄纂註》也。然其輯錄，特答問之多端，纂註
又專門之獨見，初學於此，苟本傳尚未曉析，而乃游目廣覽，則茫
無畔岸，吾誰適從？是董氏所纂，乃通本傳以後之事，殆未可由此
以通本傳也。此《旁通》之所以贅出也。〔註43〕

明言《旁通》之作，是在董鼎《輯錄纂註》之後，且有作爲《輯錄纂註》輔
助之意，是董鼎之成書在前，而陳師凱成書在後。可見，除非《輯錄纂註》
在編纂時已先見到吳澄和陳師凱的書稿，否則不可能加以引用。

　　又《鐵琴銅劍樓藏書目錄》說，與延祐6年刊本之〈纂註引用諸家姓氏〉
相較，通志堂本的文字有脫、衍、誤的情形。將通志堂本脫、衍、誤的情況，
核之於元至正14年翠巖精舍刊本，除「陳氏大猷」下之「東齋」翠巖精舍刊
本並未誤作「更齋」外，其餘完全相同。《鐵琴銅劍樓藏書目錄》又指出延祐
6年本無「建安後學余安定編校」一行字，而《通志堂經解》本卻有這行字。
考翠巖精舍元至正15年刊本亦有這行字，則通志堂本在〈纂註引用諸家姓氏〉
部分，很可能用了較後出的翠巖精舍刊本。

　　至於其他九種虛列的著作，則可能是在董眞卿後來請當時諸學者刪定時
雖被刪去，〈纂註引用諸家姓氏〉卻未及更訂；或者是在引用時僅注明「一說」、
「或曰」，而未明引。

　　（二）整體而言，若將〈纂註引用諸書〉的十八種著作、虛列的著作（二
十一種除去屬〈纂註引用諸書〉的《國語》，爲二十種），以及董鼎自己的見
解（即「愚謂」、「愚曰」，算一種），未明確標明作者的「一曰」、「一說」、「韻
書」和「注音」的部分都不計入，「纂註」實際引用的材料，爲一二五種。且
其中除了有「李杞」，又引了「李氏」的見解，比〈纂註引用諸家姓氏〉實際
引用的材料（即減去虛列的二十種材料的結果）多出了一種。此「李氏」不
知爲何人，或許就是（表2-1）中的「李子才」，不過也無法確定。

　　（三）〈纂註引用諸家姓氏〉的排列規則，原則上按照作者的時代順序先
後，但其中又將與朱子學派關係較密切的學者，從周敦頤《通書》以下，自
爲一類，列於最後。茲將〈纂註引用諸家姓氏〉之人名，依原來的順序，排
列於下，以彌補本節依引用數目多寡列表之不足。（原書爲上下兩欄，由右至

〔註43〕　《通志堂經解》頁8535。

左排列。下表仍為兩欄，但改為由左至右排列。）

1	2	3	4	5	6	7	8	9	10
孔安國	伏　勝	劉　向	孔　光	馬　融	高堂隆	王　弼	皇甫謐	顏師古	柳宗元
孔穎達	賈　誼	夏侯勝	楊　雄	鄭　玄	賈　逵	王　肅	顧　氏	李　白	劉禹錫
11	12	13	14	15	16	17	18	19	20
胡　旦	歐陽脩	陸　佃	王安石	蘇　軾	沈　括	家復禮	陳鵬飛	蔡元度	張　綱
顧　臨	劉　敞	范純仁	蘇　洵	蘇　轍	孫　覺	葉少蘊	王日休	張九成	宋遠孫
21	22	23	24	25	26	27	28	29	30
王十朋	陳傅良	薛肇明	胡　伸	張　沂	李　杞	潘　衡	彭汝礪	馮時可	張　震
林之奇	夏　僎	張庭堅	上官公裕	張　景	李　樗	高　閌	劉一正	唐聖任	姜如晦
31	32	33	34	35	36	37	38	39	40
程大昌	劉　爽	鄒補之	陳　經	鄭景望	陳　賓	袁　默	葛興仁	吳　棫	陳大猷
史仲午	史　漸	李子材	陳梅叟	鄭　氏	張文蔚	侯　甫	成申之	馬子嚴	吳　泳
41	42	43	44						
蕭　滋	朱方大	徐　氏	孫　氏						
任　淵	施氏	楊　氏	曾　氏						

以下為與朱子學派關係較密切的作者：

45	46	47	48	49	50	51	52	53	54
周敦頤	張載	司馬光	朱震	呂大臨	劉安世	胡宏	呂祖謙	王炎	蔡元定
程頤	邵雍	楊時	范祖禹	張行成	胡安國	張栻	楊萬里	李舜臣	黃榦
55	56	57	58	59	60	61	62	63	64
董夢程	鄒近仁	魏了翁	余九成	程若庸	許月卿	李謹思	齊夢龍	章（約齋）	金履祥
董琮	眞德秀	沈貴瑤	程實之	滕（和叔）	馬廷鸞	方回	李次僧	鄭元寶	吳澄
65	66	67	68	69	70	71	72		
熊禾	王希旦	陳櫟	程直方	陳師凱	吳亨壽	余鑰	王道		
胡一桂	許謙	余芑舒	程葆舒	陳普	金燧	牟應龍	鄒季友		

　　從編號 54 以下的三十八人，都是時間晚於朱子的學者。除去書商虛列的，尚有二十五人。這些學者的籍貫，〈纂註引用諸家姓氏〉多有標示。鄱陽有：董夢程、董琮、鄒近仁、沈貴瑤、馬廷鸞、李謹思、齊夢龍、王希旦、余芑舒、程葆舒、金燧十一人；新安有：程若庸、滕和叔、許月卿、胡一桂、陳

櫟、程直方、吳亨壽、方回（紫陽，可入新安）八人。屬建陽地區的有建安：蔡元定；三山：黃榦、陳普；浦城：眞德秀；武夷：熊禾，共五人。四川：魏了翁一人。這種分布狀況，一方面可以看出論文第一章所說，《總目》舉出四位師承不明，而於宋元之際駁蔡的幾位重要學者：黃景昌、程直方、余芑舒、程葆舒，有三人和陳櫟、董鼎諸學者同屬新安、鄱陽地區。另一方面則表示，《輯錄纂註》所收錄的朱子後學的材料，正和董鼎、胡一桂、熊禾、陳櫟、董眞卿這幾位參與《輯錄纂註》編纂工作的學者的地緣關係一致。

（四）「纂註」對（表 2-5）的著作，引用的數量最多。這二十八種著作中，注明爲「全解」的有王十朋、薛肇明、葉少蘊、陳鵬飛、王炎、夏僎、陳經、王安石、蘇軾、張九成、林之奇，共十一種。核之現在尚存的夏僎、陳經、蘇軾、林之奇諸人之書，可知「全解」之意，係指對《尚書》全經的注解。（表 2-2）、（表 2-3）（表 2-4）中，亦不乏屬以「全解」之名的著作，但在引用的數量上，卻明顯地不如（表 2-5）的著作。這種差異，若非學術上的理由（如董鼎諸人不滿意這些著作的內容）所造成，便意味著「纂註」的編者引用這些材料，有不少可能得之於轉引，並未見到原書。所以，像（表 2-3）的袁燮，他的著作今已經亡佚。「纂註」所引「袁氏曰」的材料，據蔡根祥《宋代尚書學案》說：

> 考董鼎書中所引纂註引用諸家姓氏，有袁燮、袁燮，〔註44〕其文作「袁氏　燮　思正　全解」，焦竑《經籍志》有「袁燮書解　闕」，《經義考》亦著錄此書。今考董書卷五頁 4 中引「袁氏曰」一段，見《絜齋書鈔》卷十一頁 20，可證「袁氏」即袁燮，非袁燮，或董鼎亦誤二者爲一歟！〔註45〕

按，董鼎引「袁氏」共兩次，一爲〈召誥〉「王其疾敬德」「纂註」引：

> 袁氏曰：疾敬德者，更無等待遲疑，只今便下手。〔註46〕

《絜齋家塾書鈔》作：

> 今眷命用懋，王可不疾敬德乎？精神全在疾字上，更無等待，更無遲疑，只今便下手。〔註47〕

〔註44〕按，〈纂註引用諸家姓氏〉中有袁燮而無袁燮，蔡氏之說有誤。
〔註45〕頁 950。
〔註46〕卷 5 頁 5a。
〔註47〕頁 312。

意思相同，但文字不同。而陳大猷《書集傳》卷 9 亦引：

> 袁氏曰：疾者，更無等待遲疑，只今便下手。〔註48〕

文字幾與「纂註」完全相同。另一則爲〈西伯戡黎〉篇〈小序〉，「纂註」引：

> 袁氏曰：周人乘其勢以戡之。戡，如《左傳》：『戡定禍亂曰武』。

〔註49〕

《絜齋家塾書鈔》僅作：

> 周乘勢而伐之，故殷始咎周。〔註50〕

無「戡，如《左傳》：『戡定禍亂曰武』。」一段。這些引文的差異，意味著「纂註」所引這二則材料的來源，應當不是直接引自《絜齋家塾書鈔》，而是轉引。此或爲「纂註」致誤的原因。

（五）（表 2-5）的陳大猷，從清代以來頗有爭論。由於討論的內容涉及了《輯錄纂註》引書體例的問題，故於此作較詳細的說明。

宋代《尚書》學史上，有兩個陳大猷，其中一位是東陽人，著有《書集傳》和《書集傳或問》。另一位是都昌人，著有《尚書集傳會通》。較早對這兩個陳大猷提出疑問的是《經義考》。此書卷 83 著錄了《東齋書傳會通》及《尚書集傳或問》，並引張雲章之說曰：

> 大猷，東陽人，登紹定（峰按：原誤作「興」，據《總目》改）二年
> 進士，由從仕郎歷六部架閣。《宋史》無傳，〈藝文志〉亦不載此書，
> 然頗盛行於宋季。今《集傳》不可得見，而《或問》猶存，考其所作
> 之旨，亦猶紫陽《四書集注》之外，別爲《或問》一書也。又同時有
> 都昌陳大猷，號東齋，饒雙峰弟子，著《書傳會通》，仕爲黃州軍州
> 判官，乃陳澔之父，與東陽陳氏實爲兩人，學者勿混而一之。〔註51〕

指出都昌陳大猷號東齋，著《書傳會通》；《書集傳》和《書集傳或問》的作者則是東陽陳大猷。朱彝尊按語說：

> 按，葉文莊《菉竹堂書目》有陳大猷《尚書集傳》一十四冊，西亭
> 王孫《萬卷堂目》亦有之。其書雖失，或尚存人間，未知其爲東陽
> 陳氏之書與？抑都昌陳氏之書與？攷鄱陽董氏《書纂注》列引用姓

〔註48〕 頁 125。
〔註49〕 頁 6a。
〔註50〕 頁 242。
〔註51〕 頁 459。

氏，於陳氏《書集傳》特注明「東齋」字，正未可定爲東陽陳氏之
書，而非都昌陳氏所撰也。〔註52〕

根據董鼎〈纂註引用諸家姓氏〉所引注明爲「東齋」，懷疑《書集傳》和《書
集傳或問》的作者可能是都昌陳大猷，未必是東陽陳大猷。《總目》於〈尙書
集傳或問〉提要，爲此作了考證：

> 案，董鼎《書傳纂註》所引，其見於「輯錄」者，有《東齋書傳》、
> 《復齋集義》；其見於「纂注」者，則一稱「復齋陳氏」，仍連其號，
> 一稱「陳氏大猷」，惟舉其名。（原注：案，是書標氏、標名，例不
> 畫一，大抵北宋以前皆稱其氏，南宋以後，則入朱子學派者稱某氏，
> 不入朱子學派者，雖王十朋、劉一止皆稱其名。）所列大猷諸說，
> 此書不載，蓋皆《集傳》之文。惟〈甘誓〉「怠棄三正」一條，採用
> 此書，亦稱「陳氏大猷」，則所謂陳氏大猷者，即此人而非東齋矣。
> 又此書皆論《集傳》去取諸說之故，與朱子《四書或問》例同。董
> 鼎書於《禹貢》「冀州」引「東齋《書傳》」一條，謂與蔡《傳》所
> 論梁州錯法不合，然蔡亦似未的云云，於此書之例當有辨定，而書
> 中不一及之，知其《集傳》中無此條矣。且此陳大猷爲理宗初人，
> 故所引諸家僅及蔡沈而止，其稱朱子曰「朱氏」、「晦庵氏」，持論頗
> 示異同。至論〈堯典〉「敬」字一條，首舉「心之精神謂之聖」，此
> 《孔叢子》之語，而楊簡標爲宗旨者，其學出慈湖，更無疑義。若
> 都昌陳大猷，乃開慶元年進士，（原注：見其子澔《禮記集說序》。）
> 當理宗之末年，時代既後，又大猷受業饒魯，魯受業黃幹，幹受業
> 朱子，淵源相接，尊朱子若神明，而視楊氏若敵國，安有是語哉！
> 彝尊蓋偶見董鼎註「東齋」字，而未及核檢其書也。今參考諸說，
> 仍定爲東陽陳大猷之書，著於錄焉。〔註53〕

認爲《書集傳或問》的作者是東陽陳大猷，而且「纂註」中亦有引用都昌陳
大猷的意見。《總目》的考證，可以從幾個方面加以討論：

首先，一般皆認爲《書集傳》已經亡佚，故皆未加援引。實則，《書集傳》
12卷，《或問》兩卷，有元刊本藏於北京圖書館，收於《續修四庫全書・書類》
42冊。《鐵琴銅劍樓藏書目錄》卷2有「《書集傳》十二卷，《或問》二卷（宋

〔註52〕頁459。
〔註53〕卷11頁27b，總頁1-266。

刊本）」〔註 54〕當即為此書，惟著錄為宋刊本。檢此書〈綱領〉，有〈進書集傳上表錄本〉，為有嘉熙 2 年（1238）上表；〈後省看詳申狀錄本〉，為嘉熙 2 年（1238）狀。其中，陳大猷作「從事郎前宜差充兩浙路轉運司準備差遣陳大猷」，可知即為東陽陳大猷無疑。

其次，《總目》的考證中，對《輯錄纂註》體例與內容屢有引證及說明，但有若干誤解。茲將與《輯錄纂註》相關的部分，討論於下：

01《總目》認為，《輯錄纂註》對陳大猷相關材料的引用，見於「輯錄」的有《東齋書傳》和《復齋集義》；見於「纂註」的，有「復齋陳氏」和「陳氏大猷」。事實上，「輯錄」部分的《復齋集義》，指的是董琮《尚書集義》，與陳大猷無關。「纂註」亦無「復齋陳氏」，僅有「復齋董氏」，亦同樣指董琮《尚書集義》。

02《總目》指出《輯錄纂註》引書，標氏、標名的體例，大抵北宋以前皆稱其氏，南宋以後，入朱子學派的稱「某氏」，不入朱子學派的皆稱其名。實則，其體例當如蔡根祥《宋代尚書學案》所說：

> 考董鼎書中，稱引氏名，乃在分別學說之所屬何人也。蓋北宋學者
> 《尚書》之著作少，姓氏不相重複混淆，且時代為先，稱謂既定，
> 若王氏則專指荊公，蘇氏則指東坡，陳氏則指少南，張氏則指無垢；
> 逮南宋作者日出，姓氏重複，不加名號、籍貫、官銜，則無以別之，
> 有相混淆之弊，故王十朋、王炎皆稱名以別於王荊公，陳大猷、陳
> 經、陳傅良、新安陳氏之別於陳鵬飛，稱南軒、張庭堅之別於張九
> 成也；若真德秀則無重複之嫌，故稱真氏；袁燮絜齋乃象山門人，
> 而亦以氏無相混者，止稱袁氏爾。〔註55〕

大致上相同的姓，時代最早的學者稱「某氏」，之後有同姓的學者則加上名號、籍貫、官銜以資區分。

03《總目》指出《輯錄纂註》在《禹貢》冀州「厥賦惟上上錯，厥田惟中中」下引「東齋《書傳》」一條，「謂『與蔡《傳》所論梁州錯法不合，然蔡亦似未的』云云，於此書之例當有辨定，而書中不一及之，知其《集傳》中無此條矣。」認為這一則材料出於都昌陳大猷，所以《書集傳或問》中沒有討論。按，《輯錄纂註》於此處之「輯錄」，錄《東齋集傳》朱子討論錯法

的意見一則：

> 常出者爲正，間出者爲錯。錯在上上之下，則間出第二等也。賦有
> 九等，此乃計九州歲入多寡，相較以爲之等，非科定取民也，取民
> 則皆用什一。賦入既有常數，而又間出他等之時者，歲有豐凶，不
> 能皆如其常，故有錯法以通之。然則雖夏法亦未嘗不通也。而孟子
> 以爲不善者雖間有通融，不若商周之全通於民也。〔註56〕

於「纂註」中引「新安陳氏」的意見，說：

> 錯法，「東齋」所引朱氏，與梁州「厥賦」下蔡《傳》不合。然蔡亦
> 似未爲的，姑竝存之。〔註57〕

陳大猷《書集傳》卷 3「厥土惟白壤，厥賦惟上上錯，厥田惟中中」下，雖紙
頁殘損，但尚可看出有：「朱氏……間……它等之時者，歲有豐凶，不……則
雖夏法亦未嘗不通也。……若商周之全通於民也。」〔註58〕之字，可證《總
目》推論失當。事實上，董鼎於《輯錄纂註》中，只引用了東陽陳大猷的意
見。至於蔡根祥《宋代尚書學案》認爲：

> 以理推之，董書輯錄所引用諸書中，列「陳氏大猷《尚書集傳》」，
> 乃都昌陳大猷之「東齋《尚書集傳》」，即輯錄中所引之「《東齋集傳》」
> 也，而董書所列〈纂註引用諸家姓氏〉中之「陳大猷《東齋集傳》」，
> 即書中纂傳所引之陳大猷，當爲復齋也。〔註59〕

此說亦不正確。根據本章第一節的整理，「輯錄」引自「東齋《集傳》」朱子的
材料，共四十則，其中有三十六則可以在陳大猷《書集傳》中找到，一則在《書
集傳或問》找到，剩下的三則，正好是《書集傳》缺頁的部分。而「纂註」所
引的「陳氏大猷」，共一九九則，全爲陳大猷《書集傳》和《書集傳或問》中，
標爲「愚曰」的材料。可知「輯錄」和「纂註」所引，皆出自同一書。

　　04 值得注意的是，在上面「新安陳氏」的引文中，陳櫟稱陳大猷爲「東
齋」。又如《纂疏》於〈洪範〉「九，五福。一曰壽，二曰富，三曰康寧，四
曰好德，五曰考終命」之「纂疏」引陳大猷之說後，注明：

> 右東齋說，以愚說補足之。〔註60〕

〔註56〕卷 2 頁 4a。
〔註57〕卷 2 頁 4a。
〔註58〕頁 38。
〔註59〕頁 932。
〔註60〕卷 4 上頁 53b，總頁 19-578。

可知陳櫟以陳大猷爲東齋。不僅陳櫟如此,《輯錄纂註》〈君牙〉篇「惟予小子,嗣守文武」之「纂註」引「新安胡氏」說:

> 先王,或作先正。孔《註》「亦惟父祖之臣」,正作「先正」。東齋云:
> 「先正説見〈説命〉」,是作「先正」姑從孔《註》。〔註61〕

亦稱作「東齋」。又元吳師道《敬鄉錄》卷13:

> 陳大猷,字文獻,號東齋,東陽人,紹定己丑進士,著《書集傳》,
> 采輯羣言,附以己意,李文清公宗勉爲序。由從仕郎兩浙轉運司準
> 備差遣除六部架閣。宋季,其説盛行云。〔註62〕

亦說「號東齋」。雖然就書名來說,《書集傳》卷1之標題,不知何故題作「書傳會通卷第一」(其他諸卷僅作「書卷之某」),與都昌陳大猷之書名相同;當時學者,似以《書集傳》之作者東陽陳大猷,號「東齋」。而且,就學術關聯來說,〈纂註引用諸家姓氏〉將「陳氏大猷　東齋　集傳」置於周敦頤之前,這表示《輯錄纂註》未將此書當作與朱子學派有密切關聯的著作。

　　從上述情況看來,東陽陳大猷極可能號「東齋」。所以除了上述元人的說法外,明代應廷育的《金華先民傳》卷7也說:

> 陳大猷,東陽人,登紹定二年進士,由從仕郎兩浙都運司準備差遣
> 除六部架閣而卒。著《書集傳》,用朱子釋經法,仿呂東萊《讀詩記》,
> 采輯羣言,附以己意。宋季其説盛行。經傳中曰「東齋陳氏」,即大
> 猷也。世稱爲東齋先生,今祀本府賢祠。〔註63〕

吳師道爲金華人,應育廷爲永康人,他們皆以東陽陳大猷號「東齋」,弄錯的機會並不大。以「東齋」爲都昌陳大猷,極可能是緣於張雲章之誤記,而朱彝尊、《總目》及後來的學者皆沿用此一錯誤的結果。〔註64〕唯詳情有待進一步研究。

〔註61〕卷6頁29a。
〔註62〕頁278。
〔註63〕頁449。
〔註64〕現存較早關於都昌陳大猷的材料,筆者所見,僅有方岳《秋崖集》卷23,爲南康軍舉人第一到十五名所寫的文字。其中〈四第二名陳大猷〉說:「眾人逐鹿,何有何亡?老手射雕,每發每中。雖曹參之第二,知李廣之無雙。恭惟熟講《中庸》,卓爲茂異。許孟容有禮學典章,多所裁之。公孫弘舉賢郡國,無以易也。迨援枹而再鼓,又拔幟以先登。鹿洞古而聘君來,莫如之子。鼉洲圓而狀元出,其在此行。」(頁1182-414)可知陳大猷以《中庸》得舉人第二名。

第五章 「纂註」所引朱子後學與《書集傳》地位的確立

　　根據《總目》之說，由於《書集傳》有許多缺失，所以在延祐開科前，曾出現了許多「駁蔡」的學者（主要有七位）。這些學者的著作，雖然大多已經亡佚，但「纂註」中尚收錄了許多材料，可據以了解這些學者的意見。這一章，即以「纂註」爲基礎，檢證被《總目》指爲「駁蔡」的學者，對《書集傳》提出的具體見解。

第一節　「纂註」所引的朱子後學

一、「纂註」所引鄱陽、新安地區朱子後學與《宋元學案‧介軒學案》

　　根據第四章第二節所整理，「纂註」所引宋、元之際的朱子後學，除去爲書商虛列的人物，屬鄱陽地區的有：董夢程、董琮、鄒近仁、沈貴珤、馬廷鸞、李謹思、齊夢龍、王希旦、余芑舒、程葆舒、金燧，加上董鼎和董眞卿，共十三人；屬新安地區的有：程若庸、滕和叔、許月卿、胡一桂、陳櫟、程直方、吳亨壽、方回（紫陽，可入新安）八人。屬建陽地區的有蔡元定、黃榦、陳普、眞德秀、熊禾五人。屬四川地區的有魏了翁一人。這些學者，除了馬廷鸞、李謹思、齊夢龍、程葆舒、金燧、吳亨壽、方回六人不見於《宋元學案》外，只有程直方（列於〈張祝諸儒學案〉）和鄒近仁（列於〈慈湖學案〉）兩人未被歸入朱子後學。其餘以人次計，屬〈介軒學案〉的最多，有：董夢程、董琮、沈貴珤、程若庸、胡一桂、許月卿、余芑舒、王希旦、董鼎

和董眞卿，共十人。其次為見於〈滄州諸儒學案〉的：黃榦、眞德秀、董夢程、滕鉛、董琮、胡一桂、熊禾、陳櫟，共八人。從實際師承的輩分來說，（如魏了翁為朱子的私淑弟子，但就其從輔廣得聞朱子之學而言，當為第二傳）若以儘量前推的方式（如胡一桂，〈滄洲諸儒學案〉列於第三傳，〈介軒學案〉列為第四傳，則算作第三傳），屬朱子第一傳的有：蔡元定、黃榦。第二傳的有：董夢程、董琮、眞德秀、滕鉛和魏了翁。第三傳的有：沈貴瑤、程若庸、許月卿、熊禾、胡一桂、王希旦、余芑舒、董鼎、陳普。第四傳的有：陳櫟、董眞卿。可以看出，這些為「纂註」所引用的學者，以董介軒一脈的朱子三傳弟子為中心。以地緣關係言，由於這些學者的活動地區集中在鄱陽與新安，故〈介軒學案〉黃宗羲曾以〈新安學案〉為名，〔註1〕正好反映這些學者的地域特性。

二、相關學者考述

全祖望於《宋元學案・介軒學案序錄》說：

> 勉齋之傳，尚有自鄱陽流入新安者，董介軒一派也。鄱陽之學，始于程蒙齋、董槃澗、王拙齋，而多卒業于董氏。然自許山屋外，漸流為訓詁之學矣。〔註2〕

指出除許山屋外，漸流為訓詁之學。由全氏之語氣，可知他對這一派之流為訓詁，評價並不高；但這個評價正好反映出這一系的學者，以經典的研究作為學術活動的重心。其傾向，正如元人張純愚〈答陳定宇書〉所說：

> 吾鄉自式車董〔註3〕介軒先生開其源，式車吳菊園先生、貢士沈毅齋先生浚其流，提幹許山屋先生、考亭山長朱小翁先生、式車齊怡堂先生兄弟、太常簿汪溪陽先生、主簿胡餘學先生數老，先後相續，不但文辭古雅，而以《近思錄》為四子之階梯，以四子為六經之階梯，必使人人習之。邇來雖有較競，病弄平仄者，彼自彼，此自此，不相侔也。〔註4〕

其中，董夢程（介軒）、沈貴瑤（毅齋）、許月卿（山屋）、齊興龍（怡堂）兄

〔註1〕《宋元學案・介軒學案》王梓材說：「梨洲原本稱〈新安學案〉，謝山始易為〈介軒〉。」（頁 2970）

〔註2〕頁 2970。

〔註3〕《陳定宇先生文集》作「姜」（頁 484），據《宋元學案補遺》（頁 3223）改。

〔註4〕《陳定宇先生文集》頁 484。

弟，都爲「纂註」所引用。他們在治學的主張上，共同強調由《近思錄》進而通《四書》，由《四書》進而通六經。

爲了更清楚地了解這些學者的背景，這一節先對他們作大略的介紹。其中，董鼎、陳櫟、董眞卿、胡一桂、熊禾諸人的傳記與師承關係，論文第三章第三節已有說明；黃榦、蔡元定、魏了翁、眞德秀，早爲學者所熟悉，皆不列其生平資料。其餘諸人，若《宋元學案》中有傳的，則先列《學案》的傳文，然後參考相關材料，補充說明。說明的重點，放在師承與「纂註」的引用情況上。諸學者的排列順序，略依朱子學派傳承之輩分。同一輩分的學者，則依〈纂註引用諸家姓氏〉之順序安排。《宋元學案》未列入，或雖列入，卻不是朱子後學的學者，則置於最後。

（一）朱子第一傳弟子

01 蔡元定（1135～1198）

蔡元定爲蔡沈之父。「纂註」共引「西山蔡氏」的意見七則（「纂疏」引用六則），全都集中在〈洪範〉一篇。據〈纂註引用諸家姓氏〉之注明，所引的著作爲《洪範解》。《洪範解》已亡佚。

02 黃榦（1152～1221）

「纂註」僅於〈洪範〉引「勉齋黃氏」的材料一則（「纂疏」未引用）。〈纂註引用諸家姓氏〉僅說所引的著作爲「《書》說」。據《勉齋集》卷3〈經說〉標題下之說明：

> 先生所注之書，如《書傳》、《易解》、《論語通釋》、《儀禮通解》、《孝經本旨》之類，皆成書。其有尚未終篇者，有未脫稿者，有一時因筆所記者，有與朋友講貫所及者，今集爲〈經說〉，附於集中。[註5]

可知所引，或許出自《書傳》。然此書已亡佚，其詳不可考。

（二）朱子第二傳弟子

01 董夢程（？～？）

《宋元學案・介軒學案》說：

> 董夢程，字萬里，號介軒，鄱陽人，槃澗先生銖之從子也。初學于槃澗與程正思，其後學于勉齋。開禧進士、朝散郎、欽州判。所著

[註5] 頁 1168-29。

《詩》、《書》二經、《大爾雅通釋》。（修。）〔註6〕

又據董真卿〈周易會通引用諸書羣賢姓氏〉沈貴瑤條：「介軒先生董氏夢程九萬」（詳後沈貴瑤條所引），似又有「九萬」之字。王梓材《宋元學案補遺》說：

> 《元史‧胡庭芳傳》云：「初饒州德興沈貴瑤受《易》于董夢程，夢程受朱熹之《易》于黃榦。」是介軒之得傳于勉齋者，《易》學也。〔註7〕

認為介軒得傳於黃榦的是《易》學。

「纂註」引董夢程說二則（「纂疏」引用一則）。〈纂註引用諸家姓氏〉僅注明為「雜著」。董夢程的著作，皆已亡佚。

02 董琮（？～？）

《宋元學案‧介軒學案》說：

> 董琮，字玉振，德興人也。槃澗弟子。學者稱為復齋先生。有《書傳疏義》、《復齋集》。（補。）〔註8〕

又《正德饒州府志》說：

> 琮，字玉振，號復齋，慶元間進士，任龍陽簿，明程、朱之學，所著有《復齋集》。〔註9〕

「纂註」引「復齋《集義》」之說二十二則（「纂疏」引用六則）。〈纂註引用諸家姓氏〉僅注明為《集義》，據〈書蔡氏傳輯錄引用諸書〉，書名作《尚書集義》。此書今已亡佚，內容由《輯錄纂註》於「輯錄」和「纂註」引用的情況看來，除了董琮自己的見解，也引錄了朱子論《尚書》之語。

03 真德秀（1178～1235）

真德秀師承詹體仁。「纂註」引「真氏」五十六則（「纂疏」引用五十三則）。〈纂註引用諸家姓氏〉注明所引為《讀書記》。《西山讀書記》尚存。除了〈纂註引用諸家姓氏〉所注明的《讀書記》外，「纂註」和「纂疏」也引用了《大學衍義》。

04 魏了翁（1178～1237）

〔註6〕頁2971。
〔註7〕頁3223。
〔註8〕頁2971。
〔註9〕頁641。

魏氏爲朱子私淑弟子，與輔廣爲友。黃百家說：

> 《宋史》言：鶴山「築室白鶴山下，以所聞于輔廣、李燔者開門授徒，士爭負笈從之。由是蜀人盡知義理之學。」于是《嘉興志·輔漢卿傳》遂謂鶴山是漢卿之門人。然攷《鶴山集》言：「開禧中，余始識漢卿于都城。漢卿從朱文公最久，盡得公平生言語文字。每過余，相與熟復誦味，輒移晷弗去。余既補外，漢卿悉舉以相畀。」又言：「亡友輔漢卿，端方而沈碩，文公深所許與。」乃知友而非師也。〔註10〕

然不論是師或是友，其朱子學之實際來源爲輔廣，應無可疑。

「纂註」引「魏氏」二則（「纂疏」僅引用一則）。〈纂註引用諸家姓氏〉注明所引著作爲《師友雅言》。《師友雅言》收於《鶴山先生大全文集》。〔註11〕

05 滕和叔（？～？）

《宋元學案·滄洲諸儒學案下》說：

> 滕鉛，字和叔，婺源人，合肥令德章〔滕珙〕之子。爲安仁令。所得所授，學有源委。注《尚書》行于世。（參《姓譜》）〔註12〕

以和叔爲滕珙之子，名鉛；但明程南寬等所編的《新安名族志》卷下說：

> 璘子曰鉦，篤志朱學，著有《書經大意》，屢舉孝廉，爲紫陽山長。〔註13〕

又明程瞳的《新安學系錄》亦說：

> 滕和叔，名鉦，溪齋之子，行實無傳，惟所著《書傳注》行世，今見《書經大全》。〔註14〕

皆以和叔爲滕璘之子，名鉦。與滕和叔同時的方岳，作於寶祐 3 年（1255）的〈滕和叔尚書大意序〉亦僅說：

> 溪齋先生與其弟合肥令君同登晦翁之門，學者謂之新安兩滕。和叔漸涵于二父之淵源，被剝于百家之林藪。〔註15〕

無法據以分別和叔爲滕鉛或滕鉦。滕鉦和滕鉛二人相混的原因，可能是因爲滕璘、滕珙兄弟二人同事朱子，滕鉦、滕鉛又爲堂兄弟的關係，就師承來說，

〔註10〕《宋元學案》頁 2651。
〔註11〕另有《說郛》本，但非全本。
〔註12〕頁 2341。
〔註13〕〈後卷〉頁 166b。
〔註14〕頁 310。
〔註15〕《秋崖集》頁 1182-558。

並沒有太大的差別所致。

　　「纂註」僅引「滕氏」一次（「纂疏」引用兩次，但內容相近）。〈纂註引用諸家姓氏〉注明爲《尙書大義》。此書已佚。由於「纂註」和「纂疏」所引用的內容，正好見於方岳〈滕和叔尙書大意序〉之中，也許早在《輯錄纂註》和《纂疏》編纂的時候就已經亡佚了。

（三）朱子第三傳弟子

01 沈貴珤（？～？）：

《宋元學案・介軒學案》說：

　　沈貴珤，字誠叔，德興人也。介軒高弟。有《正蒙疑解》、《四書》及諸經說。學者稱爲毅齋先生。〔註16〕

元董眞卿〈周易會通引用諸書羣賢姓氏〉說：

　　沈氏貴珤，又名汝礪、誠叔、毅齋先生，饒州德興人。學於介軒先生董氏夢程、九萬，介軒學於勉齋先生黃氏、槃澗先生董氏。〔註17〕

則沈貴珤又名汝礪。

　　「纂註」引「毅齋沈氏」二則（「纂疏」引用三則）。〈纂註引用諸家姓氏〉作「雜著」。已亡佚。

02 程若庸（？～？）

《宋元學案・雙峰學案》說：

　　程若庸，字逢原，休寧人，從雙峰及沈毅齋貴珤得朱子之學。淳祐間，聘湖州安定書院山長。馮去疾創臨汝書院于撫州，復聘爲山長。咸淳間，登進士，授武夷書院山長，累主師席，其從遊者最盛，稱徽庵先生。所著有《性理字訓講義》、《太極洪範圖說》。陳定宇極稱其《字訓》。（雲濠案：黃氏補本續云：「吳草廬澄，其門人也。」）〔註18〕

《新安文獻志》卷70洪焱祖〈程山長（若庸）傳〉所說較詳：

　　程山長若庸，字達原，宋端明殿學士珌之從姪。咸淳四年陳文龍榜進士，從學雙峰饒先生魯，又師事毅齋沈先生貴珤，得聞朱子之學。

〔註16〕頁2973。
〔註17〕《周易會通》頁42。
〔註18〕頁2817。

淳祐丁未爲湖州安定書院山長。庚戌，馮此山去疾創臨汝書院于撫
州，聘若庸爲山長，置田宅居之。咸淳戊辰，爲福建武夷書院山長。
若庸累主師席，及門之士最盛，在新安號勿齋，學者稱勿齋先生，
如范奕、金洙、吳錫疇皆其高弟。在撫州，號徽菴，以寓不忘桑梓
之意，學者稱徽菴先生。如吳澄、程鉅夫皆其高弟。所著有《性理
字訓講義》百篇，及《太極圖說》、《近思錄》注行于世。〔註19〕

可知爲咸淳 4 年進士，爲朱子第三或第四傳。著作除了《宋元學案》所說，
尚有《近思錄注》。

「纂註」引「徽庵程氏」七則（「纂疏」引用十則），全出自〈洪範〉篇。
〈纂註引用諸家姓氏〉作《講義》，應當就是《性理字訓講義》。此書已亡。
又「纂疏」引「徽菴程氏〈九疇圖說〉」，爲「纂註」所無。

03 許月卿（1216～1285）

《宋元學案·介軒學案》說：

許月卿，字太空，婺源人。初從董介軒遊，已受學于魏鶴山。登淳
祐甲辰進士。……〔元軍下錢塘〕，先生深居一室，但書「范粲寢
所乘車」數字，五年不言而卒，蓋至元二十三年也，年七十。謝疊
山嘗書其門云：「要看今日謝枋得，便是當年許月卿。」……時人稱
之曰山屋先生。〔註20〕

「纂註」引「新安許氏」一則（「纂疏」引用一則）。〈纂註引用諸家姓氏〉
作「雜說」。已亡佚。

04 熊禾（1247～1312）

「纂註」引「武夷熊氏」二十則（「纂疏」沒有引用）。〈纂註引用諸家姓
氏〉註明所引爲「《書》說」。已亡佚。

05 胡一桂（1247～1314）

「纂註」引「新安胡氏」六十九則（「纂疏」引用三則）。〈纂註引用諸家
姓氏〉註明所引爲「《書》說」。已亡佚。又，據陳櫟自述，這些材料，有可
能是陳櫟的意見。（詳第三章）

06 王希旦（？～？）

〔註19〕 頁 1376-188。
〔註20〕 頁 2973。

《宋元學案・介軒學案》說：

> 王希旦，號葵初，德興人也。隱居學道，自以本宋人，不欲仕。嘗
> 曰：「予生于宋，不可忘所自。長于元，亦嘗蒙其恩。非元非宋，何
> 去何從？惟是飢則食，倦則眠，不飢不倦，則讀古聖賢之書而箋釋
> 之。」先生師事桃谷余先生，而與息齋爲同門友。所著有《易通解》、
> 《尚書通解》、《五經日記》。（補。）〔註21〕

同時人胡雲峰〈與陳定宇先生書〉說：

> 王希旦、俞明、葵初，饒州德興人，有《易學摘編》。〔註22〕

又董眞卿〈周易會通引用諸書羣賢姓氏〉也說：

> 王氏希旦、愈明、葵初，饒州德興人，《易學摘編》。〔註23〕

是字「愈明」也。

「纂註」引「葵初王氏」十三則（「纂疏」引用二則）。書名，〈纂註引用
諸家姓氏〉作「《書》說」。已亡佚。

07 余芑舒（？～？）

《宋元學案》僅有余芑舒之傳，〈介軒學案〉說：

> 余芑舒，號息齋，桃谷子也。深山董氏父子與新安胡玉齋父子爲朱
> 子之學，先生和之。（雲濠案：梨洲原傳云「息齋亦介軒、深山之
> 學侶也，時稱宿儒四家，曰雙湖胡一桂、定宇陳櫟，其一即先生，
> 其一爲王葵初希旦。」）每日讀書暇，則整襟端坐，謂弟子曰：「讀
> 書須虛心熟讀，其味無窮。及早了悟身心間事，自有受用。」其詩
> 曰：「何人解管身中事，今我纔知學有源。養得心原身事畢，春花秋
> 月共忘言。」辟補學錄，不就。臨卒，口吟東坡「治生不求富，讀
> 書不求官」之句，以告後人。所著有《讀蔡氏書傳疑》、《書傳解》、
> 《易解》、《讀孝經刊誤》、《息齋集》。（修。）〔註24〕

董眞卿〈周易會通引用諸書羣賢姓氏〉說：

> 余氏芑舒、德新、息齋，饒州德興人。《讀易偶記》。〔註25〕

可知字德新。《宋詩紀事補遺》卷85 說他：「潛心程朱之學，與饒雙峰友善。」

〔註21〕頁 2976。
〔註22〕《陳定宇先生文集》頁 478。
〔註23〕《周易會通》頁 44。
〔註24〕頁 2975。
〔註25〕《周易會通》頁 45。

〔註26〕則除了家學之外，與饒魯有所來往。

　　余芑舒與程葆舒，據《正德饒州府志·德興縣》：

　　　　程葆舒，通理學，有《書經蔡傳訂誤》，號虛緣，入祠鄉賢。〔註27〕

　　　　余芑舒，字德孫，號息齋。潛心理學，所著有《詩傳》。〔註28〕

可知二人都通理學。清同治11年刊《德興縣志·人物志·理學》更進一步指出：

　　　　余芑舒，字德新，號息齋，桃谷次子。少聰敏，潛心程朱之學，與
　　　　饒雙峰友善。……所著有《易、書經解》、《孝經刊誤附說》、《息齋
　　　　偶薰》。〔註29〕

　　　　程葆舒，字德羽，桃谷三子，出繼程姓。窮理力行，潛心聖學。至
　　　　元間，任江西瑞州路學錄。有《蔡傳訂誤》、《虛緣集》傳世。〔註30〕

清同治11年刊本《江西省饒州府志·人物志·儒林》也說：

　　　　余芑舒，號息齋，德興人。少聰敏，潛心程朱之學。……著有《孝經
　　　　刊誤》及《書、易解》，見《書、易大全》。弟葆舒，字德羽，出繼程
　　　　姓，窮理力行，潛心聖學。著有《蔡傳訂誤》、《虛緣集》傳世。〔註31〕

可知余芑舒和程葆舒同為余季芳（桃谷，《宋元學案》列為「介軒同調」〔註32〕）
之子，為兄弟的關係。《經義考》、《總目》和劉起釪《尚書學史》皆誤以「程葆
舒」為「張葆舒」。

　　「纂註」引「息齋余氏」二十六則（「纂疏」引用四則）。書名，〈纂註引
用諸家姓氏〉作《讀蔡傳疑》，已亡佚。又「纂註」未引「程葆舒」之意見（「纂
疏」亦未引用），或因與余芑舒為兄弟，故著作亦混而無別。

08 陳普（1244～1315）

《宋元學案·潛庵學案》：

　　　　陳普，字尚德，福之寧德人。所居有石堂山，學者稱石堂先生。稍長，
　　　　聞恂齋韓氏倡道浙東，負笈走會稽從之遊。入元，開門授徒，歸然以
　　　　斯道自任，四方及門歲數百人。朝廷三辟為本省教授，不赴。建州劉

〔註26〕頁 10-3636。
〔註27〕頁 640。
〔註28〕頁 643。
〔註29〕頁 962。
〔註30〕頁 968。
〔註31〕頁 2015。
〔註32〕頁 2791。

純父聘主雲莊書院，熊勿軒留講鰲峰，首議聖賢宜撤肖像，祀用木主，勿軒意合，且曰：「此事不革，斯文之運，未敢望其升也。」尋講饒、廣。晚在莆中十有八年，造就益眾。嘗曰：「性命、道德、五常、誠敬等事，在《四書》、《六經》中，如斗極列宿之在天，五嶽、四瀆之在地，舍之不求，更學何事？」延祐乙卯卒，年七十二。〔註33〕

可知其學傳自輔廣一系，且與熊禾爲好友。

「纂註」引「陳氏普」一則（「纂疏」引用一則）。〈纂註引用諸家姓氏〉註明所引書爲《閩講》，見《選鐫石堂先生遺集》〔註34〕中的〈渾天儀論〉。

09 董鼎（1244～1311）

董鼎爲《輯錄纂註》的編者，「纂註」中錄有「愚謂」或「愚按」六十九則（「纂疏」引用二十五則）。

（四）朱子第四傳弟子

01 陳櫟（1252～1334）

「纂註」引「新安陳氏」三○三則（「纂疏」中，「愚案」或「愚謂」，共三九三則）。〈纂註引用諸家姓氏〉註明所引書爲《書解折衷》。

02 董真卿（？～？）

董眞卿爲《輯錄纂註》的編者之一，但「纂註」未引用董眞卿之說（「纂疏」亦未引用）。

（五）《宋元學案》未收錄或未歸入朱子學派的學者

01 鄒近仁（？～？）

《宋元學案・慈湖學案》：

鄒近仁，字魯卿，一字季友，德興人。以特恩爲靜江法曹，再調龍陽丞。問學于慈湖，與語，從容良久，即了然無疑滯。嘉定二年，疾革，語其子曾曰：「吾心甚明，無事可言，爾曹修身學道則爲孝矣。」言訖而瞑。所著有《歸軒集》。先生一再語頓覺，人告之過，欲衽受教。所當爲，不畏強禦。非道非義，一介不取。（修。）〔註35〕

「纂註」引「歸軒鄒氏」四則（「纂疏」引用一則）。書名，〈纂註引用諸

〔註33〕頁 2062。
〔註34〕收於《四庫全書存目叢書》集部第 20 冊。莊嚴出版文化有限公司。
〔註35〕頁 2494。

家姓氏〉作《禹貢集說》。已亡佚。

02 馬廷鸞（1223～1289）

《宋史・馬廷鸞傳》：

> 馬廷鸞字翔仲，饒州樂平人。本灼之子，繼灼兄光後。甘貧力學，
> 既冠，里人聘為童子師，遇有酒食饌，則念母藜藿不給，為之食不
> 下咽。登淳祐七年進士第。……所著《六經集傳》、《語孟會編》、《楚
> 辭補記》、《洙泗裔編》、《讀莊筆記》、《張氏祝氏皇極觀物外篇》諸
> 書。〔註36〕

「纂註」引「碧梧馬氏」六則。（「纂疏」引用十二則）書名，〈纂註引用
諸家姓氏〉作《蔡傳會編》。已亡佚。

03 李謹思（？～？）

〈纂註引用諸姓氏〉，李氏謹思，字明通，號養吾，鄱陽人。元劉壎《隱
居通議》卷12〈讀文山詩作〉條：

> 李明通謙思，信州人也。少以《書》義補入太學，而論工，策尤工，
> 每試多占魁列，當時策體為之一變。後累試積分至優等上舍，為釋
> 褐狀元，授泉州推官歸，時事改更，隱居鉛山。〔註37〕

並錄其〈讀文山詩作〉一詩。李謹思，應當就是李謙思。《宋詩紀事》卷76，
李謹思條：

> 謹思字明道，號養吾，餘干人。咸淳中，試禮部，釋褐第一。入元，
> 卒。〔註38〕

所錄作品中的〈題文丞相吟嘯集〉，內容與《隱居通議》所錄相同。「謹」與
「謙」；「通」與「道」，當是形近而相混。李謹思與熊禾當有往來，故《宋詩
紀事》所錄之詩作，有〈寄進士熊退齋〉。

「纂註」引「養吾李氏」一則（「纂疏」引用一則）。所引著作，〈纂註引
用諸家姓氏〉作「經論」。已亡佚。

04 方回（1227～1306）

《新安文獻志》卷95上〈方總管傳〉：

> 方總管回，字萬里，歙縣人。……回幼孤，從叔父璇學，穎悟過人，

〔註36〕頁12436。
〔註37〕頁135。
〔註38〕頁1847。

讀書一目數行下。少長，倜儻不羈，賦詩爲文，天才傑出。……景定三年，以別院省元登第。……至元丙子春，奉宋太后及嗣君詔書，舉城內附，改授嘉議大夫、建德路總管兼府尹。己卯入覲，遷通議大夫，依舊任。在郡七年，……代歸不從仕，徜徉錢塘湖山間二十餘年，豁達輕財，喜接引後進。嗜學，至老不厭，經史百氏靡不研究，而議論平實，一宗朱文公。有《璧流集》、《桐江集》若干卷行於世，又有《讀易釋疑》、《易中正考》、《皇極經世考》、《古今考》、《曆象考》、《衣裳考》、《玉考》、《先覺年譜》、《瀛奎律髓》、《名僧詩話》，合若干卷，藏於家。卒年八十一。〔註39〕

雖非朱子嫡傳，然學問一宗朱子。

「纂註」於〈禹貢〉引「方氏」一則（「纂疏」亦引用一則）。書名，〈纂註引用諸家姓氏〉作《文集》。

05 齊夢龍（？～？）

董眞卿〈周易會通引用諸書羣賢姓氏〉：

齊氏夢龍、覺翁、節初，饒州德興人，與兄興龍先得登宋寶祐、景定年第。《周易附說卦變圖》。〔註40〕

明《正德饒州府志》卷4：

齊夢龍，字應祥，登進士，江淮總幹，力探理窟，著述甚富。〔註41〕

清同治11年刊本《江西省饒州府志‧人物志‧儒林》說：

齊〔夢龍〕學於沈貴瑤，沈學於董銖，董出紫陽門下。〔註42〕

清同治11年《德興縣志‧人物志‧理學》：

齊夢龍，字應祥，寶祐進士，江淮總幹。力探理奧，著述甚富，尤深於《易》學。嘗謂：「邵子之書，言數而不及義理，未究聖人心學之微。程子之傳，言理而盡遺象占，無當卜筮，前民之用。惟朱子《本義》，詞簡義精。」因朝夕玩索，有得則筆之，其於天人性命之旨，多所發明。著《易學演義》、《學庸講義》、《論語答問》、《理學訓蒙須知》。〔註43〕

〔註39〕頁 1376-586。
〔註40〕《周易會通》頁 44。
〔註41〕頁 641。
〔註42〕頁 1982。
〔註43〕頁 964。

可知齊夢龍是沈貴瑤的弟子，可以算作朱子第四傳弟子。

「纂註」引「節初齊氏」四則（「纂疏」沒有引用）。書名，〈纂註引用諸家姓氏〉作「雜著」。已亡佚。

06 吳亨壽（？～？）

生平不詳。

「纂註」於〈堯典〉引「吳氏亨壽」一則（「纂疏」引用一則）。書名，〈纂註引用諸家姓氏〉作《閩講》。已亡佚。

07 金燧（？～？）

生平不詳。

「纂註」於〈堯典〉引「金氏」四則（「纂疏」引用一則）。書名，〈纂註引用諸家姓氏〉作《閩講星說》。已亡佚。

三、《總目》之說的問題

論文第一章曾提到，《總目》舉出七位於宋、元之際駁正《書集傳》的學者，說明當時學者，於《書集傳》齗齗有辭，曾群起而駁正之。七位學者中，《總目》對黃景昌、程直方、余芑舒和程葆舒，並未說明其學術背景。由於余芑舒和程葆舒的傳記已見上文，這裏僅補充黃景昌及程直方二人的材料。

01 黃景昌（1261～1336）

《宋元學案‧龍川學案》繫於「全歸（吳思齊）門人」與「方氏（方鳳）門人」之下，於傳記部分僅謂：

> 黃景昌，字清遠，浦江人。從方鳳、吳思齊、謝翱遊，通《五經》，自號田居子。〔註44〕

為陳龍川之後學。宋濂《浦陽人物記》卷下〈黃景昌傳〉之說則較為詳細：

> 黃景昌，字清遠，一字明遠，縣之靈泉人。其先與太史公庭堅同所自出。四歲入小學，十二歲能屬文。從方鳳、吳思齊、謝翱游，益通《五經》、諸子、詩賦、百家之言，尤篤意《書》、《春秋》，學之四十年不倦。……作《春秋舉傳論》，……著《夏時考正》，……作《周正如傳考》。建安蔡沈，集眾說為《書傳》，世無敢議其非。景昌獨疏其倍師說者數十百條，作《蔡氏傳正誤》。……作《古詩

〔註44〕頁 1858

考》。……重紀至元二年卒，年七十六。〔註45〕

可知黃景昌雖於師承上屬龍川後學，但其《蔡氏傳正誤》一書所處理的，是朱子和蔡沈的異同問題。故此書的內容當是站在朱子學派的立場，對《書集傳》與朱子《尚書》說相異之處的討論。

02 程直方（1251～1325）

《宋元學案·張祝諸儒學案》列爲「傅氏（立）門人」，說：

> 程直方，字道大，婺源人。讀書十年不下樓，尤深于《易》。入元，絕意仕進。行部至者必造請，或敦延至學宮，執禮受教。（參《安徽通志》。）（梓材謹案：《經義考》引董時乂之說，言先生號前村，嘗闢書室曰觀易堂，與初庵傅先生爲莫逆交，盡得邵氏不傳之祕。又言其通諸經，平生著述，《易》則有《程氏啓蒙翼得》、《四聖一心》、《觀易堂隨筆》，《書》則有《蔡傳辨疑》，《詩》則有《學詩筆記》，《春秋》則有《諸傳考正》、《春秋旁通》。是先生所著，不獨《續元元》之作，其于初庵，蓋在師友之間。）〔註46〕

繫於張行成、祝泌之後學。據明弘治15年《徽州府志》：

> 字道大，號前村，婺源龍陂人。生宋淳祐辛亥。幼失怙，能自勵讀書，嘗十年不下樓，務精道德性命之學，通諸經，尤深於《易》。……平生著述，《易》則有《程氏啓蒙翼傳》、《四聖一心》、《觀易堂隨筆》，《書》則有《書蔡傳辨疑》，《詩》則有《學詩筆記》，《春秋》則有《諸傳考正》、《春秋旁通》，及《前村吟卷》。卒年七十五。〔註47〕

《新安文獻志》卷35錄其〈觀易堂隨筆〉說：

> 山屋先生許月卿，字太虛，以《易》學登科，爲世名士。予年二十時，嘗從之游。〔註48〕

可知程直方與許月卿有所來往。其《尚書》方面的著作，已亡佚。《輯錄纂註》和《纂疏》皆未實際引用程直方的意見，然由其書名可知，乃檢討蔡沈《書集傳》之作，其性質或與黃景昌諸人所作相近。

〔註45〕卷下頁13b。
〔註46〕頁2625。
〔註47〕頁237。
〔註48〕頁1375-445。

可以看出，在《宋元學案》中，被歸於〈龍川學案〉的黃景昌和歸於〈張
祝諸儒學案〉的程直方，雖然不直屬於朱子學派，他們在《尙書》方面的著
作卻都以朱子和蔡沈的《尙書》說作爲研討的主要對象。尤其是程直方，曾
與許月卿游，《輯錄纂註》在〈纂註引用諸家姓氏〉，亦將之與朱子學派關係
密切的學者放在一起。這顯示出宋末元初，朱子學的影響力，已經漸漸超越
學派的分際。故作爲學派中《尙書》學代表作的《書集傳》，影響力當亦隨著
朱子學的勢力而擴大。這也意味著這些學者，基本上都是在承認《書集傳》
足以代表朱子學派《尙書》注解的前提下進行討論。

第二節 余芑舒、董鼎和陳櫟對《書集傳》的態度

《總目》所指出，駁正《書集傳》的七位學者，爲「纂註」實際引用的，
有余芑舒《讀蔡傳疑》、董鼎《輯錄纂註》、陳櫟《書傳折衷》三種。爲了了
解這些所謂的「駁蔡」學者，對《書集傳》的實際態度，這一節，試著分析
這三人的材料。分析的重點，主要放在這些學者，是否對《書集傳》從根本
上提出反對意見，抑或只是在認同《書集傳》之前提下，提出修訂意見。

一、余芑舒

《總目》指出，余芑舒爲交攻《書集傳》之誤的學者。從他的書名作《讀
蔡傳疑》，可知內容以檢討《書集傳》的缺失爲主；但若要以此判定余芑舒對
《書集傳》持反對的態度，則未必是事實。這除了因爲余芑舒爲朱子後學的
特殊背景，尙可從「纂註」加以說明。

「纂註」引用余芑舒的意見，共二十七則（加上「纂疏」所引，爲二十八
則）。其中，眞正不同意《書集傳》的，有二十二則。我們無法得知，「纂註」
是否已將《讀蔡傳疑》的大部分內容收入。如果這二十餘則材料是《讀蔡傳疑》
大部分的內容，則余芑舒的基本態度，無疑是尊信《書集傳》的。因爲這二十
二則，都是《書集傳》在注解上的個別缺失，並沒有明顯的證據指出，余氏對
《書集傳》的整體有負面的評價。若這二十七則只是《讀蔡傳疑》的部分材料，
我們亦可以從六則未反駁《書集傳》的材料得知，余氏對《書集傳》的態度，
並不是全然只有批駁。這六則材料，都是用來補充傳文之不足的。如〈君奭〉
「公曰：君奭，我聞在昔，成湯既受命，時則有若伊尹，格于皇天。在太甲，

時則有若保衡。在太戊，時則有若伊陟、臣扈，格于上帝，巫咸乂王家。在祖
乙，時則有若巫賢。在武丁，時則有若甘盤。」《書集傳》引蘇軾說：

> 殷有聖賢之君七，此獨言五。下文云：殷禮陟配天，豈配祀于天者，
> 止此五王，而其臣偕配食于廟乎？在武丁時，不言傅說，豈傅說不
> 配食于配天之王乎？其詳不得而聞矣。〔註49〕

對於經文何以未提及傅說，只說「其詳不得而聞矣」。余苟舒於此補充說：

> 不言說，即下文不言尚父之意。〔註50〕

即《書集傳》於同篇「武王惟茲四人，尚迪有祿。後暨武王，誕將天威，咸
劉厥敵。惟茲四人，昭武王，惟冒丕單稱德。」之傳文，引呂祖謙說：

> 師尚父之事，文、武烈莫盛焉。不與五臣之列，蓋一時議論，或詳
> 或略，隨意而言，主於留召公，而非欲爲人物評也。〔註51〕

之意。又如〈洪範〉「庶徵」，經文不曾提到曆，傳文亦未說明何以不提及。
余苟舒補充說：

> 庶徵者，合五事、五紀以參驗者也。於此不言曆數者，曆數所以推
> 天運之常，庶徵所以參驗人事之感，其進退飛伏有出於曆數所推之
> 外者矣。唐一行日食議中，有曆與占之說甚備。〔註52〕

這些補充，並不涉及對《書集傳》的批駁。

　　余苟舒不同意《書集傳》的二十二則材料，主要分成兩大類。第一大類，
指出傳文有不從師說的情形，共有三則。如〈洪範〉「曰：皇極之敷言，是彝
是訓，于帝其訓。」《書集傳》說：

> 曰，起語辭。敷言，上文敷衍之言也。言人君以極之理，而反復推
> 衍爲言者，是天下之常理，是天下之大訓，非君之訓也，天之訓也。
> 蓋理出乎天，言純乎天，則天之言矣。此贊敷言之妙如此。〔註53〕

指「敷言」，是人君以極之理，反復推衍之言。朱子〈皇極辨〉解釋這段經文說：

> 則以言夫人君以身立極，而布命于下，則其所以爲常、爲教者，皆
> 天理，而不異乎上帝之降衷也。〔註54〕

〔註49〕　卷5頁34a。
〔註50〕　卷5頁34b。
〔註51〕　卷5頁36a。
〔註52〕　卷4頁41b。
〔註53〕　卷4頁31a。
〔註54〕　卷4頁33a。

則指「人君以身立極，而布命于下」。余芑舒說：

> 《傳》此節易師說，似隋世令民誦五教。〔註55〕

所說「似隋世令民誦五教」，見《北史·蘇威傳》：

> 尋令〔蘇威〕持節巡撫江南，得以便宜從事。過會稽，踰五嶺而還。
> 江表自晉已來，刑法疏緩，代族貴賤，不相陵越。平陳之後，牧人
> 者盡改變之，無長幼悉使誦五教。威加以煩鄙之辭，百姓嗟怨。使
> 還，奏言江表依內州責戶籍。上以江表初平，召戶部尚書張嬰，責
> 以政急。時江南州縣又訛言欲徙之入關，遠近驚駭。饒州吳世華起
> 兵為亂，生臠縣令，啗其肉。於是舊陳率土皆反，執長吏，抽其腸
> 而殺之，曰：「更使儂誦五教邪！」尋詔內史令楊素討平之。〔註56〕

余氏所指「似隋世令民誦五教」，對《書集傳》而言，雖未必恰當；其指出蔡
沈改易師說，則無可疑。這種討論，只有站在朱子學派的立場，才有意義。
因為，在學派之外，蔡沈是否改易師說，與注解的是非並無必然關係。

　　第二大類，是站在注解經典的立場，指正《書集傳》的缺失。這其中，
又分為兩種情況：（一）有八則指出《書集傳》有前後不一致的情況。如〈胤
征〉：「惟康肇位四海，胤侯命掌六師，羲和廢厥職，酒荒于厥邑，胤后承王
命徂征。」《書集傳》：「仲康始即位，即命胤侯以掌六師，次年方有征羲和之
命。」又說：「日蝕在仲康即位之五年。」余芑舒說：

> 《傳》曰：「仲康始即位，即命胤侯以掌六師，次年方有征羲和之命。」
> 其曰「始即位」，以肇位言也。其曰「次年」，則不復著其所據。後
> 又引《唐志》曰：「日蝕在仲康即位之五年。」當何所折衷歟？今按，
> 《經世書》以征羲和為仲康元年事，則是即位之次年也。古者逾年
> 改元。〔註57〕

指出征羲和當在仲康即位次年。又如〈泰誓〉上「受有臣億萬，惟億萬心」，
《書集傳》：「百萬曰億。」而於〈洛誥〉「公其以予萬億年」《書集傳》：「十
萬曰億。」二說不同，故余芑舒指出：

> 此謂「百萬曰億」，〈洛誥〉謂「十萬曰億」。〔註58〕

〔註55〕卷4頁31b。
〔註56〕頁2245。
〔註57〕卷2頁42b。
〔註58〕卷4頁5b。

又如〈康誥〉篇題，余芑舒說：

> 又曰：〈嘉禾序〉傳謂得禾與風雷之變同時。〈金滕〉傳謂風雷在未東
> 征之先。而此篇解題論叔虞之封，又引東征為說，皆所未合。〔註59〕

這些情況，屬蔡沈注解上的疏忽。（二）是指出《書集傳》傳文的缺失。如〈大禹謨〉六府「水、火、金、木、土、穀，惟修。」《書集傳》說：

> 「水、火、金、木、土、穀，惟修」者，水克火，火克金，金克木，
> 木克土，而生五穀。或相制以瀉其過，或相助以補其不足，而六者
> 無不修矣。〔註60〕

用五行生克加以解釋。余芑舒說：

> 六府當以五材言。〈洪範〉所謂潤下、作鹹等，皆言材耳。今曰「水
> 克火，火克金，金克木，木克土，而生五穀」，似全以五氣言矣。
>
> 〔註61〕

認為應當根據〈洪範〉作解釋，指出《書集傳》詞語解釋的缺點。又如〈說命〉下：「說曰王人求多聞」，《書集傳》說：「說稱王而告之曰：人求多聞者」，可知句讀作「說曰：『王，人求多聞者』」。余芑舒說：

> 王人只從古註，謂王者。〈君奭〉義同。〔註62〕

認為應當從古註，斷作：「說曰：『王人求多聞者』」，「王人」為一個詞語，指出傳文斷句的問題。又如〈洛誥〉「予不敢宿，則禋于文王、武王」《書集傳》：

> 宿，與〈顧命〉「三宿」之宿同。禋，祭名。周公不敢受此禮，而祭
> 於文武也。〔註63〕

余芑舒說：

> 〈顧命〉，宿訓為進爵，孔氏說也。唐孔氏申其義，以為進爵於神前。
> 今謂「予不敢宿」與此同，殊不可曉。意者與上文傳意不相接。寧予
> 之訓既從蘇氏，則予不敢宿之義，只合并從蘇氏不宿於家之說，方為
> 通。不然，則既不敢進爵於神前，而又曰禋于文武，何耶？〔註64〕

指出文意理解上的缺失。這些例子，表示余芑舒雖為朱子後學，但他並不會

〔註59〕　卷4頁64b。
〔註60〕　卷1頁41b。
〔註61〕　卷1頁42b。
〔註62〕　卷3頁43b。
〔註63〕　卷5頁18b。
〔註64〕　卷5頁18b。

因爲服從權威而完全不考慮《尙書》的客觀解釋。這種傾向，表現得最特殊的一個例子是，〈康誥〉篇朱子和蔡沈都認爲是武王誥命康叔爲衛候之書。余芑舒卻說：

> 眞氏《乙記》云：「胡氏以爲武王書，朱子從之，蔡氏辨甚力。今姑從。先儒以爲周公作，更當博考。」於《大學衍義》則明以爲成王書。今按，不靜、未戾、迪屢、未同等語，似指武庚以後事。武王之時，玄黃迎師，未嘗有此。又曰：「王若曰孟侯朕其弟」，以〈多方〉所書「公傳王命」之例觀之，似可通。「寡兄」，疑與〈康王之誥〉「寡命」同義。據此等處，理或然也。〔註65〕

認爲是成王或周公之書，不因《書集傳》從朱子之說而盲從。

　　根據上文可知，余芑舒對《書集傳》的討論，並未脫離朱子學派的根本立場，故其對《書集傳》的駁正，都是對個別失誤的修正。而且，由少數余芑舒不從朱子的例子，可知其治學態度，仍有客觀的一面。

二、董　鼎

　　《總目》關於董鼎駁《書集傳》的說法爲：

> 陳櫟董鼎、金履祥皆篤信朱子之學者，而櫟作《書傳折衷》，鼎作《書傳纂注》，金履祥作《尚書表註》，皆齗齗有詞。〔註66〕

依其意，董鼎於《書集傳》雖沒有強烈的不滿，卻也頗有微詞。陳恆嵩〈董鼎《書蔡氏傳輯錄纂註》對蔡沈《書集傳》的疏釋〉順著這個說法，進一步指出《輯錄纂註》「雖非專門批駁而作，亦偶爾會指陳蔡氏的錯誤。」〔註67〕並將書中指陳蔡《傳》錯誤的情況，分爲三類：「（一）糾正蔡《傳》斷句之誤」、「（二）明不用師說之非」、「（三）糾正蔡《傳》釋義不當」。只是，其於文中所舉的六則例證，除了一則，全爲余芑舒和陳櫟的意見。

　　按，若將《輯錄纂註》所錄諸家駁正《書集傳》的見解，皆視爲董鼎所認同的看法，無疑地，董鼎於《書集傳》應該有相當程度的不滿。然而，據論文第三章的研究，《輯錄纂註》的編纂，有「求完備」的企圖，非嚴格意義的「疏」。故書中雖收錄了諸家駁蔡的意見，實際上卻不一定可以代表董鼎個

〔註65〕卷 4 頁 64a。
〔註66〕卷 11 頁 20b，總頁 1-262。
〔註67〕頁 446。

人的看法。更何況《輯錄纂註》的完成，實經眾人之手，其中有不少材料是董鼎卒後才增入的（如陳櫟《書解折衷》）。將書中收錄的材料，完全視爲董鼎一人的意見，並不妥當。

就董鼎的實際意見而言，「纂註」中六十七則董鼎的按語，不同意《書集傳》之說的只有四則，所占的比例極低。董鼎的按語，最常出現在經文之末，內容大多是根據《書集傳》總論一篇之經旨。如〈堯典〉最後有：

> 愚謂：帝堯爲五帝之盛帝，〈堯典〉爲百篇之首篇。呂氏謂：「《書》
> 首二〈典〉，猶《易》首乾、坤。乾，君道；坤，臣道也。天地之道，
> 備於乾、坤，而君、臣之道，見於二〈典〉。」至當之論也。然〈堯
> 典〉篇中，不過三大節：脩齊治平，一也。治曆明時，二也。知人
> 舉舜，三也。節目有三，而綱領惟一。一者，欽而已。敬者，一心
> 之主宰，而萬事之根本，見於脩齊治平者，此敬。見於治曆明時者，
> 亦此敬。見於知人傳賢而不溺於親愛之子，不遺於疏賤之舜者，亦
> 此敬。一篇之中，言欽不一，曰恭，曰寅，何往非一敬所實通者。
> 先儒謂：「敬者，百聖傳心之法。」而實自堯啓其端焉。讀是書者，
> 直亦曰：「毋不敬」。〔註68〕

特別標舉「敬」之一義，爲〈堯典〉的重點。這正是從《書集傳》「曰若稽古帝堯」下之注解：

> 首以欽之一字爲言，此書中開卷第一義也。讀者深味而有得焉，則
> 一經之全體，不外是矣。其可忽哉！〔註69〕

而來的。又如〈甘誓〉，董鼎於此篇之末說：

> 愚謂：堯以天下讓舜，舜以天下讓禹，至於羣后德讓，丹朱以傲虐，
> 猶執賓禮於虞廷；有苗以昏迷，尚感文德而至格。聖德神化，如洪
> 爐大冶，豈復有銷鑠不盡之頑礦哉！以啓之賢，繼禹之道，而有扈
> 小臣，敢於抗天子，勇於拒王師，史官作書曰：「大戰于甘」，所以
> 深著有扈之罪也。於此而不聲罪致討，則亂臣賊子何所懼哉！以此
> 知天下之患雖小，不可忽也；前人之功雖大，不可恃也，在我而已
> 矣。世固有蒙祖父母之烈，虐用其民，而顧自人之不叛己者，吁！
> 奚可哉！彼有功于天地生民者莫若禹；能敬承繼禹之道者莫若啓，

〔註68〕卷 1 頁 15b。
〔註69〕卷 1 頁 1b。

　　猶有有扈氏之亂，況不如禹、啓父子者乎！吁！萬世可以監矣。抑
　　愚又有感焉，天下雖安，忘戰必危。禹自征苗以來，未嘗用師，軍
　　旅之事，宜啓所未聞也。而一旦赫然以征有扈，召六卿而誓，與會
　　羣后而誓者同科。「威侮五行，怠棄三正」，與「悔慢自賢，反道敗
　　德」者同意。「恭行天罰」、「用命」、「不用命」，與「奉將天罰」、「爾
　　尚一乃心力」者同辭，蓋宛然神考家法也。然則禹固不以天下爲無
　　事，而不訓講之以豫，用之以節。斯其爲王者之師歟！〔註70〕

其中「史官作書曰：『大戰于甘』，所以深著有扈之罪也」至「世可以監矣」，
即對「大戰于甘，乃召六卿」傳文：

　　古者四方有變，專責之方伯。方伯不能討，然後天子親徵之。天子之
　　兵，有徵無戰。今啓既親率六軍以出，而又書大戰于甘，則有扈之怙
　　強稔惡，敢與天子抗衡，豈特《孟子》所謂六師移之者！《書》曰「大
　　戰」，蓋所以深著有扈不臣之罪，而爲天下後世諸侯之戒也。〔註71〕

之發揮。而「抑愚又有感焉，天下雖安，忘戰必危。」以下所說，雖《書集傳》
未有明言，但所論並未與傳意違背。其餘不是發揮一篇大旨的部分，仍以發揮
經義或補充傳義爲主。如〈呂刑〉「典獄非訖于威，惟訖于富」，董鼎說：

　　愚謂，穆王諄諄以富貨戒臣下，而五刑皆有贖，貨未甚焉，可謂不
　　揣其本而齊其末者矣。〔註72〕

便是對經義之發揮。〈武成〉之「今考定〈武成〉」篇末，董鼎說：

　　愚按，近歲括蒼鮑氏復有定本，謂：古竹簡一行十有三字，偶當句
　　斷處差互。「四月至豐」一節，以〈武成〉一篇，每行十三字寫，該
　　三十五行少一字。擬「王若曰」止「萬姓悅服」一十三行，在「厥
　　四月」止「受命于周」六行之前。或以爲然，姑備一說。〔註73〕

便是對傳文作資料之補充。從這些佔了絕大多數的按語，可知董鼎的根本態度
是遵從《書集傳》的。至少，董鼎個人對《書集傳》，並沒有什麼反對的意識。

　　四則指正《書集傳》的例子，有兩種情況：

　　第一種情況是，有兩則材料指出《書集傳》在個別的地方不從師說。〈仲

〔註70〕卷2頁38b。
〔註71〕卷2頁36b。
〔註72〕卷6頁37b。
〔註73〕卷4頁20b。

虺之誥〉「佑賢輔德，顯忠遂良，兼弱攻昧，取亂侮亡，推亡固存，邦乃其昌。」
《書集傳》：「前既釋湯之慙，此下因以勸勉之也。」〔註74〕認爲這是勸勉湯
之語。「輯錄」引朱子說：

> 如說「推亡固存」處，自是說伐桀。至「德日新」以下，乃是勉湯。
> 〔註75〕

認爲這一句仍是釋湯之慙，從下一句「德日新」開始，才是勸勉湯之語。故
董鼎說：

> 愚按，此章《傳》義與前題下語錄不同。〔註76〕

又〈大誥〉「天降威用寧王遺我大寶龜」，《書集傳》以「天降威用」爲句。朱
子說：

> 因論點《書》，曰：人說荊公穿鑿，只是好處亦用還他。如「天降割
> 于我家不少延」、「用寧王遺我大寶龜」，皆非註家所及。〔註77〕

以「天降威」爲句，「用」字屬下句。董鼎說：

> 愚按，朱子深取王氏點句，而蔡氏不盡從，何也？〔註78〕

這種指正，和余芑舒相同，都是在朱子學派的立場上提出的。

　　第二種情況是，有兩則指出傳文在個別的注解，有前後不一致的情形。〈仲
虺之誥〉「德懋懋官，功懋懋賞」，《書集傳》：

> 懋，茂也。繁多之意，與「時乃功懋哉」之義同。言人之懋於德者，
> 則懋之以官；人之懋於功者，則懋之以賞。〔註79〕

「時乃功懋哉」，出於〈大禹謨〉。《書集傳》於此處的注解說：「懋，勉也。」
〔註80〕所以董鼎說：

> 愚按，傳訓懋爲茂，又謂與「時乃功懋哉」同義，而彼實訓勉，此
> 當從之。〔註81〕

又〈盤庚〉下「古我先王，將多于前功，適于山，用降我凶德，嘉績于朕邦」，
《書集傳》：

〔註74〕卷3頁5b。
〔註75〕「輯錄」卷3頁3a。「黎本」頁2029。林夔孫錄於1197年之後。
〔註76〕卷3頁5b。
〔註77〕卷4頁54b。
〔註78〕卷4頁55a。
〔註79〕卷3頁4b。
〔註80〕卷1頁44a。
〔註81〕卷3頁5a。

適於山，往于亳也。契始居亳，其後屢遷。成湯欲多於前人之功，
故復往居亳。按〈立政〉：「三亳」，鄭氏曰：「東成臯，南轘轅，西
降谷。」以亳依山，故曰適于山也。〔註82〕

引鄭玄之說來解釋三亳。〈立政〉「三亳」，《書集傳》：

三亳，蒙爲北亳，穀熟爲南亳，偃師爲西亳。〔註83〕

此說根據《尙書正義》所引皇甫謐之說，與〈盤庚〉下引鄭玄的說法不同。
故董鼎說：

愚按，〈立政〉三亳，又本皇甫謐說。〔註84〕

上述四個例子，皆不影響董鼎對經義的整體理解。

另外，較值得注意是，〈洪範〉「曲直作酸」，《書集傳》只說：

鹹、苦、酸、辛、甘者，五行之味也。五行有聲色氣味，而獨言味
者，以其切於民用也。〔註85〕

朱子曾試著解釋說：

今以兩片木相擦則齒酸，是其驗也。〔註86〕

董鼎認爲朱子之說並不合理：

愚謂，草木之實多酸。雖出者至乾，壞亦酸。木擦齒酸之說，恐未
然。〔註87〕

糾正了朱子的解釋。這個情況說明，董鼎和余芑舒相同，雖然同屬朱子後學，
對朱子亦極尊重，但並非不經思考地盲從。

整體而言，董鼎對《書集傳》的修訂極少，不應列入駁正《書集傳》的
學者之列。

三、陳 櫟

「纂註」引用陳櫟的意見最多，達三〇三則。而且，根據陳櫟的自述，「纂
註」所引胡一桂的意見（共六十九則），大多是陳櫟的見解。若將這六十九則
材料一併計算，則「纂註」引用陳櫟的材多達三七二則之多。

〔註82〕卷 3 頁 35a。
〔註83〕卷 5 頁 54a。
〔註84〕卷 3 頁 35b。
〔註85〕卷 4 頁 24b。
〔註86〕卷 4 頁 24b。
〔註87〕卷 4 頁 25b。

　　《總目》對陳櫟的敘述，較為曲折，認為陳櫟在早年所作的《書傳折衷》，頗論《書集傳》之失；但延祐開科後，陳櫟的態度有極大的轉變，故後來的《纂疏》，於《書集傳》有所增補而無所駁正。關於陳櫟於科舉前後態度轉變之說，個人在〈論陳櫟《書傳折衷》與《書蔡氏傳纂疏》對《書集傳》的態度〉一文，已證明不能成立。陳櫟的態度，於科舉前後並未出現重大的改變。據該文的統計，「纂註」所引用陳櫟的意見，不同意《書集傳》的有八十三則，若加上胡一桂的材料，不同意《書集傳》的材料共一〇〇則。至於較晚出的《纂疏》，已將「纂註」絕大部分屬於胡一桂的材料，歸入陳櫟，其中不同意《書集傳》的材料，有一一六則。這亦等於間接證實了，陳櫟對《書集傳》的確曾提出批評。然而，應注意的是，陳櫟曾對《書集傳》提出批評的意見，並不就等於對《書集傳》持反對的立場。我們應當進一步考慮這些意見的實際內容。由於論文的重點在討論延祐開科之前的情況，而《纂疏》之初刻又遲至開科之後十三年，故以下的說明，僅以「纂註」所引用的一〇〇則材料為依據。

　　與余芑舒、董鼎相同，陳櫟也是站在朱子學派的根本立場，對《書集傳》提出相關的意見。所以，三〇三則材料中（加上胡一桂為三七二則），異於《書集傳》的比例，僅有 27.4%（加上胡一桂為 26.9%）。換言之，同意《書集傳》之說的比例，仍佔絕大多數。檢證陳櫟不同意《書集傳》之說的材料，主要有三種情況：

　　第一種情況是，指出蔡沈不從師說。其中，又有兩種情況：（一）有十則（胡一桂無）是朱子有說，而蔡氏卻不從的。如〈皋陶謨〉「日宣三德，夙夜浚明有家，日嚴祗敬六德，亮采有邦，翕受敷施，九德咸事，俊乂在官，百僚師師，百工惟時，撫于五辰，庶績其凝。」朱子〈答何叔京〉說：

　　　　問：「『日宣三德』至『九德咸事』，如此則是天子、諸侯、大夫九德
　　　　各日以三，宣德亦不可僭耶？若諸侯大夫皆有九德，顧不美歟？」
　　　　先生曰：「九德之目，蓋言取人不可求備，官人當以等耳，豈德不可
　　　　僭之謂耳？」〔註88〕

《書集傳》則說：

　　　　夫九德有其三，必日宣而充廣之，而使之益以著。九德有其六，尤
　　　　必日嚴而祗敬之，而使之益以謹也。〔註89〕

〔註88〕卷1頁56a。
〔註89〕卷1頁56a。

陳櫟說：

> 日宣、日嚴，作賢者自修之事，一説也。作人君用人之事，又一説
> 也。前説出於古註，蔡氏用之，後説諸家多言之，文公又主之。後
> 説較優。〔註90〕

認爲朱子之說較《書集傳》爲優。（二）有十一則（加上胡一桂五則，共十六則）是陳櫟認爲應當闕疑，而蔡沈未闕的。《尚書》不可解的部分，應當闕疑，不可強解，是朱子指示的解經原則。由於朱子沒有《尚書》全書的注解，所以何處當「闕」，在不同的學者看來，便有不同的看法。《書集傳》雖然已有闕疑的情況（見第二章），陳櫟基於自己的研究心得，認爲《書集傳》中應有更多闕疑的部分。如〈秦誓〉「古人有言曰：民訖自若是多盤，責人斯無難，惟受責俾如流，是惟艱哉。」朱子說：

> 「民訖自若是多盤」，想只是説人情多要安逸之意。〔註91〕

只有大略的說明。《書集傳》說：

> 訖，盡；盤，安也。凡人盡自若是多安於徇己，其責人無難，惟受
> 責於人俾如流水，略無扞格，是惟難哉。穆公悔前日安於自徇而不
> 聽蹇叔之言，深有味乎古人之語，故舉爲誓言之首也。〔註92〕

「纂註」引胡一桂（也可能是陳櫟的意見）說：

> 此句聱牙，不如闕之。〔註93〕

認爲這一段話應當闕疑。

第二種情況是，陳櫟不從《書集傳》之說，計有五十九則（加上胡一桂十三則，共七十二則），是「纂註」所引朱子後學中，數量最多的。如〈金縢〉「二公曰：我其爲王穆卜。」《書集傳》解「穆卜」爲共卜，說：

> 李氏曰：「穆者，敬而和意。穆卜猶言共卜也。」愚謂，古者國有大
> 事卜，則公卿百執事皆在，誠一而和同以聽卜筮，故名其卜曰穆卜。
> 下文成王因風雷之變，王與大夫盡弁啓金縢之書以卜者是也。先儒
> 專以穆爲敬，而於所謂「其勿穆卜」則義不通矣。〔註94〕

陳櫟說：

〔註90〕 卷1頁56b。
〔註91〕 「輯錄」卷6頁50b，「黎本」頁2069。輔廣錄於1196～1197年間。
〔註92〕 卷6頁50b。
〔註93〕 卷6頁50b。
〔註94〕 卷4頁47a。

蔡《傳》非。孔《註》專以穆爲敬，是矣。而共卜亦未然也。以昭
穆之穆證之，有幽陰深遠之意。〔註95〕

認爲穆是「幽陰深遠」的意思。將這一類材料與陳櫟所指出應當闕疑的情況
合看，可以看出，相對於其他學者，陳櫟對《尚書》，有較多的個人見解。這
似乎與第三章所了解的，陳櫟對《輯錄纂註》或《纂疏》這一類經注，要求
不要加入太多自己的見解不一致。造成這種情況的原因，除了可能是陳櫟不
自覺地超出了自己的規範外，更可能是因爲蔡沈相對於朱子，權威畢竟較小，
故陳櫟較敢於發揮自己的意見所致。

　　第三種情況是，有三則材料（胡一桂無），不僅不從《書集傳》，而且也
不從朱子。如〈金縢〉：「周公乃告二公曰：我之弗辟，我無以告我先王。」《書
集傳》說：

辟，讀爲避。鄭氏《詩傳》言周公以管、蔡流言，辟居東都是也。
漢孔氏以爲「致辟于管叔」之「辟」，謂誅殺之也。夫三叔流言，以
公將不利於成王，周公豈容遽興兵以誅之耶？且是時正方疑公，公
將請王而誅之也？將自誅之也？請之，固未必從；不請自誅之，亦
非所以爲周公矣。「我之弗辟，我無以告我先王」，言我不避，則於
義有所不盡，無以告先王於地下也。公豈自爲身計哉？亦盡其忠誠
而已矣。〔註96〕

「纂註」於「于後，公乃爲詩以貽王，名之曰〈鴟鴞〉，王亦未敢誚公。」後
的按語說：

「我之弗辟」，朱子初主孔《注》甚力，後來改從鄭說，特與九峰言之，
固宜其用師說而不敢違也。然深思廣證之，從孔《注》甚正大，從鄭
說實迂晦。以經證經，〈蔡仲之命〉曰：「群叔流言，乃致辟叔于商。」
「致辟」接「流言」下，與此之「弗辟」接「流言于國」下一也。在
彼可以「致辟」爲「刑辟」，在此何不可乎？如曰「乃辟」、「周公辟」、
「爾惟勿辟」，只一「辟」字，便是施刑，何待「致」字而後明。我不
致辟于彼，則無以告先王，辭甚明白。使云「我若不避之」，如何接得
「我無以告我先王」？不審避之，將何以告先王乎？有「辟」字在上，
則居東便是屯駐以東征矣。作〈鴟鴞〉詩云「既取我子」，便是謂武庚

〔註95〕卷4頁47a。
〔註96〕卷4頁49b。

> 既敗我管、蔡矣。三年而歸，便是成王因風雷之變，迎公以歸也。首
> 尾關涉三年，謂二年、三年皆可。如人居親喪三年，實不過再期大祥，
> 豈必整三十六月方爲三年乎？朱子〈與蔡帖〉引避堯、舜之子爲證，
> 與此大不同，惜當時無再條此等意以質之文公者耳。〔註97〕

認爲《書集傳》所遵從的朱子晚年之說，不如孔《傳》。蔡沈雖從朱子之說，
但陳櫟卻不認可。則陳櫟亦與前兩位學者一樣，並不盲從。

　　陳櫟對《書集傳》的根本態度，顯然與余芑舒、董鼎相近；但陳櫟沒有
指明《書集傳》說法前後不一致的例子。這可能是因爲《書集傳》這類缺點，
數量有限，既已爲人指出，陳櫟後來參與編書，便不再重複。

四、余芑舒、董鼎和陳櫟對《書集傳》的基本態度

　　余芑舒、董鼎和陳櫟三人，同屬朱子第三、四傳，活動的時間、地點都
相當接近。而且，他們對《書集傳》的基本態度，亦頗爲一致——都認同《書
集傳》爲朱子學派《尚書》注解的代表地位——他們對《書集傳》的評論，
只是個別的「修訂」，而不應視爲根本上的「駁正」。

　　另外，他們雖然都是朱子後學，但並不唯朱子或蔡沈的意見是從，三人
都有不從朱子之說的例子。這也反映出，他們的治學態度，仍有其獨立而客
觀的一面，未必如後人所想像地那樣拘於朱子一家之言。

　　最重要的是，從現存的材料來說，既然《總目》所舉的「駁蔡」學者，
都同樣站在朱子學派的立場，表示宋、元之際的學者，曾在共同的立場上，
熱烈研討此書。這證明了《書集傳》在當時相當受到重視，地位應當不低。

第三節 《書集傳》地位的確立與其他相關學者的意見

一、《書集傳》的流通與地位的確立

　　與上一節所說的情況相應，《書集傳》從成書、流通，到地位的確立，並
非一蹴可幾。一般對《書集傳》的成書時間，主要根據蔡沈作於嘉定 2 年（1209）
的自序，推斷成於作序之年。〔註98〕但嘉定 2 年所完成的，應當只是《書集

〔註97〕卷 4 頁 51b。
〔註98〕李致忠《宋版書敍錄·朱文公訂正門人蔡九峰書集傳》說：「該書蔡沈自序云：

傳》的初稿，當時並未刊行流通。蔡沈對《書集傳》的修改，一直持續到晚
年。據《朱文公訂正門人蔡九峰書集傳》書末所錄朱鑑跋文的記載說：

> 歲在庚申，先祖與九峰商訂是書，……後廿八年，九峰嗣子抗〔來
> 濡須〔註99〕〕出舊稿示（鑑）。捧玩數四，手擇如新。追想音容，潸
> 涕橫集，敬書其後而歸之。〔註100〕

可知在文公卒後二十八年（1227），蔡沈之子蔡杭〔抗〕，才以書稿相示。蔡
沈卒於紹定3年（1232）。同年，弟子黃自然於蔡沈卒後不久，說：

> 文公既歿，垂三十年，而後始出其書。〔註101〕

又眞德秀作於端平乙未（1235，眞氏卒於此年）的〈九峰先生蔡君墓表〉說，
蔡沈作《書集傳》：「沈潛反覆者數十年，然後克就。」〔註102〕朱子卒於宋寧
宗慶元6年（1200），可知《書集傳》正式流傳，與黃自然所作文字的時間，
相差不遠（約在 1230 年前後）。蔡沈對《書集傳》實際的編纂工作，持續了
三十年左右。這也是爲什麼眞德秀在墓表中所說，較蔡沈自序所說的時間長。
《書集傳》刊行之後，眞德秀在他的《讀書記》中，曾加以引用，〔註103〕於
〈九峰先生蔡君墓表〉更評論說：

> 其于《書》也，攷序文之誤，訂諸儒之說，以發明二帝三王群聖賢
> 用心之要。〈洪範〉、〈洛誥〉、〈秦誓〉〔註104〕諸篇，往往有先儒所
> 未及者。〔註105〕

『慶元己未，先生文公命沈作《書集傳》。明年，先生歿。又十年始克成編。』
慶元己未，即南宋寧宗慶元5年（1199）。這一年蔡沈受命于朱熹，開始作《書
集傳》。第二年，即慶元6年（1200），朱熹便與世長辭了。又十年，應當是
嘉定3年（1210）了，始克成編。前後大約花費了十二個年頭。」（頁71）認
爲成於嘉定3年。但蔡沈自序作於嘉定二年，既說「始克成編」，成書時間似
不應晚於作序之年。

〔註99〕此三字有疑。
〔註100〕〈書跋〉頁 3a。
〔註101〕此文亦收於《朱文公訂正門人蔡九峰書集傳》書末，〈書跋〉頁 1a。
〔註102〕《西山先生眞文忠公文集》頁 641。
〔註103〕如卷 11「父子」之《書·皋陶謨》「天敘有典」條（頁 705-312），卷 15「德」
　　　　之《書·皋陶謨》「都亦行有九德」條、《書·立政》曰「古之人迪惟有夏」
　　　　條（頁 705-465、466、467）卷 40「鬼神」之《書·金縢》「既克商二年」條
　　　　和「今我即命于元龜」條（頁 706-397、398），其中所引的「蔡氏曰」皆出
　　　　自蔡沈《書集傳》。
〔註104〕《蔡氏九儒書》（卷 6 頁 70a）作「泰」。
〔註105〕《西山先生眞文忠公文集》頁 641。

肯定這部書的價值。其後，陳大猷在嘉熙 2 年（1238）觀呈理宗的《書集傳》
和《書集傳或問》，亦引用了許多蔡沈《書集傳》的意見（作「蔡氏曰」）。到了
理宗淳祐 7 年（1247）蔡杭〔抗〕將《書集傳》觀呈理宗。據《朱文公訂正門
人蔡九峰書集傳》書前的〈淳祐丁未八月二十六日（臣抗）面對延和殿所得聖
語〉說：

> 玉音忽云：「卿前日所進《尚書解》，朕常看，其間甚好。是卿之父？」
> （臣）奏：「（臣）先臣（沈）辛勤三十年，著成此書，今遭遇陛下，
> 賜之乙覽，九原知幸，千載光榮。」
>
> ⋯⋯
>
> 玉音云：「曾刊行？」（臣）奏：「坊中板行已久，蜀中亦曾板行，今
> 家有其書。掠取先臣之緒餘以獻者，亦皆竊陛下官爵。獨先臣此書
> 未得上徹聖覽，（臣）所以冒昧繳進。」〔註106〕

其中，「辛勤三十年，著成此書」，所說的三十年，正好與上文所引相關材料對
《書集傳》刊行時間的說法一致。又「坊中板行已久」，從初刊到淳祐 7 年，已
經過了大約十七年，的確是「板行已久」。這都和上文對《書集傳》刊刻時間的
說法一致。〔註107〕從蔡杭〔抗〕自述「今家有其書」，表示《書集傳》從刊行

〔註106〕〈面聖表〉頁 1a。

〔註107〕關於蔡沈自序所說的成書時間和蔡杭〔抗〕、眞德秀等人所說不同，李致忠《宋
版書敍錄・朱文公訂正門人蔡九峰書集傳》說：「蓋蔡沈專習《尚書》歷數十
年，其自序所說蓋指自受父師之托，正式作《書集傳》算起；其子所謂蓋連其
專習潛研的時間亦計算在內，故說『辛勤三十年，著成此書。』《四庫全書總
目》謂『眞德秀作沈墓志，稱數十年然後克成，蓋衍一數字。』這種判斷是只
顧自序所言，而未顧其專習潛研的時間。殊不知自序所言成書的時間及其子和
眞德秀所言成書過程，角度不同，指陳不同。」（頁 72）又程元敏《書序通考》
也說：「仲默既受命己未，至己巳而書成，歷正十年，故〈自序〉『又十年始克
成編』；乃〈墓表〉（史傳用其說）『沈潛反復者數十年，然後克就』，通其上文
讀之，『數』字誠不當有（《四庫提要》：『蓋誤衍，一「數」字，說存參），自
是家乘誇美之過。第若溯自仲默舊從游朱子，早得師說於講論之間（子抗表云
『先臣沈從遊最久，微辭奧旨，既得於講貫之餘；大要宏綱，盡授以述作之意』
云云），斯即受命著述以惠方來之伊始，則果沈潛數十年乃就，故子面聖表有
云『先臣沈辛勤三十年，著成此書』也。」（頁 240）按，誠如李致忠所說的，
《總目》認爲眞德秀〈墓表〉衍一「數」字，是只顧蔡沈自序所言，而不及其
他；但李致忠、程元敏二人之說，雖然可以解釋蔡杭〔抗〕、眞德秀之說，卻
無法對朱鑑在文公辛後 28 年方看到手稿，以及黃自然所說：「文公既歿，垂三
十年，而後始出其書。」的情況有較合理的說明。至於游均晶《蔡沈〈書集傳〉
研究》說：「今通讀〔眞德秀〈九峰先生墓表〉〕全文，眞德秀稱沈書『數十年

到觀呈的十七年之間，已經有相當的影響力。此書自從得到理宗的讚賞，地位相形地提高，同時也使得需求量大增。呂遇龍作於淳祐 10 年（1250）的跋文說：

斯《傳》，上經乙覽，四方人士爭欲得而誦之，猶懼其售本之未善也。

〔註 108〕

於是呂遇龍乃與蔡杭〔抗〕在上饒郡學，重加校刻。〔註 109〕換言之，在南宋理宗淳祐年間（1250 年左右），《書集傳》不論在學派內外，就已經受到相當的重視。

　　從上面對《書集傳》流通過程的簡略說明可知：

　　朱子第一傳的學者，卒於 1230 年之前的，基本上無緣見到《書集傳》。〔註 110〕所以，「纂註」引用的蔡元定（1135～1198）、黃榦（1152～1221），都不可能看到《書集傳》，自然也不可能針對《書集傳》的內容提出意見。

然後克就』，應當是總計《書集傳》、《洪範皇極內篇》二書而言。」（頁 30）雖然可以解釋真德秀之說，卻同樣無法對朱鑑和黃自然之說，提出較合理的說明。

〔註 108〕　〈跋〉頁 1b。

〔註 109〕　傅增湘《藏園羣書經眼錄》說：「據呂跋稱倚席上饒，鋟梓學宮云云，則爲上饒郡學所刊，爲是書第一刻。」（頁 30）又，丁瑜〈影宋本《朱文公訂正門人蔡九峰書集傳》說明〉也說：「淳祐十年（1250），呂遇龍掌教上饒郡庠，刻《書集傳》行於世，爲是書第一刻本。」（頁 2）以呂遇龍本爲第一刻本，是錯的。李致忠《宋版書敍錄・朱文公訂正門人蔡九峰書集傳》便根據蔡杭〔抗〕的〈面聖表〉指出：「呂遇龍上饒郡學刻本，並不是此書的第一個刻本，而應該是已知的第三個刻本。如果一定要說呂遇龍上饒郡學刻本是此書的第一個刻本，那也只能說蔡氏《書集傳》進呈後的第一個刻本，而絕不能以此本概括爲此書的第一個刻本。」（頁 74）

〔註 110〕　程元敏《書序通考》說：「蔡沈同門學弟陳淳，先已不肯佞朱子嘗命人作《書集傳》，反而評論其書解爲蔡氏一家書，藉陰責其破壞師法，且恨先師不及全解《尚書》，致令眾說雜出，戕害義理。」（頁 243）其根據，爲陳淳〈答郭子從〉：「前年道間遇潮人，說及謝教有《書解》，自刻，往未委（敏按：義不明），是自著是編集。因一書求之，未蒙回答，更仗吾友求本，示及爲幸。蓋《書》之爲經，最爲切于人事日用之常，惜先師只解得三篇，不及全解，竟爲千古之恨。自先師去後，學者又多專門，蔡仲默、林子武皆有《書解》，聞皆各自爲一家。昨過建陽，亦見子武《中庸解》，以《書》相參爲說，中間分章有改易文公舊處。」（《北溪大全集》卷 25）認爲：「陳淳不滿蔡、林二氏違師《書》說，故併林氏《中庸章句》之改易朱子舊章句言之，評以各自爲一家，明是不遵師說。」（頁 243）按，陳淳卒於 1217 年，當時《書集傳》尚未流通，且據陳淳之語意，應當未見《書集傳》之內容。陳淳於當時「各自爲一家」的情況或有不滿，但恐怕不致於對未曾遇目的《書集傳》內容有強烈的批評。

　　第二傳的學者，已經有機會看到《書集傳》。他們活動的時間，大約與《書集傳》開始流傳，並逐漸受到重視的時間相近。只是因流傳未久，地位尚未確立，他們雖有引用《書集傳》的情況（如真德秀）；但以《書集傳》爲《尚書》研究主要依據的學者，仍然有限。

　　一直要到第三傳之後，《書集傳》的影響漸大，有愈來愈多的學者，以《書集傳》作爲研讀《尚書》的重要憑藉，甚至起而爲之作疏，建立起眾所公認，朱子學派《尚書》方面「代表作」的地位。而且，隨著影響力漸增，非朱子學派的學者，亦加入研討的行列。

　　上述《書集傳》由刊行到成爲朱子學派《尚書》代表作的過程，主要發生在延祐開科之前。換言之，《書集傳》的地位，是經過數代學者逐漸確立的，並非因延祐開科，地位才突然提高。何況，從陳櫟《書解折衷》和《纂疏》對《書集傳》的態度，在開科前後並未明顯轉變的情況來說，延祐開科對《書集傳》地位雖有影響，卻沒有《總目》所說的那麼絕對。

二、其它朱子後學的相關意見

　　以下，補充說明其他爲「纂註」所引朱子後學的相關意見。由於第二節的三位學者，都是朱子三、四傳，而且三、四傳的學者，正好又是討論《書集傳》的核心人物，因此，以下的說明，仍從朱子第三、四傳開始。另外，第一傳學者因不曾看過《書集傳》，所以這裏便省略不論。

（一）三、四傳學者

　　「纂註」所引的第三、四傳學者，除了第二節已經討論過的余芑舒、董鼎和陳櫟三位之外，尚有沈貴瑤、程若庸、許月卿、熊禾、王希旦和陳普六人。另外，齊夢龍雖於《宋元學案》未列入朱子後學，但根據本章第一節，可知爲沈貴瑤的弟子，當列於第四傳。

　　「纂註」所引三、四傳學者的材料，除去余芑舒等三人的部分，尚有四十七至五十則。這些材料，除了程若庸，大多數是站在《書集傳》的基礎上，所作的發揮或增補。粹發揮經義的言論，如〈呂刑〉篇末引沈貴瑤說：

> 嘗讀〈同命〉、〈呂刑〉二書，竊有感於人心之無常，操存之不易。
> 蓋穆王一人之身，而此心凡三變焉：方其命伯同也，既以「恍惕惟屬」自儆，復以「革其非心」責臣，「周有不欽」之訓，「嗚呼欽哉」

之辭，其憂思深且長矣。此心不繼，血氣方盛，駛八駿而略四方，
幾至亡國。前日預知儆戒者，不免躬自蹈之。逮其期頤篤老之際，
度作刑以訓四方，而「敬忌罔有擇言在身」，「惟敬五刑，以成三德」，
與夫「嗚呼！敬哉」之說，三四致意焉。雖周道自是而衰，然〈冏
命〉之書，專主乎欽，〈呂刑〉之書，專主乎敬，心法之傳，千載猶
可想也。吁！人心操捨存亡之變，抑可畏哉！〔註111〕

便是綜合〈冏命〉、〈呂刑〉兩篇，所作的發揮。又如〈舜典〉「帝曰：夔，命
汝典樂，教胄子，直而溫，寬而栗，剛而無虐，簡而無傲。詩言志，歌永言，
聲依永，律和聲，八音克諧，無相奪倫，神人以和。夔曰：於！予擊石拊石，
百獸率舞。」齊夢龍說：

天高地下，萬物散殊，而禮制行矣。流而不息，合同而化，而樂興
焉。是禮者，兩儀對待之體；而樂者，一氣流行之用也。故禮常節，
樂常和；禮常嚴，樂常泰；禮常辨異，樂常統同。聖人以其分殊者
制禮，而使人心之不流；又以其理一者作樂，而使人心之不離，是
豈可以鍾鼓玉帛視之哉！學者當知其本。〔註112〕

則是發揮禮、樂的意義。補充《書集傳》之不足的，如〈洪範〉「八庶徵，曰
雨，曰暘，曰燠，曰寒，曰風，曰時。五者來備，各以其敘，庶草蕃廡。」《書
集傳》說：

吳仁傑曰：「《易》以坎為水，北方之卦也。又曰：『雨以潤之』，則
雨為水矣。離為火，南方之卦也。又曰：『日以烜之』，則暘為火矣。
〈小明〉之詩，首章云：『我征徂西，二月初吉。』三章云：『昔我
往矣，日月方燠。』夫以二月為燠，則燠之為春為木明矣。《漢志》
引狐突金寒之言，顏師古謂『金行在西，故謂之寒。』則寒之為秋
為金明矣。」〔註113〕

只解釋了雨、暘、燠、寒與水、火、木、金的關係，未解釋風與土的關係。
王希旦說：

案，吳斗南以雨、暘、燠、寒、風屬水、火、木、金、土，序與五
行五事相符，引諸證甚明。但風土無所證，今以孔氏、陳氏之說補

〔註111〕卷 6 頁 44a。
〔註112〕卷 1 頁 35b。
〔註113〕卷 4 頁 37a。

之，極合造化。〔註114〕

所說的孔氏，爲孔穎達所說：

> 凡氣，非風不行，猶金木水火，非土不處，故土氣爲風。〔註115〕

陳氏，指陳櫟所說：

> 雨暘燠寒，吳氏引證，其屬水火木金，甚當。風之屬土，獨闕。其
> 證當如《莊子》：「風生於土囊之口」，及「大塊噫氣，其名爲風」證
> 之，風爲土氣，豈不章章明矣。〔註116〕

引用孔、陳二人之說，補充傳文未說清楚的部分。

　　然而，除了發揮經義與補充《書集傳》，正如同余芑舒、董鼎、陳櫟的作法，他們也對傳文之缺失，提出討論。在相關材料中，共檢得七則，分爲三種情況，說明如下：

　　第一種情況，有一則指出傳文不從朱子之說。〈大誥〉「天棐忱辭」，朱子解「棐」爲「匪」，《書集傳》卻說：「棐，輔也。……天以誠信之辭，考之民而可見矣。」許月卿說：

> 文公謂「棐」、「匪」通，今蔡《傳》解「棐」爲「輔」，乃異師說。
> 蓋天非誠然有言，考之民可見天意。欲征武庚，故此歸之於天，非
> 諄諄然命之也。民心之所欲，即是天意如此。〔註117〕

指出蔡沈異於師說。

　　第二種情況，有三則指出《書集傳》注解的錯誤。如〈酒誥〉「肇牽車牛」，《書集傳》：「肇，敏。……敏於貿易，牽車牛。」王希旦說：

> 肇訓敏，未有曉。證之經中，肇修、肇造，孔訓只作始爲歸路。
>
> 〔註118〕

認爲肇訓爲敏，沒有經典的根據，不如訓爲始。又如〈禹貢〉「黑水、西河惟雍州」，《書集傳》：

> 雍州之域，西據黑水，東據西河。謂之西河者，主冀都而言也。
>
> 〔註119〕

〔註114〕卷4頁8b。
〔註115〕卷4頁38a。
〔註116〕卷4頁38a。
〔註117〕卷4頁58a。
〔註118〕卷4頁77a。
〔註119〕卷2頁18a。

熊禾說：

> 雍州，秦地。周之岐、豐、鎬京，漢之三輔皆此焉。婁敬謂金城千里，天府之國，合天下形勢言之。所謂秦得百二者，實以據地勢之上游，當天下之要脊，四塞以爲固，全一面之險以東制諸侯，故言定都者必先焉。《書》以黑水、西河爲界，而又西接弱水流沙之地，則其土地之廣漠可知。大抵關中之地，固是形勢可以爲都，但其地迫近西戎，周、秦、漢、唐，世有羌胡之患，必盡陰山，與唐三受降城及靈夏、河西五郡爲塞地乃可爾。又嘗考之古今地志，雍州之地即無黑水。所謂「導黑水至于三危」者，三危山，或云在燉煌郡，則今瓜州也。曷嘗有此水踰跨諸山，以至於南海哉！若以河源崑崙推之，崑崙山脊以西，人迹所未到，其東中一支，則重岡債嶺，直至終南、太華，皆是雍之南山，而瓜州乃在河西五郡，實當西北界上。漢人所謂斷匈奴右臂者，以其不與西戎相接也。史當有錯。蔡氏亦以雍之西有黑水，未見其可信也。〔註120〕

認爲「雍州之域，西據黑水」之說不可信。又如〈甘誓〉，《書集傳》說：

> 《左傳‧昭公元年》，趙孟曰：「虞有三苗，夏有觀扈，商有姺邳，周有徐奄。」則有扈亦三苗、徐奄之類也。〔註121〕

熊禾說：

> 予讀〈甘誓〉，未嘗不歎帝德之衰，王風之變也。《史記》曰：「啟立，有扈不服，故伐之。」唐孔氏曰：「堯舜禪受，啟獨繼父，以是不服。」司馬遷聞見猶逮古，其言又有證。蔡氏以此爲臆度之說，取《左氏》夏有觀扈，比三苗徐奄之類，以爲此誓不過紀討叛伐罪之意，嚴坐進退之節耳。然則，此亦常事，聖人亦何取而繫之《書》也？〔註122〕

認爲《書集傳》之說是錯的。

　　第三種情況，有二則雖然《書集傳》從朱子之說，仍被指出有誤。如〈金縢〉「周公乃告二公曰：我之弗辟，我無以告我先王。周公居東二年，則罪人斯得。」《書集傳》從朱子晚年之說，解「我之弗辟，我無以告我先王」作：

〔註120〕卷 2 頁 18a。
〔註121〕卷 2 頁 36a。
〔註122〕卷 2 頁 38a。

言我不避則於義有所不盡，無以告先王於地下也。〔註123〕

解「居東」爲「居國之東也。」熊禾說：

> 或曰：所謂流言，不過群叔播爲中傷之言，所謂「我之弗辟（音
> 避）」、「居東二年」，乃是公避之而居東。所謂「罪人斯得」，則周
> 公居東之後，王始知流言之爲管、蔡也。于後管叔懷流言之罪，
> 挾武庚以叛，而後誅之耳。豈有兄弟之間，方聽道塗之言，而遽
> 欲致之乎？曰：不然也。曷不證之〈蔡仲之命〉乎？亦惟曰：「羣
> 叔流言」，即接以「致辟」之辭矣。曰「流言」者，特微其辭耳。
> 三監、武庚之叛，固已在其中矣。蓋當是時，成王以幼沖而撫新
> 造之邦，流言之變，危急存亡之所繫，周公以身佩安危之寄，當
> 重任，撫機不發，大事去矣。故寧不顧兄弟之親，不恤天下後世
> 之議己事，蓋有重於此者，所以即形爲「我之弗辟，我無以告我
> 先王」之言，而居東二年，罪人斯得，即東征致辟之事也。況謂
> 之曰罪人，以其煽亂王室，而聲其罪耳，豈流言僅及周公而遽以
> 罪加之乎？由是觀之，此爲何時，尚可從容二年之避乎？吾知公
> 必不然矣。〔註124〕

認爲「辟」，不應解作「避」。又如〈洛誥〉「惟周公誕保文武，受命惟七年。」
《書集傳》引吳氏說：「周公自留洛之後，凡七年而薨也。」陳櫟說：

> 惟七年有二說，朱、蔡本葉、吳說同，今從張氏者，案，《禮記》
> 云：「七年致政於成王」，王肅於〈金縢〉篇末云：「武王年九十三，
> 冬十一月崩，其明年稱元年，周公攝政，遭流言，東征三年而歸，
> 制禮作樂，出入四年，六年而成，七年營洛邑歸政成王。」武王崩
> 時，成王年已十三矣，至是年二十，王肅此說與記合，七年始終，
> 鑿鑿可考，葉、吳留洛七年而後公薨之說，未見所據。何苦捨有據
> 之舊說而從此乎？古無年號，只得表之曰：「周公誕保文武受命之
> 七年」，亦如左氏所謂「會於沙隨之歲」、「澳梁之明年」之類耳。
> 兼之〈康誥〉脫簡之「惟三月哉生魄」，蔡《傳》既曰：「周公攝政
> 七年之三月」矣，此之「惟七年」乃曰「留洛之後七年而薨」，豈
> 應攝政至是既當第七年，留後至薨，又恰七年邪？由此言之，則知

〔註123〕卷4頁49b。
〔註124〕卷4頁51a。

蔡《傳》二處自相牴牾，〈康誥〉得之而〈洛誥〉失之也。〔註125〕

認為朱子、蔡沈從吳氏之說，並不正確。王希旦說：

篇末七年之說，陳氏引《禮記》〔原作「記禮」，誤〕為證，固也。

然踐天子位，又不可不闢。〔註126〕

認同陳櫟對朱、蔡之批評，另外，有一則，雖《書集傳》不從朱子之說，卻被認為優於朱子。〈洛誥〉「王如弗敢及天基命、定命，予乃胤保，大相東土，其基作民明辟。」朱子釋「予乃胤保」作：

則不得不嗣攝政事，保佑王躬而相此洛邑。〔註127〕

《書集傳》則說：

予乃繼太保而往大相洛邑。〔註128〕

王希旦說：

《語錄》釋胤保，不若《傳》順，正與太保先周公相宅合。〔註129〕

認為《書集傳》之說優於朱子。

　　從這些學者的表現，可知他們對《書集傳》的基本態度，其實與余芑舒、董鼎、陳櫟沒有太大的不同。換言之，《總目》所說的「駁正」，不應理解成學者對《書集傳》的不滿，而應視為學派內部，對不是朱子親自完成的《書集傳》的補正，以求達致更完美的過程。至少，在第三、四傳學者，應當是不存在對《書集傳》代表性地位的認定問題的。

（二）第二傳學者

　　「纂註」所引朱子第二傳學者的意見，以真德秀最多，而且他也是目前所知，較早引用和評論《書集傳》的學者。除了前文所舉，在〈墓誌〉中的總評和《讀書記》中的例子；見於「纂註」所引用的五十則材料中的，如〈洛誥〉「王曰：公，予小子其退，即辟于周，命公後。」《書集傳》說：

此下成王留周公治洛也。成王言：我退即居于周，命公留後治洛。

蓋洛邑之作，周公本欲成王遷都以宅天下之中，而成王之意，未欲

捨鎬京而廢祖宗之舊。故於洛邑舉祀發政之後，即欲歸居于周，而

〔註125〕卷 5 頁 19b。
〔註126〕卷 5 頁 11a。
〔註127〕卷 5 頁 11a。
〔註128〕卷 5 頁 11a。
〔註129〕卷 5 頁 11a。

留周公治洛。謂之後者，先成王之辭，猶後世留守留後之義，先儒
謂封伯禽就國，蓋已久矣。下文惟告周公其後，其字之義，益可見
其爲周公，不爲伯禽也。〔註130〕

眞德秀說：

按，《史記‧魯世家》，伯禽即位之後，管、蔡等反，淮夷徐戎亦並
興，於是伯禽帥師伐之於盼，遂平徐戎。據此，則蔡說當矣。〔註131〕

所指的「蔡說」，即是《書集傳》。另外，「纂疏」中，除了〈洛誥〉此則外，
另引錄了三則眞德秀的意見，皆明確提及「蔡氏」。不過，眞氏對《書集傳》
的總評雖然頗高，但他尚未將之視爲了解《尚書》的主要依據。

至於董夢程、滕和叔、魏了翁、董琮四人，在「纂註」及「纂疏」中，
皆沒有直接的證據可以證明他們引用或評論《書集傳》。（不過，我們亦無法
由此推出他們都沒看過《書集傳》的結論。）「纂註」所引這五人的材料，以
董琮最值得注意。一方面，董琮之書，是《尚書》方面的專著，不像所引董
夢程、魏了翁之書，都不是專門討論《尚書》的著作。另一方面，「纂註」引
用董琮之說，達二十二則，於第二傳的學者中，數量僅次於眞德秀。（若加上
「輯錄」所引朱子之語的部分，就更多了。）不像滕和叔之書，雖是《尚書》
的專著，卻僅存一則材料；董夢程、魏了翁皆只存二則。

檢證董琮的二十二則材料，其中並未明確提及《書集傳》或「蔡氏」。其
內容，即使與《書集傳》的解釋不同，也都未直接討論《書集傳》。如〈仲虺
之誥〉「佑賢輔德，顯忠遂良，兼弱攻昧，取亂侮亡，推亡固存，邦乃其昌。」
朱子認爲：

如說「推亡固存」處，自是說伐桀。至「德日新」以下，乃是勉湯。

〔註132〕

《書集傳》則說：

前既釋湯之慚，此下因以勸勉之也。〔註133〕

董琮只說：

「推亡固存」一句，乃總結上意。〔註134〕

〔註130〕卷5頁16a。
〔註131〕卷5頁16b。
〔註132〕卷3頁3a。
〔註133〕卷3頁5b。
〔註134〕卷3頁5b。

董鼎曾明確指出（見前）蔡沈與朱子於此處的差異，並認為董琮之說得之。
董琮之說，應當是從朱子之說而來；但他並未像董鼎，明文強調朱、蔡此處
的不同。又如〈武成〉「曰：惟有道曾孫周王發」，《書集傳》說：

> 曰者，舉武王告神之語。有道，指其父祖而言。周王二字，史臣追
> 增之也。〔註135〕

雖未直接解釋「曾孫」的意思，但由其對「有道」的說明，可知蔡氏應當是
理解成與「父祖」對稱的「曾孫」。董琮說：

> 曾孫，主祭者之稱。〈曲禮〉：「外事曰曾孫某侯某。」《詩‧甫田》
> 曰：「曾孫不怒。」《左‧哀二年》蒯瞶臨戰禱辭亦稱曾孫。〔註136〕

引證經典中「曾孫」之意，來說明此處之「曾孫」亦當解作「主祭者之稱」；
但亦不曾明指《書集傳》有誤。又如〈金縢〉「為三壇同墠」，《書集傳》對周
公未於宗廟進行儀式的解釋是：

> 二公穆卜，則必禱於宗廟，用朝廷卜筮之禮。如此，則上下喧騰而
> 人心搖動，故周公不於宗廟，而特為壇墠以自禱也。〔註137〕

董琮則說：

> 古者有事祖考，當夫無廟不得入廟，則為壇以祭。禮，支子不得祭
> 祖，故周公不敢入廟而為壇也。〔註138〕

認為周公為壇的原因，是因為禮制，「支子不得祭祖」的關係。這三個例子，
董琮的解釋都與蔡沈不同，但他都未提及蔡沈之說。造成這種情況的原因，
極可能是董琮的《尚書集義》，並未針對蔡沈《書集傳》作討論。最明顯的一
個例子是〈舜典〉「帝曰：皋陶，蠻夷猾夏，寇賊姦宄。汝作士，五刑有服，
五服三就，五流有宅，五宅三居，惟明克允。」「纂註」引董琮說：

> 或言：「帝者之世，詳於化而略於政；王者之世，詳於政而略於化。」
> 「虞時兵刑之官合為一，而禮樂分為二；成周禮樂之官合為一，而
> 兵刑之官分為二」，故此蠻夷猾夏，亦以命皋陶。然經只言五刑、五
> 流，亦未嘗言兵也。後征苗之兵，禹實掌之，未嘗用皋，則兵、刑
> 非兼掌矣。〔註139〕

〔註135〕卷 4 頁 16a。
〔註136〕卷 4 頁 16b。
〔註137〕卷 4 頁 47a。
〔註138〕卷 4 頁 47a。
〔註139〕卷 1 頁 31a。

反駁「或言」中，帝者之世，兵刑合爲一官的說法。《書集傳》在〈舜典〉「帝曰：咨！汝二十有二人，欽哉！惟時亮天功。」的傳文說：

> 此以士一官兼兵、刑之事，而《周禮》分爲夏、秋兩官。蓋帝王之法，隨時制宜，所謂損益可知者如此。〔註140〕

雖亦主張虞時兵刑合爲一官之說，但與「或言」中的解釋，並不一致。考陳大猷《書集傳或問》說：

> 夫唐、虞兵刑之官合爲一，而禮樂分爲二；成周禮樂之官合爲一，而兵刑分爲二。蓋帝者之世，詳於化而略於政；王者之世，詳於政而略於化，此世變升降之異也。〔註141〕

意思、文字都與董琮所引的「或言」一致，則董琮所駁，當是陳大猷。綜合上文，除非董鼎在編書時，將董琮直接評論《書集傳》的話給刪略了；否則，董琮與蔡沈《書集傳》的關係，恐怕並不密切。

（三）其他相關學者

「纂註」所引用，但在《宋元學案》未著錄的學者中，吳亨壽、金燧、方回、鄒近仁、李謹思皆未留下重要的意見。只有馬廷鸞（1223～1289）的《蔡傳會編》較值得注意。他身處的年代，大約介於朱子第二和第三傳弟子之間。由此書的書名作《蔡傳會編》，可知是以《書集傳》爲研究對象的專著。從「纂註」所引的五條材料來看，可以看到馬廷鸞對《書集傳》的發揮。像〈五子之歌〉的《小序》：「太康失邦，昆弟五人，須于洛汭，作〈五子之歌〉。」《書集傳》說：

> 經文已明，此但疣贅耳。下文不註者倣此。〔註142〕

馬廷鸞說：

> 五子作歌之由，史臣元載詳矣。《書序》本自爲一篇，安國引以各冠篇首，予謂如〈湯誓〉、〈大誥〉等，初未嘗言所作之意，而引《序》以冠之，此爲得體，否則安知是篇何自而作乎？至〈五子之歌〉、〈旅獒〉之類，復加以序之云云，則爲贅矣。所冠之序，是非蓋相半也。〔註143〕

〔註140〕卷 1 頁 36b。
〔註141〕頁 184。
〔註142〕〈小序〉頁 2b。
〔註143〕〈小序〉頁 2b。

又如〈禹貢〉「五百里甸服，百里賦納總，二百里納銍，三百里納秸服，四百里粟，五百里米。」《書集傳》：

> 禾本全曰總；刈禾曰銍，半藁也；半藁去皮曰秸。謂之服者，三百里內，去王城爲近，非惟納總、銍、秸，而又使之服輸將之事也。獨於秸言之者，總前二者而言也。〔註144〕

馬廷鸞說：

> 「秸服」之「服」，先儒多以「服」字就「秸」字上解。秸，稾也。若去禾中之粟米而納空稾，惟使之服輸將之事，是其賦輕於四百里、五百里矣。若存禾中之粟米，而又納稾，又服輸將之事，是其賦重於百里、二百里矣。惟蔡《傳》摘出「服」字，以爲總前二者言之爲通。蓋孔氏亦以此明上下服並皆有所納之役矣。第孔氏說以「服」字貫總、銍、粟、米言之，文勢爲礙爾。〔註145〕

皆發揮了《書集傳》之意。

不過，對於《書集傳》之失，馬廷鸞亦不曲從而有所修訂。如〈禹貢〉「厥田惟中下，厥賦貞，作十有三載，乃同。」《書集傳》：

> 貞，正也。克賦最薄，言君天下者，以薄賦爲正也。〔註146〕

「貞」解作正，但「纂疏」引馬廷鸞說：

> 「貞」字不過「下下」之誤耳，不煩於「貞」字取義。〔註147〕

認爲「貞」是「下下」之誤字。又如經常被討論的〈金縢〉「我之弗辟，我無以告我先王。」「纂註」引馬廷鸞說：

> 居東二年，罪人斯得，即是東征而後罪人也。若是中間白閑坐了二年，何以得罪人？蔡氏曲成鄭說，爲語迂回。合《詩》、《書》比而觀之，定從孔氏刑辟之說，其庶矣乎。〔註148〕

「纂疏」所引，較爲詳細，但意思相同。可以看出，馬廷鸞對《書集傳》並未隨意附和。他對《書集傳》的態度，其實和本章論及的朱子後學，沒有明顯的差異。

〔註144〕卷2頁33a。
〔註145〕卷2頁33b。
〔註146〕卷2頁7a。
〔註147〕卷2頁10a，總頁19-488。
〔註148〕卷4頁51a。

第六章 結 論

　　本論文從檢討《總目》對宋、元之際《書集傳》相關說法爲起點，以董鼎《輯錄纂註》爲基本材料，對蔡沈從受朱子之命作《書集傳》、成書、刊行流通，乃至元延祐開科，鄱陽、新安地區的學者的態度，作了較詳盡的說明；修正了經學史相關研究中，沿襲《總目》之說所造成的誤解。指出宋、元之際，由於朱子後學的相繼努力，在延祐開科之前，當時人對《書集傳》的評價已取得相當一致的共識。《書集傳》地位的成立，並非由延祐開科的單一事件所決定。《總目》宥於漢學的觀點，在面對宋學立場的經注時，不僅可能無法相應地正視這類經注的優點，甚至可能無法詳實地以考據的方式處理這些著作的相關問題。

　　分別言之，《總目》對《書集傳》的評述，可作如下的修正：關於朱、蔡異同問題，《總目》認爲蔡沈有不從師說之失。本文則通過「輯錄」所代表的「蜀類」，與「徽本」、「黎本」和兩種「池州」本的殘本，利用記錄者的差異，作了大致的繫年，並根據繫年的結果，檢證朱子和蔡沈對《尚書》意見的異同。從朱子最可靠的生前最後《尚書》說和《書集傳》的比較，指出並無明確的證據可以指責蔡沈違背師說。歷來未考慮朱子晚年對《尚書》解釋修訂之頻繁，而以語類未定之說指責《書集傳》不從師說或違背師說，在理據上並不夠充分。

　　關於《書集傳》在宋、元之際的地位，《總目》舉出七位駁蔡的學者，認爲在延祐開科之前，《書集傳》曾受到諸多學者的質疑。《書集傳》之所以成爲一尊，主要是因爲延祐開科定爲功令所造成，所列舉七位學者中的陳櫟，更因此改變原來駁蔡的立場。本文通過對董鼎《輯錄纂註》的研究發現，《總

目》所舉出的七位學者，幾乎全爲新安、鄱陽地區的朱子後學。他們都認同《書集傳》爲朱子學派《尚書》注解代表作的地位。尤其是陳櫟，並未如《總目》所說的，在延祐開科前後，對《書集傳》的態度出現重大的轉變。延祐開科雖然對《書集傳》後來長期立於不墜之地位有絕對的影響；但當時定《書集傳》爲標準本，實是緣於《書集傳》在當時早已取得相當重要的地位所致。

除了對《總目》之說的修訂，本論文尚有下列較重要的成果：

關於蔡沈受朱子之命作《書集傳》的時間和經過，研究發現蔡沈受命作《書集傳》後，正式面見朱子的時間，當爲 1200 年，而不是一般認定的 1199 年。《書集傳》初稿的完成時間雖在 1209 年，但初次刊行的時間則遲至 1230 年左右，並非一般認定的 1209 年。

在《輯錄纂註》刊刻經過的研究上，發現胡一桂、熊禾、董鼎、董眞卿和陳櫟等學者之間有密切的關聯。宋末元初鄱陽、新安地區出現許多「纂疏」或「纂註」的經書注解，這批學者曾貢獻了大量的心力。同時，也發現了陳櫟和董眞卿雖曾合作刊刻《輯錄纂註》，最後卻可能因爲理念不同，不歡而散。在「輯錄」的研究上，考證出「輯錄」所根據《語類》的底本爲「蜀類」，且經由諸種語錄版本的異文和佚文，發現目前最通行的「黎本」，無論在所收資料的質、量方面，皆非最完善的傳本。朱子學的研究，僅依據「黎本」，未必足夠。重新整理現存語錄相關材料（例如，將《朱子語類》以繫年的方式重整），將有助於對朱子學作更細微的研究。在「纂註」的研究上，除了對「纂註」的引書情況作了較詳細的說明，也澄清了過去對「纂註」中的陳大猷、董琮的某些誤解。

宋、元之際鄱陽、新安學者對《尚書》的研究，呈現在《輯錄纂註》之中，普遍繼承朱子和蔡沈的重要看法。其有不從朱子或《書集傳》的部分，大多爲個別文意解釋之修訂，而修訂的理據，主要來自對經義的衡量。像他們普遍不從朱子晚年對〈金縢〉「弗辟」及「居東」的解釋，便著眼在朱子晚年「避居東都」之說，太過迂回。他們對《尚書》的研究重心，不在歷史、文獻的考證，而在對經義的求取與發揮。此一傾向，實承襲自朱子讀經求義理的要求。

引用書目

依書名筆劃排列

一、專書、學位論文

1. 《二十史朔閏表》，陳垣，北京：中華書局，1999 年。

2. 《十三經注疏》，據〔清〕阮元嘉慶 20 年江西南昌府學本影印，臺北市：藍燈書局，1986 年。

3. 《大明一統志》，〔明〕李賢等撰，影印明・天順 5 年司禮監刻本，陝西：三秦出版社，1990 年。

4. 《中國古籍善本書目（經部）》，中國古籍善本書目編輯委員會編，上海：古籍出版社，1989 年。

5. 《中國史曆日和中西曆日對照表》，方詩銘、方小芳編著，上海：辭書出版社，1987 年。

6. 《中國近三百年學術史》，梁啓超撰、朱維錚校注，收於《中國近代思想文化史史料叢書・梁啓超論清學史二種》，南京：復旦大學出版社，1985 年 9 月。

7. 《中庸或問、大學或問、孟子或問》，〔宋〕朱熹，《和刻影印近世漢籍叢刊》第 5 冊，東京：中文出版社，1977 年。

8. 《〈五經大全〉纂修研究》，陳恆嵩，臺北市：東吳大學博士論文，1998 年。

9. 《五經蠡測》，〔明〕蔣悌生，《通志堂經解》，臺北市：大通書局，1969 年。又臺北市：漢京文化事業公司，1980 年。

10. 《元史》，〔明〕宋濂等撰，北京：中華書局，1983 年。

11. 《元史藝文志輯本》，雒竹筠遺稿，李新乾編補，北京市：北京燕山出版

社，1999 年。

12. 《元豐類稿》，〔宋〕曾鞏，《四部叢刊初編》第 42 冊，據上海涵芬樓借烏程蔣氏密韻樓藏元黑口本景印，1979 年。

13. 《天祿琳瑯書目‧續目》，〔清〕于敏中、彭元瑞編，揚州市：江蘇廣陵古籍刻印社，1992 年。

14. 《日本的尚書學與其文獻》，劉起釪，北京：臺灣商務印書館，1996 年。

15. 《北史》，〔唐〕李延壽撰，北京市：中華書局，1995 年。

16. 《北京圖書館古籍善本書目》，北京圖書館編，北京：書目文獻出版社，1987 年。

17. 《北溪大全集》，〔宋〕陳淳，《景印文淵閣四庫全書》第 1168 冊，臺北市：臺灣商務印書館，1983 年。

18. 《史纂通要》，〔元〕胡一桂，《景印文淵閣四庫全書》第 688 冊，臺北市：臺灣商務印書館，1983 年。

19. 《四庫全書總目》（浙本），〔清〕永瑢、紀昀等撰，北京：中華書局，1965 年。

20. 《四庫全書總目》（廣本），〔清〕永瑢、紀昀等撰，臺北市：藝文印書館，1979 年。

21. 《四庫全書纂修考》，郭伯恭，《民國叢書》據國立北平研究院史學研究會 1937 年版影印，上海書店，1992 年。

22. 《四庫全書纂修研究》，黃愛平，《清史研究叢書》，中國人民大學出版社，1989 年。

23. 《四書纂疏》，〔宋〕趙順孫，臺北市：文史哲出版社，1986 年。

24. 《四朝聞見錄》，〔宋〕葉少翁撰，沈錫麟、馮惠民點校，北京市：中華書局，1989 年。

25. 《正德饒州府志》，〔明〕陳策、劉錄纂修，《天一閣藏明代方志選刊續編》第 44 冊，上海市：上海書店，1990 年。

26. 《朱子大傳》，束景南，福州：福建教育出版社，1992 年 10 月。

27. 《朱子年譜》，〔清〕王懋竑撰，何忠禮點校，《年譜叢刊》，北京：中華書局，1998 年。

28. 《朱子門人》，陳榮捷，臺北市：臺灣學生書局，1982 年。

29. 《朱子書信編年考證》，陳來，上海：人民出版社，1989 年。

30. 《朱子新學案》，錢穆，臺北市：三民書局，1982 年 4 月再版。

31. 《朱子語略》，〔宋〕楊與立編，翻刻明弘治 4 年南監本。

32. 《朱子語類》，〔宋〕黎靖德編，臺北市：文津出版社，1986 年。

33. 《朱子學研究書目（1900～1991）》，林慶彰主編，臺北市：文津出版社，

1992 年。

34. 《朱文公訂正門人蔡九峰書集傳》，〔宋〕蔡沈，《古逸叢書》3 編之 35，影印南宋淳祐 10 年呂遇龍上饒郡庠刻本，北京：中華書局，1987 年。

35. 《朱熹佚文輯考》，束景南，江蘇：江蘇古籍出版社，1991 年。

36. 《朱熹集》，〔宋〕朱熹撰，郭齊、尹波點校，四川：教育出版社，1996 年。

37. 《江西省饒州府志》〔清〕錫德修、石景芬纂，《中國方志叢書·華中地方·江西省》第 255 號，據清同治 11 年刊本影印，臺北市：成文出版社，1975 年。

38. 《至書》，〔宋〕蔡沈，《十萬卷樓叢書》，臺北市：藝文印書館，1965 年。

39. 《西山先生眞文忠公文集》，〔宋〕眞德秀，《四部叢刊》第 61 冊，據上海涵芬樓景印元刊本影印，臺北市：臺灣商務印書館，1979 年。

40. 《西山讀書記》，〔宋〕眞德秀，《景印文淵閣四庫全書》第 705～706 冊，臺北市：臺灣商務印書館，1983 年。

41. 《吳文正公集》，〔元〕吳澄，《元人文集珍本叢刊》影印明成化 20 年刊本，臺北市：新文豐出版公司。

42. 《呂氏家塾讀詩記》，〔宋〕呂祖謙，《四部叢刊廣編》第 4 冊，臺北市：臺灣商務印書館，1981 年。

43. 《困學記聞》，〔宋〕王應麟，《中國子學名著集成》儒家子部第 36、37 冊，影印明萬曆 31 年吳獻台重刊本，鄧邦彥手書題記，臺北市：中國子學名著集成編印基金會，1978 年。

44. 《孝經大義》，〔元〕董鼎，《通志堂經解》，臺北市：漢京文化事業公司，1980 年。

45. 《宋元學案》，〔清〕黃宗羲原著，全祖望補修，臺北市：華世出版社，1987 年。

46. 《宋元學案補遺》，〔清〕王梓材、馮雲濠撰，張壽鏞校補，臺北市：世界書局，1974 年。

47. 《宋代尚書學案》，蔡根祥，師大國研所博士論文，1994 年 6 月。

48. 《宋史》，〔元〕脫脫等撰，北京市：中華書局，1977 年。

49. 《宋詩紀事》，〔清〕厲鶚，臺北縣：鼎文書局，1971 年。

50. 《宋詩紀事補遺》〔清〕陸心源撰，徐旭、李建國點校，山西古籍出版社，1997 年。

51. 《周易會通》，〔元〕董眞卿，《無求備齋易經集成》第 41 冊，據清康熙 19 年通志堂原刊本影印，臺北市：成文出版社，1976 年。

52. 《周張全書》，〔宋〕周敦頤、 張載撰，〔明〕徐必達編，《和刻影印近世漢籍叢刊》，東京：中文出版社，1985 年。

53. 《尚書全解》，〔宋〕林之奇，《通志堂經解》，臺北市：漢京文化公司，1980 年。

54. 《尚書源流及傳本考》，劉起釪，瀋陽：遼寧大學出版社，1987 年。

55. 《尚書學史》，劉起釪，北京：中華書局，1989 年。

56. 《東里集》，〔明〕楊士奇，《影印文淵閣四庫全書》1238 冊，臺北市：臺灣商務印書館，1983 年。

57. 《東坡書傳》，〔宋〕蘇軾，《學津討源》本，臺北市：新文豐出版公司，1980 年。

58. 《直齋書錄解題》，〔宋〕陳振孫撰，徐小蠻、顧美華點校，上海：古籍出版社，1987 年。

59. 《芳谷集》，〔元〕徐明善，《影印文淵閣四庫全書》1202 冊，臺北市：臺灣商務印書館，1983 年。

60. 《金華先民傳》，〔明〕應廷育，《叢書集成續編》第 257 冊，據《續金華叢書》排印，臺北市：新文豐出版公司，1989 年。

61. 《秋崖集》，〔宋〕方岳，《景印文淵閣四庫全書》第 1182 冊，臺北市：臺灣商務印書館，1983 年。

62. 《書序通考》，程元敏，臺北市：臺灣學生書局，1999 年 4 月。

63. 《書集傳、或問》，〔宋〕陳大猷，《續修四庫全書‧經部‧書類》第 42 冊，據北京圖書館藏元刻本影印，上海市：上海古籍出版社，1995 年。

64. 《書集傳》，〔元〕董鼎輯，《四部叢刊三編》影印元至正 14 年翠巖精舍刊本，臺北市：臺灣商務印書館，1981 年。

65. 《書集傳纂疏》，〔元〕陳櫟，《通志堂經解》，臺北市：漢京文化公司，1980 年。

66. 《書集傳纂疏》，〔元〕陳櫟，《景印文淵閣四庫全書》第 61 冊，臺北市：臺灣商務印書館，1983 年。

67. 《書集傳纂疏》，〔元〕陳櫟，《景印摛藻堂四庫全書薈要》第 19 冊，臺北市：世界書局，1986 年。

68. 《書傳》，〔元〕董鼎，《通志堂經解》，臺北市：漢京文化公司，1980 年。

69. 《書傳輯錄纂注》，〔元〕董鼎，《景印摛藻堂四庫全書薈要》第 20 冊，臺北市：世界書局，1986 年。

70. 《書傳輯錄纂注》，〔元〕董鼎，元延祐 5 年建安余氏勤有堂刊本。

71. 《書傳輯錄纂註》，〔元〕董鼎，《景印文淵閣四庫全書》第 61 冊，臺北

市：臺灣商務印書館，1983 年。

72. 《書蔡氏傳纂疏》〔元〕陳櫟，〔明〕山陰祁氏淡生堂傳鈔元梅溪書院本。

73. 《書蔡傳旁通》，〔元〕陳師凱，元至正 5 年建安余氏勤有堂刊本；又《通志堂經解》，臺北市：漢京文化公司，1980 年。

74. 《書纂言》，〔元〕吳澄，《通志堂經解》，臺北市：漢京文化公司，1980 年。

75. 《浦陽人物記》，〔明〕宋濂，《知不足齋叢書》，臺北市：藝文印書館，1966 年。

76. 《退菴隨筆》，〔清〕梁章鉅，江蘇：廣陵古籍刻印社，1997 年。

77. 《國立中央圖書館善本書目》，國立中央圖書館特藏組編輯，臺北市：國立中央圖書館，1986 年。

78. 《國立故宮博物院善本書目》，國立故宮博物院編，臺北市：故宮博物院，1968 年。

79. 《國立故宮博物院藏沈氏研易樓善本圖錄》，國立故宮博物院編，臺北市：國立故宮博物院，1986 年。

80. 《國家圖書館善本書志初稿經部》，張子文，臺北市：國家圖書館，1996 年。

81. 《晦翁老人語錄》，〔宋〕葉士龍輯，《四部叢刊廣編》第 25 冊，臺北市：臺灣商務印書館，1981 年。

82. 《晦庵先生朱文公語錄》，〔宋〕李道傳編，〔宋〕嘉定乙亥池州刊本，存卷 27～31，37、38。

83. 《晦庵先生朱文公語錄》，〔宋〕李道傳編，〔明〕烏絲欄鈔本，存卷 2、5、6、13、29～33、38，又書末附卷 12 殘卷。

84. 《通志堂集》，〔清〕納蘭性德，《清人別集叢刊》據上海圖書館藏清康熙刻本影印，上海市：上海古籍出版社，1979 年。

85. 《通志堂經解提要》，關文瑛，《書目類編》(81) 據 1934 年排印本影印。臺北市：成文出版社，1978 年。

86. 《陳定宇先生文集》，〔元〕陳櫟，《元人文集珍本叢刊》第 4 冊影印〔清〕康熙 35 年本，臺北市：新文豐出版公司，1985 年。

87. 《景印文淵閣四庫全書》(冊 54～68，經部《尚書》類)，〔清〕高宗纂，臺北市：臺灣商務印書館，1983 年。

88. 《景印摛藻堂四庫全書薈要‧目錄》，〔清〕高宗敕撰，臺北市：世界書局，1988 年。

89. 《朝鮮古寫徽州本朱子語類》，(景日本九州大學圖書館藏本)，京都：中

文出版社，1982 年。

90. 《欽定四庫全書總目》（殿本），〔清〕永瑢、紀昀等撰，臺北，臺灣商務印書館，1983 年。

91. 《欽訂四庫全書簡明目錄》，〔清〕于敏中，《書目類編》據清同治間黎永椿等校刊本影印，1978。

92. 《程氏家塾讀書分年日程》，〔元〕程端禮撰，姜漢椿校註，《安徽古籍叢書》，合肥市：黃山書社，1992 年。

93. 《黃氏日抄》，〔宋〕黃震，據日本立命大學圖書館藏書影印清乾隆 33 年刊本，東京：大化出版社，1984 年。

94. 《皕宋樓藏書志、續志》，〔清〕陸心源，《書目續編》，臺北市：廣文書局，1968 年。

95. 《絜齋家塾書鈔》，〔宋〕袁燮，《四明叢書》7 輯，第 22 冊，臺北市：新文豐，1988 年。

96. 《敬鄉錄》，〔元〕吳師道，《叢書集成續編》第 257 冊，臺北市：新文豐出版公司，1989 年。

97. 《新安文獻志》，〔明〕程敏政編，《四庫全書》第 1375～1376 冊，臺北市：臺灣商務印書館，1986 年。

98. 《新安名族志》，〔明〕程南寬等撰，明嘉靖 30 年刊影抄配本。

99. 《新安學系錄》，〔明〕程曈，《叢書集成續編》第 247 冊，臺北市：新文豐出版公司，1985 年。

100. 《楚辭集注》，〔宋〕朱熹，臺北市：文津出版社，1987 年。

101. 《經義考》，〔清〕朱彝尊，東京：中文出版社，1978 年。

102. 《經學研究論著目錄（1912~1987）》，林慶彰主編，臺北市：漢學研究中心，1989 年。

103. 《經學研究論著目錄（1988~1992）》，林慶彰主編，臺北市：漢學研究中心，1995 年。

104. 《經學通志》，錢基博，臺北市：臺灣中華書局，1978 年。

105. 《詩集傳》，〔宋〕朱熹，臺北市：藝文印書館，1974 年。

106. 《詩集傳附錄纂疏》，〔元〕胡一桂，《續修四庫全書‧經部‧詩類》第 57 冊，據北京圖書館藏元泰定 4 年翠巖精舍刻本影印，上海市：上海古籍出版社，1995 年。

107. 《熊勿軒先生文集》，〔元〕熊禾，《百部叢書集成》影印《正誼堂全書》本，臺北市：藝文印書館，1968 年。

108. 《儀顧堂續跋》，〔清〕陸心源，《書目續編》，臺北市：廣文書局，1968 年。

109. 《增修東萊書說》，〔宋〕呂祖謙、時瀾，《通志堂經解》，臺北市：漢京文化公司，1980 年。

110. 《德興縣志》，〔清〕孟慶雲修，楊重雅纂，《中國方志叢書·華中地方》第 259 號，影印同治 11 年刊本，臺北市：成文出版社有限公司印行，1970 年。

111. 《蔡氏九儒書》，〔宋〕蔡元定等撰，《易學三編》影印同治戊辰春重鐫三餘書屋藏板，臺北市：廣文書局，1994 年。

112. 《蔡沈〈書集傳〉研究》，游均晶，私立東吳大學中文研究所碩士論文，1996 年。

113. 《鄭堂讀書記》，〔清〕周中孚，《叢書集成續編》第 7 冊，臺北市：新文豐出版公司，1985 年。

114. 《歷代通略》，〔元〕陳櫟，《景印文淵閣四庫全書》第 688 冊，臺北市：臺灣商務印書館，1983 年。

115. 《選鐫石堂先生遺集》，〔宋〕陳普撰，〔明〕阮光寧選，《四庫全書存目叢書·集部·別集類》第 20 冊，臺南縣：莊嚴文化事業，1997 年。

116. 《徽州府志》，〔明〕汪尚寧等修，《中國史學叢書·明代方志選》（2）影印明嘉靖 45 年本，臺北市：臺灣學生書局，1986 年。

117. 《徽州府志》，〔明〕彭澤修等修，《中國史學叢書·明代方志選》（1）影印明弘治 15 年本，臺北市：臺灣學生書局，1986 年。

118. 《隱居通議》〔元〕劉壎，《叢書集成選刊》，臺北市：新文豐出版公司，1984 年。

119. 《點校四書章句集注》，〔宋〕朱熹，臺北市：長安出版社，1991 年。

120. 《藏園群書經眼錄》，傅增湘撰，北京市：中華書局，1983 年。

121. 《鐵琴銅劍樓宋金元本書影（附識語）》，〔清〕瞿啓甲編，《書目四編》，臺北市：廣文書局，1970 年。

122. 《顧頡剛讀書筆記》（第 8 卷下），顧頡剛，臺北市：聯經出版社，1990 年。

二、單篇論文

1. 〈元儒熊禾的傳記問題〉，朱鴻林，收於《慶祝楊向奎先生教研六十年論文集》，石家庄市：河北教育出版社，1998 年，頁 344～354。

2. 〈元儒熊禾的學術思想問題及其從祀孔廟議案〉，朱鴻林，《史藪》第 3 卷，香港中文大學歷史系，1998 年，頁 173～209。

3. 〈朱子《語類》的歷史〉，胡適，收於正中書局影印明成化九年江西藩司覆刊宋咸淳六年導江黎氏本影印，據日本內閣文庫藏覆成化本修補之

《朱子語類》，1973 年。

4. 〈朱子的尚書學〉，李學勤，《朱子學刊》，1989 年 1 期（總 1 輯），1989
年 4 月，頁 88～99。

5. 〈朱文公訂正門人蔡九峰書集傳六卷（蔡沈撰）〉，李致忠，收於《宋版
書敘錄》，北京市：書目文獻出版社，1994 年，頁 71～76。

6. 〈尚書蔡傳匡謬篇〉，宋鼎宗，《成功大學學報（人文篇）》第 14 卷，1979
年 5 月，頁 99～122。

7. 〈從陳櫟《定宇集》論其與董鼎《書傳輯錄纂註》的關係〉，許華峰，《中
國文哲研究通訊》第 8 卷第 2 期，1998 年 6 月。

8. 〈善本書志·書集傳〉，吳哲夫，《故宮季刊》第 9 卷 3 期，1975 年春，
頁 59～61。

9. 〈善本書志·書傳輯錄纂注六卷〉，吳哲夫，《故宮季刊》第 11 卷第 1 期，
1976 年，頁 50～52。

10. 〈跋武英殿本《四庫全書總目提要》〉，昌彼得，收於《增訂蟫菴羣書題
識》，臺北市：臺灣商務印書館，1997 年。

11. 〈董鼎《書蔡氏傳輯錄纂註》》對蔡沈《書集傳》的疏釋〉，陳恆嵩，收
於《元代經學國際研討會論文集》（上），臺北市：中央研究院中國文哲
研究所籌備處，2000 年 10 月，頁 425～451。

12. 〈影印宋本《朱文公訂正門人蔡九峰書集傳》說明〉，丁瑜，收於《古逸
叢書三編·朱文公訂正門人蔡九峰書集傳》，北京：中華書局，1987 年。

13. 〈蔡沈書集傳之研究論著述評〉，古國順，《臺北師專學報》第 12 期，1980
年 6 月，頁 77～95。

14. 〈論朱子未嘗疑古文尚書偽作〉，劉人鵬，臺大中文所碩士論文《陳第之
學術》附錄，1988 年 5 月，頁 168～197。又《清華學報》，新 22 卷 4
期，1992 年 12 月，頁 399～430。

15. 〈論陳櫟《書解折衷》與《書蔡氏傳纂疏》對《書集傳》的態度——駁
正《四庫全書總目》的誤解〉，許華峰，收於《元代經學國際研討會論
文集》（上），臺北市：中央研究院中國文哲研究所籌備處，2000 年 10
月，頁 395～424。

附錄　學術相關簡表

為了理解的方便，我們將論文所涉及的重要事件列表：

時　間	西　元	事　件
南宋寧宗慶元 5 年	1199	◯ 冬，蔡沈受命作《書集傳》，在面見朱子之前，以通信的方式，和朱子討論相關的內容。 ◯ 陳淳於 11 月，第二次面見朱子。
南宋寧宗慶元 6 年	1200	◯ 陳淳於元月 5 日拜別朱子。 ◯ 蔡沈於元月 5 日之後，方與朱子見面。直到朱子去世之前，一留在朱子身邊，商討《書集傳》的相關事宜。 ◯ 3 月 6 日，朱子卒。
南宋寧宗嘉定 2 年	1209	◯ 《書集傳》初稿完成，但未刊行，仍繼續修訂。 ◯ 蔡沈作〈書集傳自序〉。
南宋寧宗嘉定 10 年	1217	◯ 陳淳卒。
南宋寧宗嘉定 14 年	1221	◯ 黃榦卒。
南宋理宗寶慶 2 年	1227	◯ 蔡杭〔抗〕示朱鑑以《書集傳》手稿，朱鑑作跋。
南宋理宗紹定 3 年	1230	◯ 蔡沈卒。 ◯ 蔡沈弟子黃自然為《書集傳》作跋。 ◯ 《書集傳》大約刊行於此年。
南宋理宗端平 2 年	1235	◯ 真德秀作〈蔡九峰先生墓誌〉，於文中評論《書集傳》。並曾於《讀書記》引用《書集傳》。 ◯ 真德秀卒。

南宗理宗嘉熙 2 年	1238	○ 東陽陳大猷獻上《書集傳》、《書集傳或問》，於書中引用蔡沈《書集傳》。此後，學者引用《書集傳》的情況漸多，如王應麟、黃震之著作皆曾引用。
南宋理宗淳祐 4 年	1244	○ 董鼎生。
南宋理宗淳祐 7 年	1247	○ 蔡杭〔杭〕獻上《書集傳》，八月有面聖語。 ○ 胡一桂生。 ○ 熊禾生。
南宋理宗淳祐 10 年	1250	○ 呂遇龍重刻《書集傳》。
南宋理宗淳祐 12 年	1252	○ 陳櫟生。
南宋端宗景炎元年	1276	○ 宋亡。
元世祖至元 23～26 年	1286～1289	○ 董鼎開始編纂《輯錄纂註》。
元世祖至正 26 年	1289	○ 馬廷鸞卒，著有《蔡傳會編》。
元成宗元貞元年～大德 2 年	1295～1298	○ 陳櫟開始編纂《折衷》。
元成宗大德 7 年	1303	○ 陳櫟作〈書解折衷自序〉。
元成宗至大元年	1308	○ 董鼎作〈書蔡氏傳輯錄纂註序〉。
元仁宗至大 4 年	1311	○ 董鼎卒。 ○ 董真卿遵其父之意，持《輯錄纂註》底稿，遍訪當時學者，予以刪訂、增補。
元仁宗皇慶元年	1312	○ 熊禾卒。
元仁宗延祐元年	1314	○ 開科舉。 ○ 胡一桂卒。 ○ 陳櫟因胡一桂之建議，將《折衷》擴充為《纂疏》。但僅成三分之一，即因胡一桂去世而中斷。
元仁宗延祐 2 年	1315	○ 董真卿持《輯錄纂註》書稿與陳櫟合作，一方面增入《折衷》的材料，一方面商討刊刻事宜。
元仁宗延祐 3 年	1316	○ 陳櫟補成《纂疏》。
元仁宗延祐 6 年	1319	○《輯錄纂註》刊成，但因內容未完全按照與董真卿先前所商討的結果，故陳櫟不滿。
元泰定帝泰定 4 年	1327	○《纂疏》刊行。
元順宗元統 2 年	1334	○ 陳櫟卒。